质量总监炼成记

艾比森质量精进之道

秦邦福◎著

企业管理出版社
ENTERPRISE MANAGEMENT PUBLISHING HOUSE

图书在版编目（CIP）数据

质量总监炼成记：艾比森质量精进之道 / 秦邦福著 . -- 北京：企业管理出版社，2021.3
ISBN 978-7-5164-2310-3

Ⅰ . ①质… Ⅱ . ①秦… Ⅲ . ①企业管理—质量管理—研究 Ⅳ . ① F273.2

中国版本图书馆 CIP 数据核字（2021）第 038638 号

书　　名：质量总监炼成记
作　　者：秦邦福
责任编辑：尤颖
书　　号：ISBN 978-7-5164-2310-3
出版发行：企业管理出版社
地　　址：北京市海淀区紫竹院南路17号　　邮编：100048
网　　址：http://www.emph.cn
电　　话：编辑部（010）68701638　发行部（010）68417763
电子信箱：emph001@163.com
印　　刷：北京亿友数字印刷有限公司
经　　销：新华书店
规　　格：145毫米×210毫米　　32开本　　12.125印张　　320千字
版　　次：2021年3月第1版　　2024年11月第4次印刷
定　　价：58.00元

为“零缺陷战士”鼓与呼

似乎人人都在高喊着挑战自己，自我突破，但真正能做到的，人数寡矣。我的学生秦邦福做到了，实乃可喜可贺。从《质量总监成长记》到《质量总监炼成记》，让我们看到了他的执着与斗志，看到了他身上湘人那种“霸得蛮、耐得烦”的性格特质；看到了他能够用零缺陷思想（ZD-ism）武装自己并在实践中勇于探索，取得了突出的成绩；看到了他真心投入、自觉修炼，努力传播与践行零缺陷大业，一步步成为零缺陷战士（ZD-ist）的心路历程。

我想说，从邦福同学的身上，我们可以看到一名零缺陷战士修炼成长的三种要义。

首先，从“一”到“零”。因为打开“零缺陷之门”的钥匙，不能在“缺陷”里面找，而要在“零”里去发现。因此，只有以质朴之心认清自我的生命状态，回归“思想元点”，自觉“精神归零”，方可无中生有，从“零”到“一”，打破“精神洞穴”，生出生命智慧，重启人生之旅。

其次，从“零”到“灵”。只有当我们能够意识到“人在做，天在看”时，才能通过“第一次就把事情做对”，真正地洞悉生活之意义，揭示工作之价值。

最后，从“零”到“一”。作为一种信念、一种结果、一种标准和一种过程，零缺陷之旅，无论是对个体、团队还是组织来说，都是不断地从自我觉醒、发现、认知到自我演变和完善的过程，是赋予组织以“格”、赋予产品和服务以“品”的过程，也是每一个人如何成为君子，从而使生命日益丰富与圆满的过程。

为此，作为一名真正的零缺陷战士必须要处理好三大关系。

第一，自己与他人。毋庸置疑，我们习惯于在处理我与“他者”的关系时，往往把“他”想成物化的“它”，以构建一种“上—下型”关系、“控制—被控制型”关系，而非相互平等的、良性互动的关系。手，总是习惯于指向他人，所有的错，都是别人的。因此，只有眼睛向内，手指自己，方可正心诚意，认识自我，突破自我。

第二，个人与组织。固然，组织可以帮助个人成功，但事实上，组织只是提供了一个舞台。每个人只有积极主动上台表演，展示自己的价值，方可赢得同事们的认可与信任，才能帮助团队和组织获得预期成果。正所谓“渡人先渡己”。只有改变自己，才有可能影响同事、团队和组织。

第三，理念与现实。理念所以能够改变世界，就在于理念改变了人对世界的认知、观念，进而改变了人与世界的关系。零缺陷作为一种理念，切不可直接硬生生地在产品上、流程上“落地”，这样往往容易回到老路上——去改进问题、解决麻烦、并不断“救火”。这依然是在“物理”和“事理”层面去求解组织能力的问题，是倒果求因，错位了。

事实上，理念的力量一定要落到“人”身上，通过观念的改变、认知的改变以及行为的变化，产生新的关系的变化，以达成预期的结果。这也就是我常说的“落地先落心”。这又与佛说“修行先修心”相通。换言之，要想让零缺陷理念变成现实，就要聚焦于人，关注其心态与行为，及其背后的驱动因素，从而用新观念刷新认知，进而改善相互关系，调节相互利益，改变工作氛围和习惯。

所以，如果你想要成为一名坚定的零缺陷战士，除了上述“三种要义”和“三大关系”之外，还必须要在日常着力戒掉下面几种言行。

1. 目标不清：没想清楚要变什么，从而混淆了质量改变与改进的关键区别。

2. 避重就轻：急于用习惯性的思路解决惯常的问题，而忽略了组织的完整性与系统性的问题。

3. 就事论事：总是习惯于在流程里和产品中寻找根因，而忽略了组织中人的因素，尤其是品质领导力与文化的因素。

4. 缺乏勇气：由于对变革的阻力和障碍考虑不足，遇事容易受挫，受挫容易消沉，难有屡败屡战之勇。

5. 弄巧成拙：为了展现理念的深奥与个人学识的渊博，用激昂的情绪模糊了逻辑的力量，用抽象的概念取代了理性的思考，用诗意的表达淡化了事物的规律，用玄学虚化了科学。

6. 以偏概全：用个别企业的最佳实践等同于普遍适用的最佳的管理模式，用个人的感悟与灵感等同于放之四海的管理原则。

7. 误入歧途：为了得到“急功近利”的成效，以便稳住阵脚，容易用“快速突破、急速成长、高速成长、大力提升”等字眼，误导人们将一场马拉松变成百米赛跑，将“芭蕾舞式”的创新演变成一次“曲棍球式”的探索。

各位零缺陷的战士们，邦福同学为你们带了个好头。在他的《质量总监成长记》中，我呼吁：“让人人成为克劳士比”。今天我又通过他的《质量总监炼成记》呼吁：“让人人成为零缺陷战士”。其意图非常明确，就是要在全球百年不遇之大变局中，在中华民族伟大复兴的重要时刻，我们要坚定信念，磨练意志，激发血性，时刻准备为“中国品质”而不懈奋斗。

“山下旌旗在望，山头鼓角相闻。”此时不搏，更待何时？！

杨 钢

2021 年 2 月 8 日于北京

自序

快速突破质量瓶颈

2008 年，因为参加公司对外合作的一个质量咨询项目，我认识了克劳士比中国学院的院长杨钢老师。

从此，我决心追随杨老师，研究零缺陷思想在中国企业中的落地，并以此为使命，在多家不同企业中进行实践和反思。

2016 年，我出版了个人第一本专著《质量总监成长记》，算是对自己从事质量工作 15 年、研究零缺陷管理 8 年的一个阶段性总结。

但我对自己在质量管理方面的修为仍然很不满意，一个最主要的原因是，没有把质量大师克劳士比零缺陷管理的理念和方法，在一家企业中全面地推广应用，帮助它彻底解决质量问题带来的困扰。

这样一来，我就无法验证自己是否真正掌握了零缺陷的精髓，也没有办法进一步提升，达到一个顶级质量总监所需要的高度。

如同一匹千里马，我真的需要一个伯乐，需要一个能施展拳脚的舞台，来化解我心中的遗憾。

有志者，事竟成，机会终于来了。

2018 年 10 月，在国庆节假期中，我和全家正在惠州海边度假，先接到了一个猎头公司的电话，后又收到艾比森公司招聘专员的通知，她邀请我去面试艾比森光电品质总监这一职位。

在现场面试时，公司的副总裁罗艳君女士告诉我，在 LED 显示屏行业，艾比森公司的产品质量已经是行业翘楚，产品远销海内外 100 多个国家和地区，连续 10 年荣获 LED 显示屏出口冠军，客户对艾比森公司的产品反响很不错，公司在行业内赢得了良好的口碑。

但是艾比森人对自身的要求更高，对质量现状仍然不满意，希望找到一位高水平的品质总监，带领公司实现更高的目标。

通过猎头，在半年时间内，他们面试了多个 LED 显示屏行业的品质总监，但没有一个是他们想要的人。

他们发现，相比于其他一些行业，如通信、IT、电力电子等，LED 显示屏行业的质量管理水平相对较低。

于是他们萌生了另一个想法，决定从 LED 显示屏以外的行业去找一个质量高手。

之所以愿意找我这样一个年龄偏大，且完全没有涉及过 LED 显示屏设计制造领域的质量人士，主要是看过我的《质量总监成长记》，觉得书中故事非常真实，认为我有比较丰富的实战经验。

我坦然告知罗总，本来按原计划，在两年后，我将重新回到质量咨询行业，当一个咨询顾问，继续从事零缺陷理念的推广。

但是，我心中一直有一个遗憾，就是没有把我的理念和方法，在一家企业中全面地落地，当一回真正成功的质量总监。

综观以前的职业经历，在质量同行们的眼中，我还算是比较成功的。我的粉丝们都认为我是一名质量管理专家，但是我总感觉自己的修为离顶尖高手还欠点火候。

因此，我希望有一家企业能给我这样一个机会，发挥我的才能，帮助它彻底解决来自质量的困扰，然后把我的这段实战经历再写一本书，分享我修炼登顶的故事。

不知道是不是因为这段话，打动了罗总和其他的面试官，反正我被录用了，在 49 岁的“高龄”再来一次跳槽，再当一回空降的质量总监，也许就是我的命吧。

两年后的今天，再回首，我发现这段职业生涯，是我成为一个质量总监以来，最轻松和最有成就感的一段经历。

百尺竿头，更进一步，我终于把自己以往所学的零缺陷理论融会贯通，达到了一个全新的高度。

我入职后所做的第一个大动作，就是组织了一次品质意识研讨会，给公司董事长丁彦辉先生在内的所有管理层，讲了一堂质量管理课，让大家彻底明白一家企业质量状况不佳的根本原因，也让丁总和公司其他高层管理者，明白了他们自己在质量改进过程中应该扮演的角色。

从此以后，我的工作顺风顺水，最主要的原因就是公司领导层非常支持我的工作，包括董事长丁彦辉先生，以及在不同时期主管我们品质部的副总裁任永红先生、罗艳君女士，都对我主持的“一次做对”品质文化变革项目给予了密切关注和大力支持。

通过运用零缺陷质量文化变革的 14 个步骤，并辅之以零缺陷过程管理方法，在两年的时间内，我带领团队，使公司的质量损失下降到原来的 1/4，彻底扭转了公司的质量状况，为公司每年节约数千万元的质量成本。

2019 年年底，在做年度质量规划时，突然一个念头涌上心头，如同捅破一层窗户纸，我突然发现了质量管理成熟度模型的真正意义，也彻底搞明白了困惑我多年的一个问题。

这个问题就是，在前面几家任职的民营企业中，作为一个空降的质量总监，为了一个公司上下都认可的目标，去推动各个部门实施质量改进时，为什么总是如此吃力?

原因很简单，那就是对公司的质量管理成熟度没有准确界定，用中医的话来说，就是没有给病人号对脉，便急急忙忙开药方，让病人服用，这种做法如何能够取得成功?

入职 3 个月后，我参加了艾比森真艾大学组织的一个 100 天实战训练营，整个过程极其痛苦，好多次我都想放弃，甚至不惜为此而辞职。

为了这件事，我专门去找过我的领导，公司的副总裁罗艳君女士，提出要退出这个训练营。

经过她的劝说，再加上这本炼成记的梦想，最终我咬牙坚持了下来，成功毕业。

在训练营的毕业典礼上，罗总去现场迎接我，她的第一句话就是："老秦，恭喜你成为了一个真正的艾比森人。"

听到她的这番话，我几乎落下泪来，这100天，真的太不容易了，付出的东西难以想象。

在训练营的这段时间，我终于发现了自身性格和观念上存在的问题，这些问题阻碍我进一步成长，成为限制我突破提升的天花板。

近30年的职场生涯，让我拥有了丰富的工作经验，同时也给我戴上了一副坚固的枷锁，我把自己塞进了一个牢笼，虽然痛苦不堪，但却无力自拔。

先突破自己的成长瓶颈，再帮助公司突破质量瓶颈，这是我这两年多来的真实写照。

整个过程如同艾比森阳光格言所述的："我深深地扎根在泥土中，等待成熟。我要制订目标，不断超越自己。"

本书的五大主题是"质量总监应该具备什么样的能力和信念""企业质量管理能力应该从哪几个方面进行系统提升""空降质量总监如何改变公司管理层的质量意识""如何进行公司质量文化的建设""如何运用零缺陷理念和方法快速解决产品质量问题"

为了不给所涉及的企业和个人带来困扰，如同我上一本书《质量总监成长记》一样，本书仍以小说的方式编写，书中所述企业和人名均为虚构（克劳士比、戴明、刘源张等少数历史人物除外）。

本书的故事主线，来源于这两年来我在艾比森光电股份有限公司的实际工作经历。书中所述其他公司的事迹，来自多年来我所深入接触过的数十家公司，大家也许会或多或少地从中找到自己所在公司的影子，但请切勿对号入座。

为方便读者阅读，本书在每章开头列出了要讨论的主要问题，在结尾再对这些问题进行点评，希望能激发读者的思考，但这并非标准答案。

本书集结了我20年的质量实践心得，作为一名质量总监和零缺陷咨询顾问，如何带领不同行业、不同规模的公司突破质量瓶颈，是我日思夜想的问题。我也终于找到了方法，近几年来我负责指导的质量改进项目几乎都取得了成功。

愿我的这段修炼经历，能帮助中国的质量人突破自身成长困境，能帮助中国企业的领导者真正地理解质量，进而帮助这些企业快速突破质量瓶颈。

在这里，再次感谢克劳士比中国学院的院长杨钢老师，在杨老师的引领下，我才真正踏入了零缺陷管理的知识殿堂，与其他质量人相比，我有一个很大的优势，就是我的实践有零缺陷理论的指导。

让质量成为中国企业的竞争优势，而不是变成阻碍企业成功的问题，拖企业发展的后腿，这是我作为一个中国质量人最大的心愿。

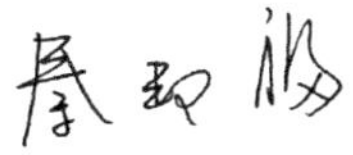

2021年1月写于深圳

目　录

contents

引子

老蜜蜂的新机遇

第一章　质量之悟

质量总监如何带领企业快速突破质量瓶颈

2020年12月底的一天，唐风与妻子一起在海边漫步，谈起这几年的工作经历和个人成长时，突然有点感慨：

“日本有个管理大师，名叫稻盛和夫，他一手创建了两家世界500强企业。他说，人生的结果由两种因素决定。第一是因果，也就是个人的努力，种瓜得瓜，种豆得豆。第二是命运，也就是一些偶然因素。这让我联想到了我这些年的境遇。”

说到这里，唐风叹了一口气。

“我是一个质量人，从事质量管理工作近20年。自从12年前，我认识了零缺陷管理中国学院的杨老师，就给自己重新做了定位。我认为，我的使命就是研究探索质量管理的规律，传播零缺陷理念和落地方法，帮助更多的中国企业快速突破质量瓶颈。

“这12年来，我不断钻研，把学到的零缺陷管理的理论知识，用在实践中解决问题，并不断从中反思，目的就是为了实现这个目标。到今天，我自认为，终于有了一个阶段性的成果。如果不是2016年我们在这里买下房子，我对质量和零缺陷管理的理解，也许远远没有现在这么透彻，能达到今天这个境界，或许就是我的命。”

“你这几年有什么进步？”妻子王玉问。

唐风说：“2016年，我虽然出版了第一本书，但当时对零缺陷管理的认识，还停留在点对点的水平上，没有从系统的层面取得突破。通过在爱毕生公司这两年多的实践经历，我发现，克劳士比的零缺陷管理其实是一个非常完整的系统。

“这个系统以质量管理成熟度模型为主线，以零缺陷管理五项基本原则为基础，以质量文化建设十四步法为落地方法，以零缺陷过程模式作业表为解决问题的基本工具，通过自上而下的文化变革，来全面提升组织的质量管理能力。

“其中，公开的承诺和领导者的决心起到了非常大的作用，之前在读克劳士比零缺陷管理的有关著作时，总是无法体会到其中的深意，去年参加公司组织的真爱行 100 天训练，对我帮助很大。

“经过这么多年的研究，我发现企业的质量现状，实际上是一种组织能力的体现。对于这种能力，克劳士比先生称之为质量管理成熟度，用 1~5 分来衡量。

“得 1 分的企业有一个共同特点，就是产品质量问题多，公司管理乱，没有流程，制度也很少。当然，也没有质量目标，只要不出大问题，老板不会关注质量，因为他对质量的要求就是能过得去，不要做得太差。不过，在这种公司里，纸面上的质量目标也是有的，但它仅仅是为了应付审核，挂在墙上供客户参观用的，不是真正意义上的质量目标。产品质量出了问题，最高管理者会将责任推给质量部门，指责质量部门工作不力，否认自己应该对此负主要责任，克劳士比将企业的这一阶段定义为不确定期。

“得 2 分的企业比较重视质量，公司有质量目标，也为之付出了努力，但是由于最高管理者未能正确地理解质量，不知道如何才能把质量做好，导致公司质量状况不佳，克劳士比将之定义为觉醒期。

“经过我对数十家中小企业的观察和总结，我发现，从不确定期到觉醒期，最大的差距，就是公司最高管理者在面对质量、成本、交付互相冲突时的态度。

“事实上，没有哪家公司不希望把质量做好，只是前者把成本、交付这些数量性的东西放在第一位，后者把质量作为一种底线。也就是说，发给客户的产品，首先必须保证质量是满足要求的，在此基础上再谈成本和交付。

“美国有个质量大师戴明，对日本质量管理帮助很大，以他的名字命名的‘戴明质量奖’，至今仍是日本质量管理的最高荣誉。戴明针对质量改进，提出了著名的十四要点，其中有一条，就是企业要采用新观念，让质量成为企业的信仰。

“事实上，质量提高的结果，到底会提升企业收益，还是增加了企业的成本，在短期内是很难计算清楚的，尤其对中小企业，没有质量成本系统核算，就更难算清楚这笔账。就算有这套核算系统，也没有办法准确核算每一个质量事故所带来的真正损失，因为质量事故给客户关系所造成的影响，是无法用成本来准确计算的。

“因此，对很多精明的老板来说，质量投入是看得见的成本，质量提高带来的好处往往算不清楚。他们每次做质量方面的抉择时，更多考虑的是得失，而不是原则。

“不过对我们这些质量人来说，一个好消息就是，目前社会上盈利能力良好，且能持续发展的企业，其产品质量往往也是行业标杆。随着全社会的消费升级，产品供应短缺的局面已不复存在，消费者越来越重视质量，低质低价的策略在中国越来越行不通了。

“让质量成为企业的信仰，意味着质量合格是公司行事的准则。质量思维是 0 和 1 的选择，要么满足，要么不满足，与数量思维是完全不一样的。

“对处于不确定期的企业而言，导致质量难做的另一原因，就是企业把质与量撕裂，质量部负责管质量，其他部门如生产、采购、研发等管数量，数量优先，质量其次。

“在考察供应商时，我发现这两类企业所表现出来的最大差异点，就是质量目标的树立。

“质量很重要！几乎每个老板都会这样说。没有哪个老板会公开承认自己不重视质量，更重视成本，如果他敢这样做，他的公司早就垮了。但是通过质量目标这个事，可以把他们的真实想法甄别出来。

“处于不确定期的企业是没有目标的，而觉醒期的企业有真实的质量目标并为之付出努力。你可不要小看这一点，要做到有质量目标，那就必须要有数据统计，有分析汇总，有会议检讨，有跟进落实。

“对小企业来说，做到这一点其实并不容易，公司必须花精力、花成本才行。而许多小公司，目前还没有摆脱生存危机，老板想得最多的，是明天的订单从何而来，这个月公司有没有盈利，能不能及时给员工发工资，其他的，他们未必会关注。”

说到这里，唐风深吸了一口气。

“但是，一家没有质量目标的企业，怎么可能把质量做好？企业没有目标，如同人没有目标一样，肯定会混日子。我大学毕业那会儿，当过几年中学教师，每天干得最多的事就是打球、下棋，几年下来，人都快废了，其中的原因也很简单，就是没有给自己定下一个明确的目标。没有目标，当然就没有进步的动力。人如此，企业也是如此。

“得 3 分的企业有质量目标，而且管理层对质量有了正确的认识，他们从内心真正认识到，公司质量状况不佳的原因是管理水平低、组织能力弱，自己应该对现状负责。因此他们痛下决心，去行动，去改变这种状况，提升组织的能力，克劳士比将企业的这个阶段定义为启蒙期。

“因此，从 2 分到 3 分，最大的区别在于，管理层对质量是否有正确的认识，以及是否将共识付诸行动。

“从 3 分到 4 分，企业需要从过程管理层面来提升组织能力，让每位员工掌握正确的质量理念和工作方法，在工作中预防问题产生，克劳士比将企业的这一阶段定义为智慧期。

“因此，从 3 分到 4 分，最大的区别在于公司管理层将关注的焦点，从产品缺陷转移到业务过程，专注于过程绩效和过程能力的提升。

“从4分到5分，企业需要从工作质量层面来提升组织能力，确保事事一次做对，人人一次做对，包括公司的战略制定、投资决策、人员任用、流程设计等，克劳士比将之定义为确定期。

“在质量界，有一个冰山理论，产品质量问题如同冰山上的那部分，可以看得到。但是我们看不见的，冰山下的那部分，才是最重要的，那就是工作质量。

“这个质量管理成熟度模型，对质量改进为什么极为重要？因为企业处在不同的阶段，要采取的质量改进策略是完全不一样的。”

说到这里，唐风似乎又回到了10年前。

“10年前，我离开EE这样一家跨国企业，进入深圳康利得这个中小型民营企业。作为一个空降的质量总监，我想把大公司中成功的质量管理思路移植过来，一门心思在公司中推行过程管理，目标是预防问题产生。希望通过这种方式，快速把质量搞上去。估计我的质量同行中，应该也有很多人与当时的我抱同一想法。

“结果自然是碰得一鼻子灰，带头反对我的，是公司的董事长和总经理。他们强调的是，质量部要盯住质量问题，不要让质量问题流出公司，从而产生客诉。在他们眼中，质量部就是警察，质量总监就是警察局长。只要这个警察局长够专业，警察们够卖力，就完全可以把罪犯抓干净，还给社会一个好的治安环境。

“因此，当他们发现警察无法实现这一目标时，他们想到的第一件事，就是指责警察们工作不力，进而可能把警察局长换掉。然后通过猎头公司，再找来一个更加专业和更加勤勉的警察局长，希望在他的带领下，社会治安能出现根本性的改变。

“这是很多公司老板的思维定式，也是许多中国企业中质量难做、质量总监阵亡率高的根本原因！但是他们有没有想过，如果一个国家治理不好，到处都是罪犯，警察怎么可能抓得过来？

“在康利得公司，我和董事长、总经理关于质量改进的策略，争论了很多个来回。我与他们的观点差异很大，我认为，解决质量问题的根本，是要铲除这种不断产生质量问题的土壤，靠质量部去盯、去堵，如同拿我唐某人的身体去堵机枪眼，是做不到的。最后的结果肯定是我这个质量总监阵亡，但是公司质量糟糕的局面改变不了。

“而他们则认为，从根本上解决质量问题，实施预防策略，是公司三五年以后才能做的事情，现阶段我们是小公司，就得依靠盯住、堵住这种严防死守的方法来保证质量。

“与他们交锋了一年多，我也挣扎了一年多，始终无力改变公司的质量状况。那段时间真是煎熬啊，每天要面对客户的投诉、罚款，到处救火，接下来还要被老板和各个部门抱怨，年终时我发现，在公司中被处罚次数最多的，居然是我这个质量总监。

“一句话，质量部的工作就是‘擦屁股’‘背黑锅’‘挨板子’！

“在不同的场合，面对着董事长和总经理，我多次告诉他们，质量的本质是管理，质量问题的背后是管理问题，每一个质量问题通过追溯，都是我们某些过程管理存在漏洞所致。

“但是，他们的思想极其顽固，每次我都无法与他们达成共识，他们强调的仍然是两个字：‘盯住’，质量改进当然毫无进展。

“我是屡战屡败，屡败屡战！

“直到最后一次，四川一家客户发来投诉，老板在电话中把我臭骂了一通，然后，要求我召集工厂的所有经理，召开质量检讨会，讨论如何盯住质量问题，以此来减少客诉。

“他当时给我打电话时，怒气冲冲，到现在，我都清晰地记得当时他说的话。

“这段时间公司的质量问题这么多，你作为公司的质量总监，到底是你能力有问题，还是你态度有问题？！”唐风学着康利得老板的口吻说。

妻子王玉笑了起来。

“这是当时他的原话，骂了我足足15分钟后，他让我周六在工厂召开质量检讨会，要求制造、采购、工程、质量、物流等各个部门的经理都要参会，主题只有一个：如何盯住质量问题？

“在质量检讨会上，我豁了出去，发了一通飙，当时我指着董事长和总经理，问了他们一个问题。

“我说，在我们康利得公司，不管是客户投诉，还是产品报废，或者来料不良，我们都把它戴个帽子，叫作质量问题。那好，谁能告诉我，什么是质量问题，为什么公司质量问题多，我这个质量总监就得挨骂？

“此言一出，满堂皆惊，全场所有人都面面相觑。大家天天把质量问题挂在嘴边，以此来指责质量部工作不力，真被问到这个问题，没有一个人能答得上来。

“我告诉大家，我们要按问题的源头和出处来定义问题，而不是把问题打包，放进‘质量问题’这个垃圾桶，然后转过头来指责质量部，让质量部对质量问题负责。

“我当时斩钉截铁地说，研发部把电路设计错了，我们应该叫研发问题；采购部买来的物料不能用，应该叫采购问题；制造部的员工把产品做烂了，应该叫制造问题；工程部把作业指导书写错了，导致产品出现不良，应该叫工程问题。接着，我又反问大家，今天康利得公司这些所谓的‘质量问题’，有哪一个是质量部造成的？

“我当时的态度非常坚决，我对着所有人说，从来没有什么所谓的‘质量问题’，我们公司客户投诉多的根本原因只有四个字，管、理、混、乱！要解决客诉，必须扭转管理思维，把过程管理做到位。

“我指着老板说，我们公司最大的问题就是，最高管理者的管理思维跟不上形势的变化，具体表现就是崇尚人治，强调盯住，把质量和管理切割开，认为质量问题多就是质量部工作不到位。

“一句话，公司质量问题多，主要就是老板你的问题！如果你有不同意见，我们现在就讨论。结果老板和总经理低下头来，承认他们的管理不当才是质量问题产生的主因。”

唐风说这话时，似乎又回到了几年前的那个会议现场。

“之前，董事长和总经理多次对我说：我怎么管公司与你怎么管质量无关，你只要盯好产线就行。

“从此以后，康利得公司的质量改进才步入正轨。而我，也终于实现了把零缺陷理念落地的第一步。

“此后，我用零缺陷过程管理方法，在工厂中对前加工、产品包装、测试等一个一个业务过程进行优化。半年后，工厂的质量改进突飞猛进，因为经此一役，老板和总经理终于不再拖我的后腿了。

“前些天，我去他们公司考察，发现他们现在的质量已经做得很好了，我的前同事们见到我都感叹，说当年我发的那通飙，才是康利得公司的质量转折点。

“现在回过头来看，为什么在当时的康利得公司，没有办法推行过程管理，预防问题发生呢？

“原因很简单，它当时处在不确定期这个阶段。对于质量，公司没有目标，也没有数据统计，董事长和总经理甚至懒得参加质量月会，他们对质量的要求，就是不要做得太差就行，当然做到什么程度才算是不太差，他们心中也没有一个具体的标准。

“中国人有句古话，求其上，得其中，求其中，得其下。

“他们这种低要求，带来的当然是低质量。

“管理层对于质量也没有共识，不知道如何彻底改变公司的质量状况，也不明白在质量改进这个过程中，他们自己应该扮演什么角色。因此，对于这种企业，作为公司的质量总监，应该引导公司领导认识质量的重要性，从而树立质量目标，并帮助公司管理层理解质量，达成共识。

“在这些问题没有解决之前，想要实现三级跳，一下子从 1 分的不确定期，跨越到 4 分的智慧期，通过推行预防来解决质量问题，想法很好却不现实。

“因此，我认为，像我这样一个空降的质量总监，进入康利得公司后，迟迟不能打开局面的主要原因，还是因为我的能力不足，对质量的理解不够深刻，导致自己走了一年多的弯路。一句话，我才是问题的根源，当时我的能力，的确不足以解决康利得公司面临的问题。”

停了一下，唐风又说：“对一家处于不确定期的公司来说，制订明确的质量目标，并让管理层正确地认识质量，明白质量对于公司经营的意义，认清作为公司的领导，他自己应该扮演的角色，这些很困难但至关重要，除此之外，其他一切工作都是救火，无法解决根本性的问题。

“这么多年来，我与许多中小型企业打过交道，我感觉中国有很多企业目前正处在这个阶段。从宏观层面看，质量改进的本质就是不断提升组织能力，从 1 分到 5 分不断爬升的一个过程。在这个过程中，最重要的因素就是领导作用。

“质量管理作为一种组织能力，其建设的责任当然来自以最高管理者为代表的全体管理者，然后再分解到每一位员工。这是我从事质量工作 20 年来，最大的一个体会。当然，很多企业可能永远停留在 1 分这样一个水平，因为其老板和主要管理者对质量的认识从来就没有过突破。

“基于质量管理成熟度模型，我在爱毕生公司的质量改进工作极为顺利。两年多来，没有一个人因为客诉等质量事故，指责质量部工作不力。因为从老板到普通员工，大家都明白了质量问题是如何产生的，也知道自己应该如何做工作，才能避免质量问题产生。

“与之相对应的，就是公司的质量损失费用从 2018 年的近 3000 万元，下降到 2020 年的 600 多万元，质量损失费用下降超过了75%。你别看这个数字高，但相对于数十亿元的销售额来说，其实比率并不高。当然，公司仍然还有很大的改进空间，2021年我的目标是在2020年的基础上，继续降低50%以上。

“另外，这几年，我用这种方法去辅导供应商，帮助他们提升质量管理水平，我公司物料的批次性上线不合格率，2018年是1.2%，2019年是0.63%，2020年下降到0.3%。供应商给爱毕生公司造成的质量成本损失，从2019年的1400多万元，快速下降到2020年的200万元左右。

“公司上下，对质量部的态度也发生了根本性的改变，把质量部当成一个帮助他们达成目标的部门。在2020年三季度的一级部门绩效评比中，质量部获得第一名。在上周举行的年终评比中，质量部获得最强助攻团队奖。

“能在近20个平台部门中脱颖而出，这也充分反映了公司领导对我们质量部工作业绩的认可。每次我和采购部的王总监出去，他都对供应商的老板说，我请唐总来，是帮助我们采购部辅导供应商的，质量部的要求就是我的要求。因为在爱毕生公司，采购部是来料质量的第一责任人。

“从事质量工作近20年，在爱毕生公司这两年，是我最轻松和最有成就感的两年，我对质量和零缺陷的理解也更上了一层楼。”

王玉有点奇怪，问：“你说的这些，与我们在惠州买这套房子有什么关系呢？”

“如果我们在惠州没有房子，我就很可能不会空降到爱毕生，担任质量总监，当然对零缺陷的理解也达不到今天这种水平。能力的提升是需要环境来磨炼的。以前我在零缺陷管理中国学院时，有一次同事和我开玩笑，说在质量咨询行业有两派，一为学院派，以研究理论为主。另一为实践派，主张从实践中总结经验。

“同行贬低我们，称我们为学院派，主要原因是学院当时的主要业务是培训，咨询项目相对较少。不过这几年，学院大力推进质量咨询业务，将零缺陷理论与中国企业的实践相结合，输出了许多成功案例。

“现在看来，我算是混进学院派中的实践派，2000 年进入质量管理行业，我在辉圣和 EE 这样的大公司中，干了一年的质量工程师，两年的产品检验经理，后来又当了四年多的工厂厂长和一年多的项目总监后，再调过头来担任供应链质量总监。从供应链质量总监岗位上离职后，又干了一年多的咨询顾问，接下来又干了三家民企的质量总监。

“在中国质量界，有我这么丰富经历的人应该不多。

“2008 年，我与零缺陷管理中国学院的杨老师认识，兼职担任他们学院的咨询顾问，学到了很多零缺陷管理的理论知识，这 12 年来，在康利得、赛德美、爱毕生三家民企中，我把这些理论用来解决实际问题，也遇到了很多疑难问题，这些都让我不断地思考。

“到今天，我自认为把零缺陷管理的理论体系终于彻底搞明白了，也越来越景仰克劳士比先生，这套理论的确简单、实用。

“猛将都是打出来的！”唐风有些感叹。

看着海浪，吹着海风，几年来的经历如同电影一般，一幕幕地出现在眼前。

本章点评

● 质量总监如何带领企业快速突破质量瓶颈?

基于质量管理成熟度模型，快速给企业定位，帮助管理层正确认识质量，通过自上而下的意识和文化变革，提升企业的过程管理能力。

第二章　老蜜蜂的第一口

一个空降的质量总监，如何快速打开局面

2018年10月6日，正在惠东海边度假的唐风突然接到一个电话。

“您好！唐先生，我是猎头LISA。现在有一家企业委托我寻找一位质量总监，对副总裁汇报工作，工作地点在惠州，请问您是否有兴趣？”

“我在惠州有套房，目前正在惠州度假，正想搬到惠州来住，你的要求我可以考虑下。”唐风回答。

“那好，我将其招聘条件和面试地点发给您，您先了解下情况，回头我再安排您去面试。”

三天后，唐风到这家公司的深圳总部去面试。

在人事部填完表后，他见到了第一位面试官，是位40岁左右的女士。

“你好，我叫黎雨，负责交付体系，质量部现在挂在我交付体系下面。我们爱毕生公司是生产LED显示屏的专业厂家，虽然在行业中，我们的产品质量还算是做得好的，客户对我们的评价不错，在全世界有3万多个成功应用案例。但是我们自己对质量现状不满意，因为公司的质量问题还是比较多，这也是我们要招一个新质量总监的原因，请你先简单介绍下你自己。”

唐风说：“我1993年大学毕业，当过三年中学老师，1996年来到深圳，一直在电源行业中工作，2000年进入辉圣电气，2001年公司被美国EE公司收购。我在这家公司中一做就是10年，先后任工

艺工程师、质量工程师、产品检验部经理、UPS 厂长、工业园建设项目组长、供应链质量总监等一系列岗位，后又兼职担任零缺陷管理中国学院的咨询顾问，从事零缺陷的推广，近几年先后在两家民企中任质量总监。”

黎雨问：“我们这样一家企业，如何快速提升质量？”

“QC\QA\QM，可以从这三方面来展开。”唐风开始陈述自己的观点。

“具体来说，QC 就是针对一些重要的节点设置检验环节，将不良品挑选出来，不要流到下一环节。但只做到这一步是远远不够的，许多问题是检验无法发现的，而且就算发现了也无济于事，因为错误和损失已经产生。

“这就需要推进第二步 QA，QA 就是识别出所有的业务过程，建立过程管理体系，确保每一件产品的质量是有流程保障的。

“但是光有 QC 和 QA 还不够，如果没有高度认真负责的员工，不管过程策划有多细致，流程多么完备，最终也无法杜绝不良品的产生，因此需要 QM，也就是树立正确的质量文化，统一公司上下对于质量的认识。”

接下来，黎雨又问了唐风的家庭情况，看得出来，她对唐风的回答很满意。

大约一个小时后，面试结束了，唐风回到人事部的办公室，人事小姐抱歉地说：“唐先生，真不好意思，我们老板的会议还未结束，今天可能无法安排与他的面谈了，只能委屈你再来一次。”

一周后，唐风又被安排过来面试。这回人事小姐说：“我公司人事情况有所调整，你这个岗位的汇报对象变了，所以今天你还得再见另一位副总。”

这次的面试对象也是一位 40 岁左右的女士，她一见面就说：“我的英文名叫 Rose。唐先生，真是有缘，看了你的简历，我发现你还是我的大学校友。”

寒暄几句后，言入正题，Rose问："我以前一直在做销售的工作，刚刚接手质量管理，面对这些乱七八糟的质量问题，确实有些困惑，请问如何快速解决这些问题？"

唐风回答："其实很简单，首先基于产品的实现，画出过程关系图；其次把发现的问题按过程定位，你就会发现，某些过程问题特别多，这些就是我们首先要优化的过程，以问题来驱动改善，相信也没有人会反对。

"据我所知，很多公司虽然拿到了ISO9000质量认证证书，但这个最基础的工作，往往却没有做到位。没有把自己公司产品实现的过程搞清楚，当然ISO9000质量管理体系也无法真正落地。"

一个月后，近50岁的唐风入职，成了一名老蜜蜂（爱毕生公司把新员工都叫小蜜蜂）。

当时已是12月，质量部的年度总结和规划已经做完并汇报过了，但是唐风发现其中存在很大问题，他决定重做。

首先，他决定指点手下的工程师和主管，让他们学会用过程思维来解决问题，把制程异常、客户投诉等问题按其产生的过程进行定位，在此基础上实施纠正措施和预防措施。

从过去一年的重大客诉中，唐风找出一个典型案例，让客诉工程师吴实找来以前的分析定位报告。

一会儿，报告发过来了，内容如下表。

产品型号	投诉问题	原因分析	纠正措施	预防措施
A10	屏体安装好后模组不断死灯，一个模组死灯超过20颗	1. 面罩灯孔设计尺寸是：$3.1^{+0.1}_{-0.0}$mm，而面罩实际灯孔尺寸普遍是3.05mm以下，尺寸都偏小。面罩设计无定位孔，加上面罩尺寸也偏小，灯珠无法保证在孔位中心，面罩受冷收缩，推挤靠在孔位边缘灯珠，导致灯珠剥离焊盘造成死灯 2. 高帽檐面罩样品测试时未装配到模组上进行测试，只做单个面罩的高低温测试，不符合产品测试要求	1. 设计部重新设计面罩图纸，加大面罩灯孔尺寸为：$3.3^{+0.1}_{-0.0}$mm 2. 新产品导入或者新部件导入，需要做成品质量验证测试	1. 修改面罩设计规范，将户外面罩灯孔放大0.5mm 2. 新设计面罩需增加定位孔，防止面罩移位

唐风把这个案例写入PPT中，然后召集质量部的所有骨干人员，给他们培训。

唐风说："我进公司一个多星期了，我发现了质量部有一个比较大的问题，就是我们在定位问题和解决问题时，没有用到过程方法，没有从管理的角度来看待问题，更没有从人的角度来考虑问题是如何产生的，导致问题总是无法彻底解决。

"比如A10产品上这个大面积死灯的问题，这是我们以前拟定的纠正措施和预防措施，大家来看一看有什么问题。"

唐风打开PPT，把这个问题的纠正和预防措施投影在屏上，开始发表自己的看法。

"在对这个问题的处理上，我认为要做到这个程度。"

接着，他敲击键盘，播放下一页PPT，如下表。

产品型号	投诉问题	初步原因分析	深层原因分析	过程定位	临时对策	纠正措施	预防措施
A10	屏体安装好后模组不断死灯，一个模组死灯超过20颗	1. 面罩灯孔设计尺寸是：$3.1^{+0.1}_{-0.0}$mm，而面罩实际灯孔尺寸普遍是3.05mm以下，尺寸都偏小。面罩设计无定位孔，加上面罩尺寸也偏小，灯珠无法保证在孔位中心，面罩受冷收缩，推挤靠在孔位边缘灯珠，导致灯珠剥离焊盘造成死灯 2. 高帽檐面罩样品测试时未装配到模组上进行测试，只做单个面罩的高低温测试，不符合产品测试要求	1. 没有LED显示屏面罩设计规范 2. 高帽檐面罩导入测试没有装在箱体上，只送检了面罩做测试	1. 面罩设计 2. 面罩验证	调查前期A10已出货的所有订单，评估其使用环境，对有隐患的产品组织更换面罩 责任人：××× 完成时限：××××××	1. 制定“LED显示屏面罩设计规范”并培训到位 责任人：××× 完成时限：×××××× 2. 新面罩导入应装配到模组上进行全套可靠性测试，并优化可靠性测试规范 责任人：××× 完成时限：××××××	1. 汇总同类产品常见的问题点，包括前期面罩设计存在的问题点，提前制订相应对策 责任人：××× 完成时限：×××××× 2. 明确面罩设计和验证两个过程的责任人，不断优化过程管理 责任人：××× 完成时限：××××××

唐风指着屏幕，对大家说："我来公司面试时，公司领导对我说，我们质量管理最大的问题有两个。

"第一，是无法彻底解决问题，实现不贰过。

"第二，是我们质量团队能力太弱了，没有中层，全部是基层，能独立解决问题的人员太少了。

"在我看来，这其实是一个问题，就是我们质量团队解决问题的能力太弱。作为质量人员，我想大家都应该学习过ISO9000体系，我认为，该体系最核心的一个思想是过程方法，基于过程能力来定位问题和解决问题。

"但是，经过我这么多天的了解，我发现大家在分析问题和解决问题时，根本没有这方面的意识。"

停了一会，唐风继续说："质量的本质是管理，如果大家不能以过程管理的角度来看待目前的问题，怎么可能彻底解决问题呢？因此，我今天介绍的，按产生问题的过程来进行定位的方法非常重要，请大家务必学会。

"同一类型的产品，其产品实现过程往往相同。而许多看起来风马牛不相及的产品质量问题，通过过程定位后往往可以发现，其产生于相同的业务过程。

"一般来说，一个客诉的产生，至少有两个业务过程存在管理漏洞，一是产生问题的过程，另一个是检验或确认过程。

"我要求，针对每一个批次性质量事故，要做到'七有'，具体是，有原因分析、有过程定位、有临时对策、有纠正措施、有预防措施、有责任人、有完成时限。

"临时对策，就是针对不良品的处置，包括标识、隔离、返工、报废、召回等。

"纠正措施，就是针对不良产生的原因，制订相应的措施，确保这种情况不会再发生，具体来说，就是要通过问题识别出产生问题的过程。

“在我们这个案例中，面罩孔小造成死灯，我们的临时对策，就是针对A10已发货的产品和在库的产品进行处理，这是我们日常所说的救火。但是以前，我们可能做到这一步就没有继续往前走了，这就是我们解决问题不彻底的根源。

“在A10这个案例中，我们要通过批量死灯这个现象，找到它背后产生的原因，就是至少有两个过程存在问题——面罩设计和面罩验证。当然，产品立项评审等过程可能也存在问题，对产品的使用要求没有充分识别，也可能是造成此问题产生的原因之一。

“要落实纠正措施，就一定要针对这两个业务过程的管理进行优化，通过制定和实施相应的管理规范，从输出、输入、能力、工作标准、作业程序这个要素上进行管控，确保这两个过程的输出满足要求。

“至于预防措施，是针对风险来说的。我们A10这款产品在研发立项时，就要搜集以前的同类产品曾经出现过的问题，以及分析本产品在技术、工艺、制造、来料等各个环节存在的风险点，针对这些问题和风险点制订预防性对策，确保这些风险，不会在此产品上真正发生。

“还有，指定过程管理的责任人，明确过程绩效的衡量方式，统计过程绩效数据，推动过程管理能力不断提升，也是一种预防措施。

“一定要把过程中涉及的每个岗位的员工管好，才能彻底解决质量问题。毕竟，质量是由人产生，为人服务的。

“纠正措施和预防措施，就是我们平常所讲的灭火和防火。

“我在上一家公司时，对问题的处理，要求是做到‘五有’，现在增加两点，要有责任人和完成时限，如果没有这两点，执行效果会大打折扣。

“大家还有没有疑问？”唐风问大家。

“没有，这个观念很好理解。”下属们纷纷回应。

“知易行难，现在我安排大家如何去落实这些要求。”唐风继续说。

“虽然我们质量部的年度规划已完成，且通过了公司层面的评审，但是我认为必须重做。因此请大家将过去一年发生过的重大问题，按过程进行重新定位，进行汇总后，我们就会发现，某些业务过程存在的问题特别多。

“还有，我们也会发现，某些检验过程发现问题的能力弱，这样我们就能找出下一步要优化的过程，制订后续的改善目标。”

这天，唐风像往常一样，查看各工程师的周报，他发现大多数工程师，仍然没有按自己的要求做，报告中对问题的分析思路，与以前相比，丝毫没有变化，他心里非常恼火。

他临时召开了一个会，把质量部的主管和骨干工程师全部叫到会议室。

唐风说：“我反复对大家讲，解决问题的第一步是定位问题，要求大家把问题定位到过程。为此，给大家做过多次培训，但最终效果是怎么样的呢？我现在给大家看一个案例，这是我审核本周的周报时发现的。”唐风说完后打开 PPT，如下图。

序号	订单号	产品型号	附图	订单数量/ 不良比例	异常描述	根本原因	过程定位	临时对策
1	A	×××	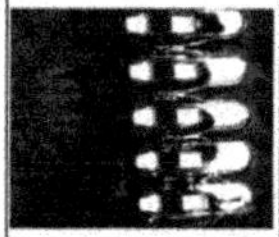	8200/ 20.21%	IC面炉后发现IC少锡/虚焊现象	PCB暴露在空气中,焊盘氧化导致不上锡	物料不良	维修加锡
2	B	×××		1030/ 56.15%	炉后发现0402物料少锡/空焊	钢网漏锡少,导致少锡,空焊	钢网开孔问题	返工加锡
3	C	×××		1326/ 13.0%	后焊岗位测试发现蓝灯一组不亮,单灯不亮	5颗蓝灯不亮,为IC管脚虚焊;灯不亮:反灯;灯死;2块为排针连锡;一块虚焊	来料和SMT生产异常导致	维修加锡
4	D	×××		1000/ 50.0%	模组偏色	AI机灯珠倾斜角度过紧和过炉治具问题(初步分析)	设备/治具问题	筛选当备品

“我反复要求大家，在分析问题时，一定要结合我们的产品实现过程进行定位，为此还让体系部专门做了一件事，就是细化了产品实现的过程关系图，与大家讨论共识后，在部门内公开发布，大家为何还是不能改变以前的工作习惯呢？”

说到这里，唐风看了所有人，从大家的眼神中，读到的是困惑，于是他继续说：“下面，我再讲一个案例，帮助大家理解我对质量异常处理的要求。”

说完，唐风打开下一张 PPT，如下图。

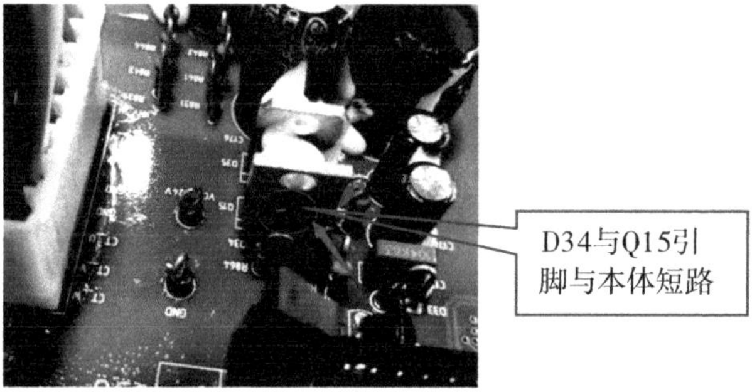

“这是我在上一家公司时，处理的一个质量异常案例，后来我把这个案例总结后，在《企业管理》杂志上进行了发表，标题是《如何从过程管理的角度来实施纠正和预防》。

“我给大家讲解下这个案例的背景。

“2017 年 6 月 9 日，我公司维修员在维修 A 产品时，发现有 3 台机的不良现象均一致，其产生原因是其中的 M1 板 D34 和 Q15 引脚与本体碰到一起短路。就是图中这个问题。

“维修主管立即将此问题反馈给我，作为质量总监，我立即要求封存此批产品，并让外协加工厂 B 派人前来我公司，配合我公司质量人员，对 A 产品和 M1 板全部进行排查和返工处理。

“返工过程中，发现在待出货的库存成品中，有 5 台机器均存在同一问题，从外协 PCBA 加工厂 B 回货的 M1 板也有 7 片存在此不良现象。返工完成后，我要求手下的外协质量工程师填写‘纠正预防报告单’发给外协厂 B，要求其在一周内，针对此作业不良进行分析，并提供正式的‘纠正预防报告’。

“后来，供应商把改善报告发来了，按 8D 格式写的，但是我不满意，我认为他们分析问题的思路不对，后来我专门过去与他们开会讨论。”

说到这里，唐风打开下一张 PPT，如下图。

3-D 原因分析（Root Causes） 1. 由于D34与Q15距离近，过波峰焊后Q15向D34倾斜，导致短路 2. 我公司点胶人员从两MOS本体间点胶固定，导致向D34位偏移致短路 3. 我公司检查人员未重视检查发现此隐患，致不良流出 责任人（Principal）: ×××
4-D 临时对策（Temporary Disposal） 针对此不良对客户端产品进行返工挑选处理 1. 客户库存品进行全检发现5片不良 2. 针对客户制程已组装产品进行返工挑选，有7片不良 3. 针对客户已装箱及组装机壳的产品，我司安排开箱全检处理 责任人（Principal）: ×××
5-D 改善对策（Corrective Actions） 1. 针对D34位，我公司过炉人员做小方块治具，进行限位扶正过炉 2. 针对Q15\D34点胶作业，我公司将Q15处两MOS贴紧点胶固定 责任人（Principal）: ××× 2017-6-13前完成 3. 我公司优化检查sop，针对此项作业进行重点检查 责任人（Principal）: ××× 2017-6-13前完成 4. 我公司将此问题录入品质履历表，以便后续生产类似产品时进行预防管控 5. 质量部针对此问题召集会议，通报相关部门检讨，工程、生产、质量在后续新品评估时将此工艺列入评估范畴案例集 责任人（Principal）: ××× 2017-6-13

“这是他们发过来的 8D 报告，坦率讲，按一般公司的要求，他们能做到这个程度已经不错了。但是我不满意，我认为他们没有找到解决问题的关键。

“会上，我对他们说，D34 与 Q15 在板上的距离的确比较近。但是，只要加工正确，是不会互相碰在一起的，问题发生的原因，是你们的点胶人员在点胶后将 Q15 往边上推了下，才导致二者碰在一起短路的。

“为什么会出现这个问题？根本原因是点胶人员点胶后，未进行自检。点胶不能导致其他元件互相碰撞到一起，这是点胶作业的常识，而从此案例来看，你们的点胶人员显然不具备此常识。

“因此我认为，贵公司应该编写点胶人员的培训教材，对所有点胶人员进行培训，此类问题才能彻底解决。我干过 4 年多的制造工程师，见过很多点胶不良的案例，与此情况类似。

“从过程管理的角度来看，我认为问题产生的原因主要有两点。一是点胶过程管理存在漏洞，人员的操作技能达不到上岗要求，因此纠正措施之一，就是建立点胶人员的上岗培训制度，并保证执行到位。二是新产品第一批生产的工艺评审过程。

“我当时在会上说，20 年前，我还是个制造工程师，负责 PCBA 车间加工制程的指导。当客户的产品第一次转移到我公司 PCBA 车间生产时，有一件事我是必须要做的。第一片板子完成加工后，我会对着这个产品与生产、质量人员进行评审，将所有可能出现的风险点识别出来，制定出一个《××× 产品加工注意事项》，发给生产和质量人员，要求他们对这些加工风险点进行重点控制。

“我们这款产品，在工艺设计上的确存在这样一个风险点，你们公司的工艺工程师，应该在首样生产后发现这个问题并告知质量和生产人员。我问对方，贵公司有没有这样的作业流程？他们告诉我，有！

“很显然，他们在这个流程上没有执行到位。

“因此，在会议现场，我告诉他们，新产品第一次生产评审的流程必须做到位，可以由质量人员制定一个实施记录表，如果没有做，检验员要实施停线，这样才能控制不良品的出现。”

讲完这个案例，唐风以坚定的口气告诉所有与会人员：“我再次强调，无论是产线异常，还是客户投诉，我们都要从过程管理的角度来分析原因，找出过程管理中存在的漏洞，采取措施进行弥补，这才是解决问题的关键！”

给下属开完会后，唐风不由得陷入了沉思：

“已经一个多月了，为什么这帮人还是改不了以前的作业习惯？如果我连质量部这些员工的工作习惯都不能改变，又如何能改变整个公司的质量意识？”

一时间，他有种被挫败的感觉，心情极为沮丧。

突然，他想起公司老板钟鸣上周在管理层会议上的一段话。

“你做了什么，你没有做什么，才有今天这个结果！不要抱怨别人，更不要抱怨自己，而是在这一刻，基于这个现状，你应该采取什么样的行动！

“我们公司的核心价值观是诚信、感恩、负责任。

“什么叫负责任？你面对问题时用这样的方式处理，就是负责任，你们是公司的高级管理者，一定要把我的这句话落实到位！”

想到这里，唐风似乎明白了什么。

“为什么大家对我的要求置若罔闻？按照老板的说法，应该是我哪里做错了，我该怎么办？”

这时，他又想到了每周要背诵的阳光格言，其中有一段话：“起而行动，方能平定心中的惶恐，成功不是等待，我现在就付诸行动。”

于是，针对每个批次性问题的分析和处理，唐风专门制定了一个规范，要求做到“七有”，即有原因分析、有过程定位、有临时对策、有纠正措施、有预防措施、有责任人、有完成时限。

他把这个规范打印出来，交给部门文员，对她说：“请你拿给每个主管和工程师，告诉大家，这是我们质量部处理问题的要求，每个人必须在上面签名承诺，按我的要求去做到！如果下次还有谁不执行这个要求，挨板子是必须的！”

经过唐风连续一个月多的跟进和强调，终于把下属工程师和主管分析问题的习惯纠正了过来。

每次遇到问题，都从过程管理角度进行分析，这样一来，以前许多看起来完全没有关联的问题，经过归纳总结，发现本质上均属于同一过程管理中的问题，大家解决问题的能力有了显著提高。

接下来，他从各个方面搜集信息，对公司目前的质量管理水平进行评估，思考如何从整体上改变公司的质量状况。

他隐约地感到，公司管理层虽然重视质量，但对质量的认识存在很大问题，这也是导致公司质量状况不佳的主要原因。

本章点评

● 一个空降的质量总监，如何快速打开局面?

对一个空降的质量总监来说，要快速打开局面，需要快速找到切入点，并拿出切实可行的解决方案，这样有助于快速站稳脚跟。

要做到这一点，就要站在过程管理的角度，对过往的问题进行重新定位，找出漏洞多且易解决的业务过程，组织实施过程优化，快速拿出成绩来。

修身篇
真爱行的洗礼

第三章　真爱行开创班

质量总监需要具备什么样的信念

进入爱毕生快两个月了，这天唐风收到一封邮件，是公司内部的培训机构真爱大学发来的，邮件通知唐风参加真爱行第 6 期的开创班。

唐风早就听说，这个真爱行训练营在公司内已开了 5 期，请了外面教练公司的人来指导，参加的人很辛苦，心里顿时有点不太乐意。

他发微信给上司 Rose：“惠州工厂的年会与真爱行的开创班时间上冲突了，我该参加哪一个？”

ROSE 回了微信：“工厂的年会你别参加了，你按时参加真爱行开创班吧，真爱行是公司每个高级管理者必须参加的训练项目，真爱行毕业了，你才算一个真正的爱毕生人。”

见上司如此坚持，唐风只得硬着头皮参加。

培训开始前，唐风接到了教练公司的电话，教练问：“你为何要参加这次真爱行开创班？”

唐风说：“听说这个真爱行训练营，教的是如何训练员工，我想学习一下这方面的教练技术。”

“错了，这个班不会教你什么技术，它只教你如何看清自己。”

这让唐风更加困惑：“这个真爱行开创班到底培训些啥？”

真爱行开创班采取全封闭式教学，在深圳龙岗的一个酒店中进行。

等所有学员到位后，教练说：“有谁愿意来分享下自己刻骨铭心的失败经历？”

唐风主动上台，先简单介绍了自己，说：“我已年近50岁，做过工厂厂长、项目总监，以及多家企业的质量总监，经历可能比在座的各位都要复杂，我还出过一本书，我的梦想是要成为一名顶级的质量专家。

“我说一个发生在我身上的故事，供大家参考。

“2009年，作为EE公司中山工业园建设项目组组长，在项目结束后，按之前对项目成员许下的承诺，我去找我的上司，供应链副总裁权博士，申请了一笔2万元的活动经费，组织我的项目建设团队骨干成员去三峡旅游。

“我从公司财务部借到钱，联系好了旅行社，交了全部费用，准备出发了。谁知，在出发的前一天晚上，我的上司，这位权博士打电话给我，说：‘你们不能去旅游！’

“我惊呆了，说：‘我不是填写了外出公干电子流，你批过的。’他的回答让我更加意外：‘你没有电话请示过我，我批过的电子流不算数，因为我没有仔细看。’我苦苦哀求，软话说了十几分钟，最后他撂下一句话：‘你自己看着办吧。’

“我以为上司松口了，就按原计划组织我的团队成员去三峡了。结果回来后，我被权博士叫到他的办公室，大骂了一通，最后他告诉我，你预支的2万元钱不能报销，你自己掏腰包解决。

“想着自己为了这个项目，苦干了两年，累出一身病，换来的却是今天这样一个结果，这样硬生生地被顶头上司从背后捅了一刀，我心里这口气无论如何也无法咽下。从此以后，我对工作再也没有了丝毫的热情，每天在公司里都是混日子、磨洋工。

“更可怕的是，因为这笔旅游费用是借支的，每个月的30号，财务部都会准时发邮件过来催我还款，这一封封邮件可都是一把把刀子，在我的心头不停地扎。

“最后，因为这件事，我离开了这家公司。很多年了，我心中一直愤愤不平，久久不能释怀，我实在不明白，我为公司赴汤蹈火，换来的却是这样一个结局。每次想起此事，我的心都在滴血，恨得咬牙切齿。”

听完唐风的讲述，教练反问：“你和你上司权博士关系怎么样？”

唐风说：“不太好吧。”

“不，应该是很不好。你想过没有，为什么当你率领一个团队出色地完成了任务，迎接你的，不是鲜花，不是掌声，而是背后一刀？”教练问道。

唐风仔细思考了一下，说：“当时我的领导，供应链副总裁权博士与公司质量管理部的高级总监覃博士斗得很厉害。

“覃博士仗着公司总裁的支持，一心要将供应链质量部从供应链管理部中挖出去，归公司质量管理部直接管辖。而权博士坚决不同意，最后双方达成妥协，公司将覃博士任命为供应链质量部的高级总监，我对她汇报工作。

“在公司层面上，这两个博士是同职别关系，在供应链内部，双方又是上下级关系，覃博士又对权博士汇报工作。

“在这样奇葩的局面下，需要有一位新的供应链质量总监去协调平衡双方的关系，我就是在这样的背景下，被调到质量部去的。因为原来的供应链质量总监是权博士的人，对覃博士很不客气，双方闹得很僵，根本无法共事。

“当初调我去做这个难做的供应链质量总监，我想主要的原因，是权博士看我行事风格一向强硬，希望借我的手，将覃博士这颗钉子，从供应链管理部中排挤出去。而我认为，我并不擅长搞职场斗争。因此，对权博士的安排很不满意。

“一直以来，我与我的上司权博士，仅限于工作关系，我从来没有尝试着与他发展私人感情，也从来没有去过他家拜过年什么的。在我的潜意识中，我一直认为自己凭能力混饭吃，对这些拉帮结派的事情实在是不屑一顾。”

教练指着唐风的头说："难怪你快 50 岁了，还没有当上老板，你这种人，就是清高，好面子。调你去做供应链的质量总监，原本是一个极好的机会，能拉近你与你老板权博士的关系，让你成为老板的亲信，谁知道你将自己牢牢地限制在条条框框中，还不断地抱怨老板的安排。

"你难道还在认为，老板从背后捅你一刀，是他的错吗？我告诉你，是你自己的错！你的情商指数基本为零，这么多年，你立志要做一个质量专家，但你只研究方法，从来没有想过如何处理好人际关系，如何扩大自己的影响力，让别人甘心情愿地跟随你的思路，将质量做好。真可笑，你还著书立说，有多牛啊！"说到这里，教练的教鞭差点打到唐风的脸上。

"我看你啊，总是喜欢一条腿走路，这么多年，难道不累吗？"

教练的这一番话，犹如鞭子一样，抽在唐风的心上，让他为之一震，他想起了在另一家公司赛德美的往事。

几年前，在彷徨之中，唐风来到赛德美这家民营企业。

公司规模很小，主要股东有三个，都在公司任职，大股东任总经理兼管销售，二股东管研发，三股东孙明管供应链和质量部，质量部加上唐风，也只有 7 个人。

入职后，唐风先从出货检验过程开始抓起，解决客户反馈的低级质量问题。接下来又优化 FQC 和 IQC 等检验过程，让不良品不要往下流。

后来，他又组织对产品装配过程进行了改善，明确了装配工艺，对装配人员的能力进行了识别并组织培训考核，对人员绩效也实施了管理。

半年后，公司质量状况大幅改善，主力产品的市场返修率大幅下降。

在整个过程中，唐风既是质量总监，又当质量主管，深入一线指导检验员开展工作，同时与生产经理密切沟通，推动现场改善，大家对他很是认可，后来唐风被公司任命为供应链副总经理兼公司的质量总监。

但是这样的日子，过了不到一年就结束了，起因是唐风与生产经理艾定国的冲突。

艾定国这个人能力比较弱，总喜欢给孙明打小报告，很受孙明的喜欢，但是，他对唐风的工作安排从来都是爱理不理的。

这天唐风发现生产现场乱七八糟，于是打电话给艾定国，把他叫到现场。

唐风对他说："老艾，你作为生产经理，为什么连一个 5S 都管不好？"

艾定国想都没想，就反驳道："这是研发的人搞的，你应该去找研发！"

"你是生产经理，为什么让我去找研发？"唐风很是气愤。

"研发的人总在我的地头上胡乱行事，我有什么办法？"艾定国显得振振有词。

唐风气得浑身发抖，跑到孙明的办公室，把刚才的事对他说了一遍，然后说："老艾这个人不行，必须换掉！"

孙明的反应出乎唐风的意料，他黑着脸，一巴掌拍在桌子上，大声对唐风说："你这是想换我的平台，不行！"

然后，他口气缓和了一点，又说："老艾这个人虽然能力弱了点，但是为人老实，能吃苦耐劳，还是可以用的，你应该和他搞好关系，把他用好。"

这件事对唐风影响很大，他终于发现，他这个供应链的副总经理，就是个管家和"背锅"的角色。孙明生意很多，经常不在公司，只能委托唐风帮忙看着这群人。

对于手下几个经理的工资奖金，唐风没有任何的发言权，而他们的工作中出现任何问题，唐风都要陪着一起挨骂。

面对这种权责不对等的情况，唐风越想越气愤，坚决要求辞去供应链副总经理的职位，只当公司的质量总监，否则宁肯辞职不干。

这样一来，唐风与孙明的关系彻底恶化。后来因为此事，公司把质量部划入研发体系，他归二股东管。

因为郁郁不得志，所以爱毕生公司找猎头来挖人时，唐风就跳槽了。

在这个过程中，唐风一直认为自己没有错，错的是孙明，他重用不会做事的小人。

教练的话点醒了唐风，在赛德美这样一家公司中，因为有三个老板，每个老板身边都有一群人，他们最看重的，是下面这群人的忠诚度。

而唐风这个人，平时只考虑到把问题通报出来，把事做好，丝毫没有考虑这种台面下的抱团关系。

还有，唐风与二股东以前也是同事，互相之间走得比较近，这难免会引起三股东孙明的想法，认为唐风联手二股东，一起拆他的台。

当天晚上，唐风辗转反侧，难以入睡，脑海中一直想着教练白天说的话。

唐风在决定跳槽到爱毕生之前，还曾经有一个念头：

“我要与这家公司的老板沟通，了解他对质量的看法，如果理念一致，就加入他们公司一起干，否则就不考虑了，免得进来后又要被折腾，这几年在这些小公司当质量总监，实在被折磨得太惨了。”

想到这里，唐风自言自语：“现在看起来，这是多么错误的想法啊。如果这个老板的质量理念很先进，他公司的质量早就做好了，还用得着花大价钱来挖我？作为一个质量总监，我的职责是改变老板和整个管理层的观念，带领公司把质量做上去，做不到这一点，只能说明我的能力不足，我才是一切问题的根源！”

开创班的第二天，唐风的收获很大。

当天晚上，整个团队被隔离开，分为两个小组，玩一个红黑牌游戏。

这个游戏的规则很简单，每个组可以选择出红牌或黑牌，教练结合两个组的出牌，来宣布每个组获得的分数，最后获得分数高的组得胜。

拿到游戏规则，唐风一眼就看透了游戏的精髓，两个组必须互相信任对方，按这种思路出牌的话，大家的得分都会最高。但是这样做也有风险，如果对方黑自己一把，自己这一方就输定了。

唐风主动走到台上，说："这个游戏的本质，是两个小组必须互相信任对方，如果能做到这一点，两个小组的最终得分都是最高的。因此，我建议，我们第一轮应该出红牌，如果对方也出红牌，我们两个组就都得高分。"

于是，第一轮，唐风小组按他的建议出红牌，而糟糕的是，对方组却出了黑牌，导致唐风小组一开始就得分落后。

后来的情形就失去了控制，两个组都决定不再信任对方，导致双方一直在拼杀，都出黑牌去黑对方。

最后的结果可想而知，两组得分都很低，而且最糟糕的是，唐风组还输给了对手。

游戏结束了，教练让大家上台分享心得，唐风说："这个游戏我一开始就看明白了，第一轮出牌我们组按我的建议，给对方出了红牌，谁知道对方自以为聪明，给我们出了黑牌，后来的局势我就控制不住了，最后双方都是一黑到底，两败俱伤！"

教练指着唐风说："在这个游戏中，其实你们这类人才是最可悲的，你明明看透了游戏的规则，却无法影响别人，带领大家达到双赢的目标。

"作为一个工作快 30 年的职场'老鸟'，你难道不知道，在企业这样一个组织中，重要的不是你明白了什么，而是你做到了什么，输出了什么结果，难道你忘记了吗？这个游戏有一个规则，只要小组中有任何一个人不同意出牌方案，大家必须回过头来，重新讨论，否则不能出牌！

“你为什么不利用游戏的规则，行使你的否决权？你的影响力弱爆了！”

当天晚上，唐风又失眠了。

“今天这个游戏与我的工作何等相似！在很多时候，作为公司的质量总监，我最清楚公司的质量工作应该怎么做才能取得成功，但是最终因为影响力太弱，无法推动公司按自己的思路去做，当然也就得不到想要的结果。

“作为公司的质量总监，如果不能发挥自己的影响力，主动地影响老板、影响公司高管，让他们按我的思路去做质量管理，达成质量目标，到最后我就是一头替罪羊！

“放下面子，对目标负责！作为公司的质量总监，我唯一的使命就是影响老板，从而影响全体员工，把正确的理念和方法教给大家，带领大家达成目标！”

第三天培训的重点是生死邮轮投票游戏，每个人手中有 6 张选票，可以投给自己一张，也可以全投给别人。

第一轮投票，唐风把 6 张选票都投了出去，没有留给自己一张。

教练问他：“你为什么把选票都投给别人，没有给自己留下一张？”

唐风说：“我们应该让妇女等弱势群体先逃生。”

教练指着唐风的鼻子骂道：“你真是清高啊！你把唯一活下来的希望都给了别人，难道你没有想过，当你的家人看到你的尸体时，他们会有多么的伤心！你连活着的机会都不争取，怎么可能有激情去做好你的工作！”

唐风当天晚上躺在床上，开始反思：“从社会公平正义的角度来看，我并没有错，我让弱势群体生，符合我的道德观念，教练的思路用在工作中是合适的，在职场上我不应该清高。”

四天培训结束，小组内分享，唐风对大家说：“这四天的培训就像一面镜子，让我看清了以前的我。”

“这么多年来，我不断研究质量管理方法，力图成为行业专家，但实际上我只关注事，从来没有用心去体会人际关系，用一条腿走路，让我走得很辛苦，也连累了我的家庭。

“我发现，以前的我是一个清高、自私、冷漠、懦弱的人，影响力很弱，我却自以为高尚，自以为坚强。

“现在想起来，我为什么做完 EE 公司的中山项目后会大病一场，根本原因还是我的懦弱，面对问题不敢正面解决，神思忧郁，久积成病，绝不是劳累造成的。

“我决心放下清高，活出大爱，增强自己的影响力，成为一个真正的质量专家，为中国质量做出自己的贡献。

“从此以后，我是一个激情、勇敢、负责任的男人，2019 年 1 月 24 日是我的重生日，我终于找到了提升自己、突破自我的方向，我要参加接下来的真爱行实战 100 天。”

本章点评

● 质量总监需要具备什么样的信念？

我是一切问题的根源！作为公司的质量总监，你的唯一价值就是带领公司实施质量目标。

如果你现在没有达成目标，只能说明你的能力不足！

第四章　真爱行 100 天

质量总监需要什么样的核心能力

今天是真爱行 100 天实践的第 5 天。

星期一，下午 6 点整，第一次教练电话。拨通电话后，教练问唐风:“今天是第一次教练电话,你总结一下,你本周有什么主要收获。”

“好的，我总结下来，大约有两点收获。”

“说具体点。”教练说。

“好的，且听我逐一道来。”唐风开始向教练汇报。

“第一点就是，所有快乐或者痛苦都源于自己的选择。

“还记得真爱行第一天吗？教练给我们布置了一个感召订单游戏，要求每个人找销售同事感召订单，数量多者胜出，结果我一开始不明白这个游戏规则，不知道怎么办？等我明白后，容易获取的订单全部被别人拿走了，我疯狂地打电话，从欧洲业务区到北美业务区，结果打了一晚上的电话,没有感召来一个订单,一直折腾到晚上 12 点。

“回家后，按要求还要写一个 200 字的日总结，最后弄到凌晨 2:30 才上床，我睡不着，在床上翻来覆去。躺在床上，我非常痛苦，整夜无法入眠。我实在不明白教练为什么要设计这样一个‘混账’游戏折磨我们，还要搞得这么认真。

“第二天早上，我妈和我老婆都拉住我，让我不要去继续参加这个真爱行 100 天了，大不了辞职不干。她们对我说，这种搞法，纯粹是拿生命开玩笑，你 50 岁的人，如何还能这样熬夜？

“我心里也很犹豫，但是经过痛苦的思想斗争后，最后还是参加了第二天的训练，不过因为到场时迟到，被教练罚了 100 元。

“之所以这样做，主要还是在我内心深处，仍然希望自己在管理上有所突破，在个人影响力上更上一层楼，做一个真正优秀的质量总监。

“为什么第一天的训练让我如此痛苦？我认为根本原因，就是我内心对这个训练很抗拒。其实在这个世界上，没有什么我不得不做的事情，所有我去做的事情其实都是自己的选择，我参加真爱行的目的是提升自己的影响力，我是奔着这个目标去的，想通了这一点，其实这个过程就没有那么痛苦了。

“也就是说，你可以选择很快乐地做某一件事，也可以选择痛苦地去做，快乐与否与这件事本身无关。

“因此，以后我出去演讲时，我要奉劝我的同行，作为质量人员，在工作中，一定要调整好自己的心态，工作再难做也千万不要感到痛苦，因为所有的一切都是你自己的选择，没有人逼你去做这个工作。”

“很好，请继续。”教练说。

“第二点就是放下面子，实现目标。”唐风接着说。

“在第二天的封闭式训练上，我们团队中的成员朱楠，因为迟到被教练责骂，结果她愤怒地走出了教室，坚决要求退出真爱行，你还记得吗？”

“记得。”教练回应道。

“第三天，不知道是什么原因，她又想回归，按教练团的指示，她必须感召每一位团队成员，所有团队成员一致同意后，她才能重新回归。她第一次打电话给我时，我其实是同意她回归的，因为在那天早上，我也有过同样的念头，要离开真爱行这个团队，我实在不想被这样折腾，在心里很是同情她。

“但是当群内全体成员投票表决，决定是否让她回归时，我们组的陈教练在群里问了一句：‘你们真的愿意让她回归吗？’我改了主意，其实我认为她的回归意愿不够强烈。

“后来，团队参与表决的 39 个人中，有 38 个人都同意她回归，只有我一个人坚决不同意。

“朱楠连续三次打电话感召我，前后足足讲了一个多小时，我都拒绝了，团队其他成员也有好几个人打电话给我替她求情，甚至有人骂我，说我不讲人情，不肯给朱楠一个改过自新的机会。到最后，我提了条件，让朱楠写下承诺书，如果再次退出真爱行，情愿被罚款 5000 元并允许被公司无偿辞退，我才同意她回归。

“这件事对我影响很大，以前我是一个老好人，不敢拒绝别人的要求。这件事让我深刻地认识到，要达到目标，就一定要放下面子，敢于拒绝别人，敢于高要求别人，尤其是要严格要求老板。

“所以在爱毕生惠州公司的职员晨会上，我明确提出，所有出厂的产品，如果达不到标准，我没有权力特采，要特采的话让责任人去找老板申请。

“我在质量部也做了同样要求，我说，如果我们质量部学会了妥协，那么整个公司都会妥协，我们的高要求是公司产品高质量的最终保障。”

“非常好！能学以致用。”教练嘉许了唐风。

真爱行第 12 天，星期一下午 6 点。

按要求第二次拨打教练电话，教练问唐风第二周的收获。

“本周主要是做目标分解和目标承诺，我认为，本周最大的收获有以下几点。

“第一，要敢于承诺，敢于给自己设置很高的目标，并且不要为成功设置任何附加条件。以前我总认为，一位质量总监的成功有很大的偶然性，因为他要遇到一位支持他工作的好老板，才能取得好成绩。上了真爱行，我才发现这个观念是彻底错误的，我是一切问题的根源，达不成目标只能说明我的能力不足。

“我发现，为什么组织中有些人能够快速抓住机会，改变自己的处境？其中一个重要因素就是敢于承诺，这样就能获得尝试的机会。一个敢于承诺的人，往往会得到更多的成功机会。

“第二，对承诺的结果负责。真爱行第一天，教练让每个人设置目标，对一些难度不高的目标，他们坚决不接受。目标设置完成后，又反复问：‘做不到怎么办？’这让我很受启发，承诺很重要，承诺后的决心对目标达成更重要。

“第三，重视目标，并将目标细化。教练让我们每个平台部门的成员把目标分解到周，对团队中的每位销售人员，则要求他们把目标分解到天。

“而且最奇葩的是，真爱行对周的定义与日常是不一样的，有的周是9天，有的居然是5天，弄得我按周设置目标时极为困难，要反复计算，足足折腾了我一下午。

“刚开始时，我非常不理解，认为教练在故意折腾人，边计算边埋怨，但沉下心来仔细思考，我发现此举颇有深意，通过对目标的细化，我对目标了如指掌，这非常有利于发现问题，帮助我顺利实现目标。

“第四点，我发现了真爱行的训练模式，就是目标—承诺—实施—检视—奖罚—实施—再检视—再奖罚，不断循环，坚决执行，达成目标。

“以前在学习克劳士比质量文化建设十四步时，对目标设置这一个步骤的重要性总是不太明白，现在终于明白了。”

在煎熬中，真爱行终于来到了第51天，中周大组会开始了，按前面已毕业学长们的话，唐风他们就是进入了“水深火热之中”。

会议开得很晚，每个上台汇报的成员几乎都被骂得狗血喷头。

开完会，已是凌晨2点，回到酒店，接近3点才睡下。

唐风的睡眠质量一直不好，失眠经历已有7年之久，一旦超过12点，经常通宵无法入睡，但这次居然很快睡着了。

6:45闹钟响起，他起床写每日宣言，吃过早餐后集合，参加东莞松山湖26公里徒步拉练。

拉练回来后，唐风主动上台分享心得。

“通过这次拉练，我发现自己身体其实还可以，团队39人中，虽然我年龄最大，但是最终我的拉练成绩排在中游。我终于发现以往的失眠原因，那就是害怕失眠。

“因为害怕失眠，所以睡觉前总担心会失眠，最后弄得自己真的失眠。我给自己贴了一个易失眠的标签，每天暗示自己，这么多年来困苦不堪。

“这是我这次中周大组会的最大收获，我们每个人都想追求健康快乐和成功，但实际上影响目标达成的往往是自我设限。”

真爱行100天终于快到头了，今天是最后一次教练电话，教练问唐风：“100天就快过去了，请总结下你的全部收获。”

唐风说：“我昨天进行了自我总结，大约有十五点。”

“第一，就是放下面子，实现目标。我以前是一个老好人，比较清高、好面子，自从朱楠事件后，我发现，相对于达到目标，面子其实没有那么重要。

“第二，是敢于承诺。我们每个人汇报完自己的目标，教练都要追问我们：‘做不到怎么办？’当时很多人都不敢承诺，我也一样。后来我发现，激发我们达成目标的动力，就是来源于我们最初的承诺。

“第三，遇事向内看。作为公司的质量总监，我对质量负责，达不到目标，就是我的责任。达不到目标就是自己没有做好，与其他任何人无关，从此以后，面对问题，我不会抱怨。

“第四，打破自我设限，让我们停止成长的就是自我设限。我失眠多年，非常害怕熬夜。按我以前的习惯，过了晚上12点就很难入睡，因为害怕失眠反而导致自己经常失眠，根本原因还是给自己贴上了一个易失眠的标签。

“第五，高要求带来高质量，要严格要求别人，也要严格要求自己，不要轻易妥协，作为公司的质量总监，我的妥协也就意味着公司对质量的妥协。因此，面对每一个产品瑕疵，无论出货如何紧急，我也要坚持自己的原则，切实站在客户的立场上，做出正确的决策，而不是迫于出货压力放水。

“第六，负责任。这意味着面对问题时，不要抱怨别人，也不要抱怨自己，而是在这一刻，想想自己应该怎么做。也就是公司提倡的，你做了什么，你没有做什么，才导致今天这样一个结果，在此时此刻，你应该做什么来补救。因此，面对每一起客户投诉，每一个质量异常，我不会再抱怨别人，也不会抱怨自己。我要做的，就是从问题出发，反思我们的质量管理漏洞，尽快找到原因并彻底解决它。

“第七，感召力是质量总监的核心能力。树立感召力，一要有远大的理想，二要以身作则，坚决执行。质量管理的核心是全员‘一次做对’态度的培养，要求每位员工必须以‘一次做对’的态度面对他们自己的工作。作为公司的质量总监，要做到这一点，就需要大力提升自己的感召力，也就是要提升自己的影响力。在公司的质量意识研讨会上，我对自己的表现非常满意，在我的坚持下，新产品合格的标准被重新定义，研发对产品的全生命周期质量负责，而之前是仅仅对前三单负责。还有，公司所有管理层顺利签订了质量承诺书。这让我充分理解了感召力的威力和来源。

“第八，相信可能性。因为相信，所以能看到，所以才能做到。我研究零缺陷管理十几年，经常出去演讲，有些人听到零缺陷三个字就反感，说谁能不犯错呢？他不相信自己能把事情一次做对，当然也就无法做到。只要努力干，就有成功的机会，这是我们公司一贯强调的做事方式。因为受家庭背景影响，我一直是一个很悲观的人，做事考虑最多的就是风险，这让我失去了很多成功的机会，从今以后，我要做一个乐观的人。

“第九，摆脱负面思维，谨言慎行。以前我喜欢说一些负面消息，包括对真爱行的一些负面看法，通过这次训练，我克服了这个毛病。

“第十，自由选择，面对同一件事，我可以快乐地做，也可以痛苦地做，快乐与否完全取决于我的选择，在这个世界上，的确没有让我不得不做的事情。明白了这一点，我做任何事情都不会抱怨，因为这是我自己的选择。

“第十一，目标很重要，目标分解也很重要，它让我们时刻牢记目标。

“第十二，自我挑战很重要，要成长就是接受挑战。这让我想起了美国作家马克·吐温的话：‘若想要感觉安全无虞，去做本来就会做的事情，若想要有所成长，就要去挑战自己能力的极限。’

“第十三，我发现我以前不太关注人，只喜欢关注事，不太注意人际关系的构建，这一点不利于我的目标达成。要做好质量，不关注人的话，是很难实现目标的，我以后要尽量处理好与领导的关系，处理好与同事的关系。

“第十四，培养团队，相信团队。在这次真爱行 100 天中，我发现，个人的力量很渺小，但团队的力量很强大，做质量的人一定要相信这一点。

“第十五，爱是一切成功的源泉。要爱自己，爱家人，爱团队，爱公司，爱祖国。没有爱心，一事无成，要学会忘掉那些不愉快的往事，学会放过自己。

“公司阳光格言的第一句：我用全身心的爱迎接今天。

“每天早上上班时，我都会想，我今天是为我的家人去上班，为他们去工作，于是我会变得非常振奋。

“这十年来，我背负了太多以往的负累，弄得自己疲惫不堪，经常失眠，经过这一轮训练，我终于放下了。”

本章点评

● 质量总监需要什么样的核心能力？

感召力是质量总监的核心能力，先感召自己，再感召他人，以身作则，坚决朝着既定目标前进。

齐家篇

零缺陷的智慧

第五章　质量规划 2019

如何快速规划出公司质量改进方向

2019 年 1 月 4 日，爱毕生公司正式发布文件，任命唐风为质量部总监。

唐风上任后做的第一件事，是组织部门骨干员工，将 2018 年的客户投诉和生产线重大异常问题进行过程定位，从而制订 2019 年的工作规划。

这天，唐风收到公司运营中心发来的一封邮件，主题是 2018 年工作检讨及 2019 年工作规划。

按会务要求，唐风给公司管理层汇报 2019 年质量管理规划，时间是 20 分钟。

唐风早就听说过，公司对会议的时间管理要求很高，这种级别的会议，汇报者每超时 1 分钟将被罚款 500 元。

在 20 分钟内讲完质量管理规划，而且要让老板和各位高管能正确理解，唐风感到颇有挑战。

既然是 2019 年质量规划，那就得首先搞清楚，目前公司质量管理存在哪些主要问题，再基于此制订出有针对性的解决方案。

想到这，唐风决定，用 5~6 页 PPT 讲解 2018 年的质量现状，再用 15 页左右的 PPT 讲清楚他的 2019 年质量规划。

2 周后，汇报开始了，唐风的第一页 PPT 是 2018 年质量 KPI（关键绩效指标），如下图。他对着屏幕说："各位领导，我先汇报 KPI 达成情况。"

“质量部这几个KPI指标其实完成得并不算难看，为什么公司上下仍然对质量极不满意？

KPI达成

质量指标达成率并不难看，为何公司上下对质量仍然极不满意？

指标	目标	核算	1月	2月	3月	4月	5月	6月	7月	8月	9月	10月	11月	12月	汇总
大客户纠正预防措施结案率	95%	大客户纠正预防措施结案率	100.00%	100.00%	100.00%	100.00%	100.00%	100.00%	100.00%	100.00%	66.67%	100.00%	100.00%	100.00%	93.75%
普通客户纠正预防措施结案率	90%	普通客户纠正预防措施结案率	97.96%	94.74%	94.87%	95.35%	92.98%	89.19%	92.68%	95.45%	96.88%	94.34%	97.44%	97.44%	94.92%
内审不符合整改结案率	95%	内审不符合整改结案率	100.00%	100.00%	96.55%	81.55%	100.00%	100.00%	98.04%	100%	95.16%	95.21%	100.00%	100.00%	100.00%
订单质量满意度	93%	订单质量满意度	71.84%	95.63%	93.87%	88.39%	95.16%	69.60%	79.63%	95.81%	97.57%	89.23%	84.86%	92.05%	88.69%
质量损失费用率	<0.75%	质量损失费用率	0.18%	0.31%	0.58%	0.70%	0.18%	0.12%	0.89%	0.11%	0.39%	0.15%	1.02%	0.14%	0.38%
物料上线不合格率	<1.5%	物料上线不合格率	1.49%	0.92%	0.41%	1.04%	1.03%	0.78%	2.13%	1.47%	1.09%	1.73%	1.35%	1.36%	1.23%

未达成原因分析：
大客户纠正预防措施结案率
订单质量满意度

“我认为，我们的质量目标设置得很不合理，导致公司上下谁也没将它当回事。

“质量部的KPI应该以质量损失费用率为主，这是一个结果性指标。我们也做了统计和考核，但是指标统计方式有些问题。比如A产品因为质量异常，被客户退货到各个销售区的仓库中，成为呆滞品，当时账面上反映不出损失，因为也许在三年后产品再报废，这种问题无法在考核指标中反映出来，但是实际上造成的损失很大。

“我有一个建议，在出现这种情况时，财务先进行计提，如果后续产品销售出去，再将损失冲回来，这样可以把质量损失在当期的报表中及时反映出来。

“前面这三个指标，都是质量问题结案率之类的，这些都是主观性指标，建议全部删除，可以增加一个产品直通率指标，衡量制造过程的质量管控水平。

“我再强调一点，制订正确的质量目标对质量管理来说至关重要，试想下，如果目标本身是错误的，那我们努力的方向怎么可能会正确？”

说完了指标，他话题一转。

“通过我这一个多月的了解，我认为我们公司在质量管理上主要存在三个问题，如下图。

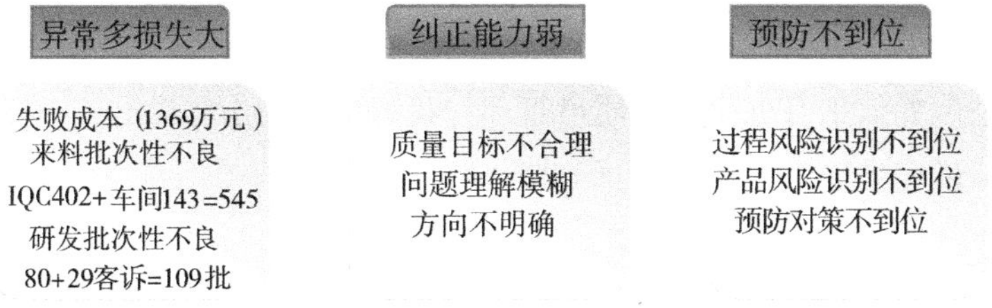

“第一，我们的异常很多，质量损失大。去年光是内部报废和客诉处理这两项，费用就达到 1369 万元，而且这还是不完全统计的情况下得到的数据，因为很多质量损失，按目前的统计方式根本无法统计进去。

“第二，我发现我们的纠正措施做得不到位，出了问题从来没有从过程管理的角度来分析，导致错误一犯再犯。

“第三，我们对产品生产过程中存在的风险没有认真地组织识别，也没有制订相应的对策来预防问题的发生。

“总结起来，就是一句话，我们问题多，但不知道如何彻底解决，也不知道下一个问题什么时候在哪个产品上发生？

“为什么会有这些问题？原因只有一个：过程管理不到位。”唐风说完后播放出下一页 PPT，如下图。

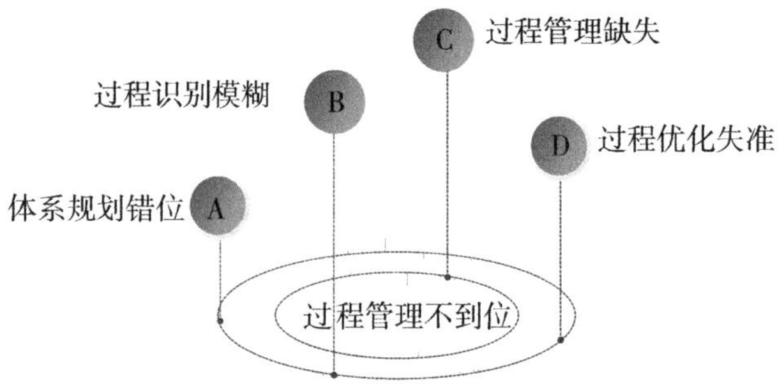

"如何来开展今年的质量管理？我的思路如下。"

说完后唐风打开下一页 PPT，如下图。

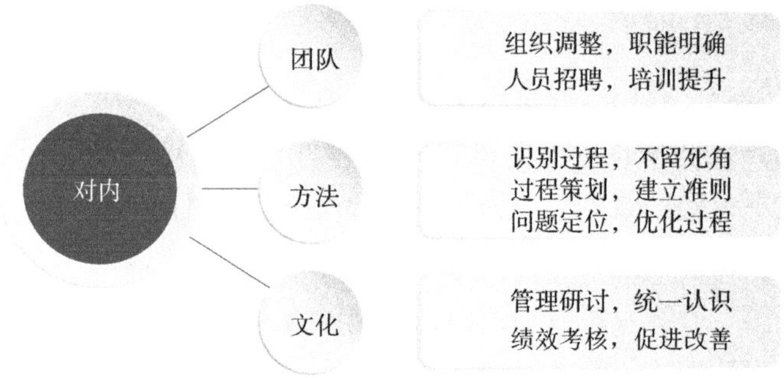

唐风指着 PPT，给大家解释："对内，有三件事。第一是团队，我要打造我的质量部，使之成为一个有战斗力的团队。

"质量部目前的组织能力，不足以推进有效的质量改善工作。现在 SQE（供应商质量管理工程师）只有 2 人，只能应付救火的工作，根本无力到前端管理供应商的质量。而且 IQC（进料质量控制）主管与 SQE 的配合很差，连物料不良信息都不共享，互相争着当老大，所以必须立即成立物料质量部，统筹 IQC 和 SQE 的管理。

"制程质量部和研发质量部的情况与物料质量部类似，没有一个管事的经理，现在直接向我汇报工作的工程师和小主管就有十几个人，光是处理产线异常和客户投诉问题，就占用了我大量工作时间，更谈不上对他们做绩效管理了。

“因此，我会马上优化我们质量部的组织架构，设置体系部、物料质量部、研发质量部、制程质量部和客户质量部，提拔几个主管，再招聘 2 个经理，分担管理责任。

“第二是方法，首先要以产品实现为主线，识别出我们的业务过程，再将前期在市场端出现过的重大问题，进行过程定位，找出问题多的业务过程，对之进行优化，建立过程运作准则。

“第三是文化，要马上组织召开管理层质量意识研讨会，统一管理层对质量的认识，同时基于过程建立相对应的绩效管理制度。

“在这三大要素中，质量文化是核心，具体来说，就是要对以下五个问题达成共识。”说完，唐风打开下面的 PPT，如下图。

核心：统一的质量文化

- 什么是质量？
- 用什么样的工作方法才能得到质量？
- 用什么样的工作态度才能得到质量？
- 如何衡量公司质量管理的成败？
- 谁对质量负责？

“如果这五个问题管理层没有达成共识，公司的质量状况是不可能真正改变的。

“下面，我介绍对于供应商质量的管理思路。”说完他打开下一页 PPT，如下图。

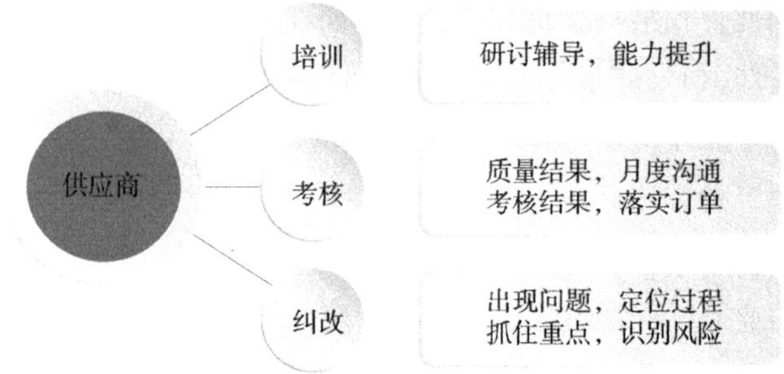

“在造成质量损失的原因中，供应商的来料不良排名第一。据我了解，我们的供应商中，除了 LED 灯、PCB 和电源这三类物料外，其他的都是小公司，管理水平低，来料异常较多，所以今年要重点抓一些异常多、影响大的供应商，通过以往问题的分析，帮助它找出其管理上的薄弱环节，进而提升其供货质量。

“但要促进它们主动改善质量，考核还是一个很有效的手段，需要采购部配合。”

会议开完后，唐风专门去找了财务总监王程程，给她提了一个要求：“请安排一个专人，与我一起梳理质量成本的统计规范，必须要让质量成本报表真实反映出公司的质量状况。”

后来，在部门内部开会时，唐风对手下的经理们说：“作为一个空降的质量总监，将质量成本的统计搞准确，把公司目前的质量现状告诉老板，这件事情很重要。”

“因为如果你不这样做，将来你的成绩很难真实体现，老板请你过来，一定要看到你为公司带来的价值，这个价值的核心就是质量成本的持续降低和客户投诉的不断减少。”

本章点评

● 如何快速规划出公司质量改进方向?

透过现象抓本质。

质量的本质是管理，是过程管理水平不足，更深层次的原因是公司的质量文化出了问题，管理层对于质量的认识不到位。

作为一个空降的质量总监，一定要深入了解当前的问题，搜集各种质量数据，结合公司的过程管理现状，提出切实可行的对策。

第六章　质量意识研讨会

如何统一公司管理层的质量意识

质量年度规划汇报完成后，唐风下一步的工作，就是着手编写质量意识的培训教材。

为此，他去找制造中心的总经理余聪明，目的是想从他口中了解一些公司的基本情况。

在余聪明的办公室，两人开始聊天。

余聪明说："老唐，我对你其实并不陌生，你以前工作的 EE 公司就是我的客户，我认识 EE 公司你以前的很多同事。"

这下，两人的关系一下子拉近了许多。

余聪明告诉唐风："中国有一句话，叫铁打的营盘流水的兵，这句话用在质量部很贴切。"

唐风说："为何这样说？"

余聪明说："在我们公司，很多人都来管过质量，都管不好，坦率讲，你这个活并不好干。负责欧洲业务区的副总裁 Cindy，前年老是在老板面前抱怨，说公司质量做不好，导致她的业务做不上去。销售都有这个毛病，业务做不好，就把责任推给质量。结果老板发狠了，让她到惠州工厂来蹲点，主抓质量。你猜结果怎么样，她来到惠州工厂，接管质量部，待了不到两个月，就灰溜溜地跑回总部，再也不敢管这个烂摊子了。

"因为她发现，她面对的这些所谓的'质量问题'，其实是公司其他部门造成的，根源还是在前端的销售和研发。

“后来质量部又被划给交付体系来管，但交付体系也管不好，于是今年公司把质量部从交付体系中剥离，让Rose来负责这个部门，这才把你这尊大神请过来，希望你带领大家，实现突破。对此，你要有思想准备。”

经过一个多月的了解，唐风大致发现了爱毕生公司在质量管理上的主要问题。

这天，唐风与上司Rose一起讨论这事，他说：“我发现公司在质量管理上存在的最大问题，就是没有形成统一的质量文化，对至关重要的几个问题，如质量是什么、如何得到质量、谁对质量负责等没有形成共识。

“因为没有共识，所以预防工作无从做起，出现问题时，永远只做了救火的工作，同类错误一犯再犯。这就造成在质量出现问题产生客诉时，以销售为代表的业务部门会指责质量部不作为，而质量部又一肚子委屈，因为所谓的这些‘质量问题’又是各个业务部门造成的。

“您是做销售出身的，应该很有感触。如果质量部不能拿出有效的办法来解决问题，最后的结果可想而知。”

看Rose不停点头，唐风继续说。

“我发现公司的价值观中有一条：‘质量永远是企业的生命线。’很多公司都有类似的口号，但是没有把它落到实处，毕竟公司的价值观中还有其他的内容，如速度和效率是制胜的关键。在速度、效率与质量相冲突的时候，我们应该如何处理？

“因此，我认为，如果没有落地的方法和机制，这些口号是没有意义的。

“还有，我发现一个问题，研发部针对新产品的设计质量，只考核前三单的数据，他们认为研发只对前三单负责，后面的订单质量由质量和工艺等部门负责，我对此不能认同。按我的理解，产品设计部门必须要对产品的全生命周期负责。”

“而且目前新产品合格率的定义更是奇葩，只要其在前三单中，造成的损失低于1万元即为合格。我们的研发部对自己的工作要求太低了。”

Rose说：“公司的考核结果都要应用到工资奖金上的，所以大家都选择一个相对容易实现的目标。”

唐风说：“这种情况必须改变，考核指标的设置一定要引导员工去实现一个很高的工作标准。”

唐风把“质量意识”研讨会的PPT发给Rose，然后给Rose打电话：

“这次质量意识研讨会，一定要有输出，就是管理层的质量承诺。请你看看我的PPT，我列了四点。

“第一，仔仔细细识别和制定要求，确保我和我部门的工作输出满足内外部客户的要求。第二，高度重视过程管理，我会认真识别和管理我部门负责和参与的每一个业务过程，主动识别过程风险，预防问题发生。第三，不害怕错误、不接受错误、不放过错误，力求‘一次做对’。第四，我对我和我部门的工作输出负责任，出现问题时认真分析，找出原因，避免再犯。这四点，是零缺陷管理五项基本原则比较通俗的表达方式。”

Rose给了一个建议：“要求管理层签字画押这事，我还是有点顾虑，要不，你找钟总先沟通一下？”

她的意思是让唐风自己决策。

考虑良久，唐风并没有采纳她的建议，他在想：

“如果老板不认可这四点，我难道不开这个研讨会了？而且这四点要求，老板无论如何也找不出理由不同意。还有，如果老板不表态，让大家通过激烈的争论，最后达成共识，也许效果会更好。”

于是，唐风发了一个微信，回复Rose：“不用担心，这事我自有考虑。”

接下来，唐风开始安排公司管理层的培训。会前一周，他通知公司负责培训的真爱大学，让他们提前发出培训通知。

他反复向培训专员强调，一定要在培训通知中注明："所有总监级以上人员必须参加，缺席者必须向钟总请假。"

爱毕生公司历史上的第一次质量意识研讨会开始了，唐风走上台说："今天这个质量研讨会，是我和 Rose 一起策划的，下面先让 Rose 给大家说几句。"

唐风的用意有二，第一是表达对 Rose 的尊重，让 Rose 感觉比较有面子，第二是借 Rose 的力量来增加影响，毕竟他是一个新员工，影响力有限。

Rose 接过话筒，说："我和唐总讨论，一致认为，质量要提升，管理层的认识必须要统一，否则难以形成合力，我要求大家要认真参与这次研讨，有疑问提出来讨论，真理不辩不明，下面请唐总开始讲课。"

接过话筒，唐风开始演讲。

"前几天在总部开会，钟总安排 2019 年的十大重点工作，其中有一项，叫作质量和服务不要拖公司的后腿。为此，公司专门把我请过来主持这项工作。

"中国人讲究听话听音，对于这句话，我听到的就是质量拖了公司发展的后腿。因为质量做好了，服务自然也好了，为什么呢？因为产品不需要售后的补救了。所以，这两件事都是我的责任。"

讲到这里，全场大笑起来。

唐风笑着说："如何让质量不拖公司发展的后腿呢？今天就是我们行动的起点。今天举办这个质量意识研讨会，目的只有一个，就是统一公司管理层对质量的认识，为'质量永远是企业的生命线'这一理念的落地提供方法，为我们下一阶段的质量改进打下基础。

"我的第一个问题是，质量对于我们爱毕生公司来说，是一种竞争优势还是困扰？"

他指着交付体系负责人黎雨说："黎总，请你来回答这个问题。"

黎雨接过话筒说："我认为我们公司的质量状况，在 LED 显示屏这个行业中还是不错的，但是我们对自己的要求更高，我们希望有所突破，进一步提升。”

唐风接过她的话说：“公司为什么会被质量所困扰，根本原因就是采用的管理方式是救火式管理。即头痛医头，脚痛医脚，从来没有从系统的角度来看问题。

“如何做到这一点，关键就是要把五个最核心的问题搞清楚。”说完，唐风放映出下一页 PPT，PPT 中有一张照片。

“这是我们工厂五楼的一幅标语，上面的内容是，让质量变成习惯，使习惯变成质量。如何理解这句话？下面我找一些人来给我解读一下这幅标语。”

唐风指着制造中心的总经理余聪明说：“余总，请你来给大家解释下这幅标语的内容。”

余聪明说：“我认为它表达的是，我们每个员工要关心质量，做好质量。”

唐风又说：“哪位销售的同事来解读一下这幅标语的内涵？”

话音未落，欧洲业务区副总裁 Cindy 站起来说：“我的理解是，我们工厂做出来的产品，其质量要持续满足甚至超越客户的要求，要优于竞争对手。”

唐风没有发表意见，又问：“哪位研发的同事来解读一下？”

结果研发一部的总监王恒宁站出来回答：“我认为这话的意思是，每一件产品都要满足规格书的要求。”

唐风说：“为什么一条这么简单的标语，每个人的解读都不同？”

看大家有些疑惑，他解释道：“原因很简单，就是对于质量这两个字的定义我们没有共识。

“什么是质量？我的答案就是，质量就是符合要求。

“我讲的这个要求，它包括客户的要求，以及与之相关的所有关系人的要求，如政府、终端用户等。

“我公司产品外销到欧盟，必须要满足有害物质的管控要求，这个是政府的要求，可能某些客户并不关心这一点，但我们也得满足。

“我在上一家公司时，有一次收到一个投诉，客户说我们的产品在工作时噪声太大，影响了当时居民的夜间休息。后来，我做了调查，发现我们这款产品是符合国家标准的，但是它安装在一个小区的楼下，靠着人家的窗户，夜间工作时，产品运行的声音的确影响户主休息。这个户主就是我们产品的一个关系人，他的要求我们也要满足。

“因此我对这幅标语的解读是，让满足要求成为员工的一种工作习惯，而这种习惯又会使他们生产出的每一件产品，都满足相应的要求。

“大家有意见吗？有意见请举手。”唐风问。

“没意见。”在场众人立即回应。

“质量是什么？针对这个问题的解答，实际上就是零缺陷管理的第一项原则。这条原则极为重要，它反映了我们质量管理的目标，就是满足各方面的要求，尤其是要符合客户要求，让客户满意！

“我一直认为，质量管理是一门不成熟的学科，这个质量的定义直到现在，在业界还没有达成共识。例如，有的人认为，质量就意味着好，好东西就是有质量的东西，但什么是好，谁也说不清楚。有人认为，质量就满足客户的要求，这也不完全准确，如我刚才讲的，出口欧盟的产品，政府对有害物质的含量有明确的管控要求，这一点其实我们有的客户并不在乎。

“研发的同事，可能会认为质量就是满足标准，但是这个标准也许是你自己定的，并不见得符合客户的要求。

“一组固有特性满足要求的程度，这是 ISO9000 对质量的定义，但是这个定义可能会让你更迷惑，更加搞不清楚什么是质量。

“如果我们把质量定义为符合要求，则其主观色彩随之消散，任何产品、服务只要符合要求，就是有质量的产品、服务，而从事质量管理的全部过程就是要建立这样的习惯，也就是使员工和供应商们做他们所承诺过的事，亦即符合已同意的要求。

“这就是零缺陷管理为什么把它列为第一项原则的根本原因，它指明了质量管理的方向和目标。

“在这一点上，东西方的思维是不一样的。

“例如，麦当劳所有的连锁店的柜台高度都是92厘米，可口可乐温度均为4摄氏度，面包厚度均为17毫米。生菜的保鲜时间为2个小时、三明治为10分钟、炸薯条为7分钟、炸苹果派为10分钟，一过这个时间，就必须处理掉。炸薯条时，将冷冻的薯条投入168摄氏度的油锅中，等降低了温度的油温重新上升3摄氏度的时候，瞬时感知器就会提醒作业人员捞出。

“而我们中国菜谱中，经常出现一些模糊的词，如盐少许、料酒若干、糖半勺等。这也许就是东西方文化的差异，在这一点上，我认为，做质量管理，我们要学习西方。”

唐风打开下一页PPT，上面是一个问题：“用什么方法才能得到质量？”

“刚刚我们定义了质量就是符合要求，那么如何使我们的产品符合要求呢？”唐风问。

“这么多年来，我经常与供应商的老板打交道，一听说要提高质量，他们的第一反应就是加强检验，增加检验人员。

“一个以检验为主的系统，最主要的特点就是QC人员多，如IQC、IPQC、FQC、OQC等人员，在质量部中占很高比例，最奇葩的是，有些公司的质量部由一个质量经理加上一堆检验员组成。

“这些检验员的职责就是将不良品堵住，不要往下流。其后果就是成本高、异常多，因为检验员不可能从根本上解决问题。检验，能做的就是告知你已发生的事情，它的弊端有很多。例如，时效性差，发现问题的时候，缺陷已经产生。它会遗漏一些缺陷，因为不可能所有的缺陷都能通过检验发现，是吗？

“还有，检验本身不能产生符合项，不良产品被发现时还会影响正常的工作，造成成本高昂等。毕竟，现在大家都认可，产品质量是设计、制造出来，不是检验出来的。

“在质量界有一个共识，就是10的规则。指的是，如果在客户需求搜集环节花1元能解决的问题，到了研发环节就要花10元钱才能解决；如果这一问题流到了生产，可能就要花100元才能解决；如果到了客户端使用，那就要花1000元才能解决。

“例如，我们在给客户定制一款显示屏时，如果客户的要求有一处模糊，我们打个电话过去确认，花1元就能解决。如果此时没有打这个电话，没有把客户需求搞清楚，立项完成后开始做系统方案了，才发现这个问题，这时候可能要花10元才能解决。如果到了箱体设计，图纸完成了才发现此问题，可能要花100元才能解决，因为要重新设计图纸。如果到了供应商打样时，才发现这个问题，这个时候供应商样品已做好，需要重做，成本可能要1000元。如果在箱体样品完成才发现此问题，成本可能要10000元，因为重做样品，费时费力。如果到了中试，一个小批量的产品全部重做，成本可能需要100000元，每过一层，解决问题的成本增加10倍。

“如果从一开始就做对，也即是从源头上把问题解决，所有这些额外的成本都不会发生。

“因此要获得质量，唯一的方法只能是预防问题发生，这就是零缺陷管理的第二项原则：质量的系统是一个预防问题发生的系统，也就是克劳士比书中写到的，质量的系统是预防。

“什么是预防？预防就是事先防止某事发生。

“要做到这一点，首先思维方式要改变。

“人非圣贤，孰能无过，这两句话虽然是老祖宗的口头禅，但用在这里不合适，我们要严格要求自己，力求一次做对，而不是出了问题找借口，认为只要是人，就会犯错误，面对错误心安理得。

“要把错了、再想、再改的工作方式改成，想对、预防、再做。

“事后弥补不如事中控制，事中控制不如事前预防，全员都要树立这样的理念。

“落实到每一件具体工作中，就是我们事先了解工作过程而知道如何去做，同时检查整个过程，找出每个可能产生错误的机会，事先采取预防措施，在过程中实现预防。

“在工作中出现问题后，要进行根因分析和回溯，预防问题的重复出现。

“当然，解决问题要从源头也即是问题产生地解决，而不是盯住后端也即输出。预防的最高境界就是没有问题产生，从一开始就把事情做正确。”

“大家有不同意见吗？”唐风问大家。

“没有。”大家异口同声地回答。

“上面讲的都是理念，具体在工作中如何落实呢？”唐风开始发问。

“19 年前，我刚进入辉圣，公司给我们质量工艺部的工程师每人发了一本《质量免费》。看完后，对于预防才能获得质量这个观点，我很认可，但是如何把这个理念与每个人的工作联系在一起，我百思不得其解。

“直到10年前，我在零缺陷管理中国学院当兼职的咨询顾问时，学院的杨院长跟我说了一句话：所有的工作都是一个过程，然后给了我一张图，叫作过程模式作业表，我对零缺陷管理的理解才登堂入室。

“所有的工作都是一个过程，这句话背后的内涵就是，每一件工作必须有三个要素：输出、输入、活动。

“请问大家，你能找出来，哪一件工作是不具备这三个要素的？”唐风用眼神环顾整个培训室。

“没有！”大家纷纷回答。

唐风打开下一页 PPT，展示零缺陷过程模式作业表，如下图。

所有的工作都是一个过程

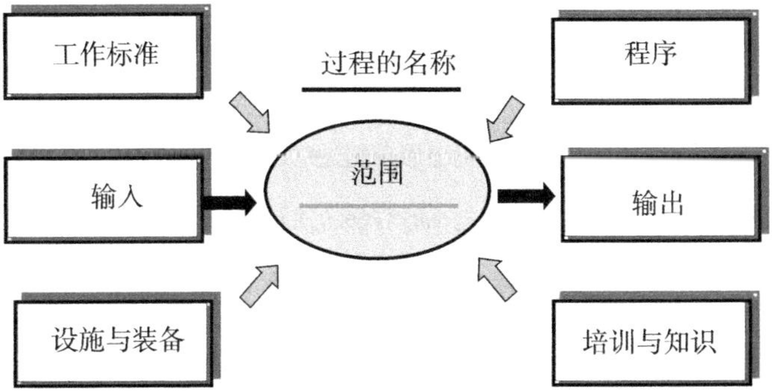

他指着 PPT 说：“如果每一个业务过程都采用这张表来管理，确保输出 100% 符合要求，我们就能做到过程的零缺陷。而如果每个过程都能做到零缺陷，那么最终结果就能实现零缺陷。

“这个逻辑，是我花了足足两年时间才悟出来的。以前，我也认为零缺陷这个理念，只能用于‘洗脑’，没有可执行性。当我悟出了这张表的用法后，我开始了我的第一个过程改进项目。

“因为杨院长给我这张图时，没有给我具体的应用案例，他手头也没有，这张图据说是克劳士比开发的，传入中国时不知是保密还是其他原因，没有一个具体的应用案例。

“我最初去找的是工厂厂长，把这种过程管理的方法给工厂的管理层培训了一遍，期待他们按我的要求去做过程管理。但两周过去了，没有一个人有实际动作。无奈之下，我想到有一个人，一定可以把我的理念和方法变成现实，这个人就是我的 IQC 主管。

“因为他的工资是我发的，他必须听我的。而且我们的来料异常很多，IQC 这个过程如果能管好，示范效应很大，在收集好相应的数据后，我打电话找我来的 IQC 主管江中龙。

“我先给他看了目前 IQC 这个过程存在的问题，让他确认。”唐风打开下一页 PPT，如下图。

IQC问题点

- 单定制件来料批次性漏检流出至少就有30批/月
- 生产线上常发现混料，但是无法区分责任
- 检验周期长，平均检出周期超过3天
- 检验效率低，平均每小时只能检出1.4批物料
- 供应商标识问题经常被要求退货或返工，抱怨很大
- IQC创造了急料
- 审核问题多

“我问他，这些问题是否属实，他说是。

“我接下来说，为什么最近别的部门，总是因为来料质量异常投诉你，今天我与你一起分析下原因。

“我问，你们 IQC 有多少人，每个月要花掉老板多少钱？

“他告诉我，有 32 人，每月光工资都至少 13 万元。

“我又反问，你们 IQC 这个业务过程输出了什么？

“他脱口而出，我们输出了合格的原材料。

“我立马反问，如果供应商送来的东西是不合格品，你 IQC 能把它变成合格品？

“他蒙了，不知道怎么回答我的问题，最后我告诉他，甭管你 IQC 有多少个人做事，每天干得有多累，你们的输出只有两件东西。第一，是一个进料检验报告；第二，是一批加盖了检验标识的货物，这些都是你交给下一环节仓库的东西。

“我对他说，如果你对工作中自己的输出都不清楚，你肯定不能了解你的客户对你工作的要求，也不可能把工作做对。

“IQC 检验过程的输出物是什么？针对这个问题，我在讲公开

课时问过很多人，得到的答案与江中龙基本一致，因此我认为我们质量人任重道远，大家对于工作的理解，问题太大了！

“这个改进项目是从我与我的 IQC 主管的谈话开始的，效果出乎我的意料。”说完唐风打开下一页 PPT，如下图。

IQC 检验过程的绩效改进（半年后）

	漏检批数	人均每小时检验批数	检验周期
改善前	30批以上	1.4批	3天左右
改善后	8批左右，且不断改善	2.8批	13小时

“尽管来料批次数量在持续增加，但是漏检批次数和检验周期大幅下降，同时检验效率大幅上升。

“这是我用零缺陷过程模式作业表做的第一个项目，时间持续了半年，对我来说这是一段刻骨铭心的经历，在许多次公开课上，我都用这个案例来讲解零缺陷过程管理方法。

“下面我来讲解，如何通过过程优化来实现绩效改善？

过程分析

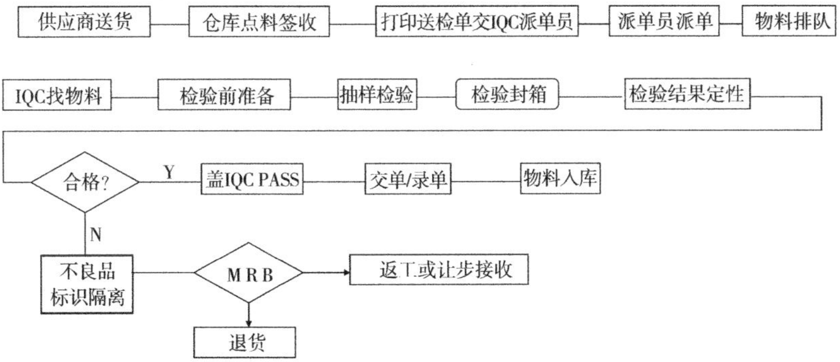

“第一步是画出我们的业务过程，这可以帮助我们了解这个过

程的输出和输入。” 说完唐风打开下一页 PPT，如下图。

“接下来是定义好这个过程的输出和过程关系人，也即是与这个业务过程有关的人员。”唐风打开下一页 PPT，如下图。

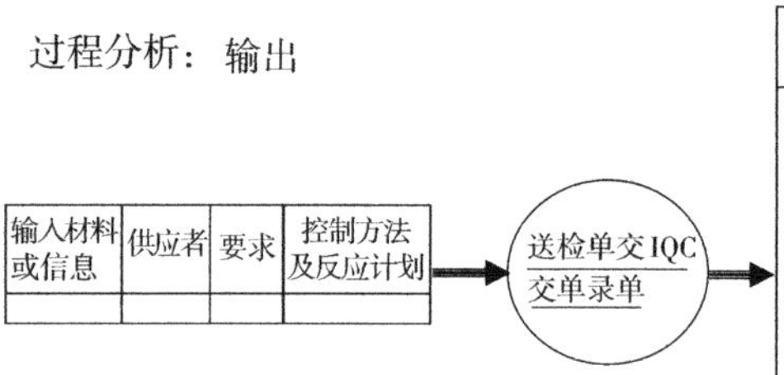

输出物	过程关系人	对本过程和输出物的要求
检验结果报告/标识了检验状态的货物	CKD客户	CKD物料必须采用中性包装，检验报告中要包含此项目（输出物）
	普通客户	检验有依据\检验报告可追溯（过程）
	计划\采购	LAR值要达标（输出物）检验周期不断缩短（过程要求）
	生产线、前加工	判断结果与实物状态一致、不错判（输出物）
	仓库	检验后外箱标识与检验报告结果相符（输出物）
	质量总监	一次检对、检验工时和周期要不断缩短、检验过程不能损坏元件、检验后不能放错箱（过程要求）
	计划、前加工	急料在检完后立即通知物料员（过程要求）

“如何定义输出？我们要把我们所做的知识或服务工作，定义为有形产品。也就是说，输出一定不能是一个动词，应该是一个名词。我们要搞清楚，我们做什么，我们输出了什么东西。

“接下来我们要识别客户，按角色区分客户和相关者，搞清楚我们为谁做事，我们要确定客户和相关者对我们工作的期望，也就是他们想要什么，这是我们工作的出发点。

“这里，我引用质量大师戴明的一句话来解释。”唐风打开下一页 PPT，念道：“每个人都有客户，如果他不知道自己的客户是谁，也不知道客户需要的是什么，那么他还没有了解自己的工作。

“通过对 IQC 这个过程的输出进行分析，我们可以发现这个过程存在以下问题。

“一是输出了什么不明确，二是客户是谁不明确，三是客户的需求不明确，四是工作标准不明确。简单一句话，就是工作无方向。一个人连工作方向都不明确，如何能将工作做好？”

接下来，唐风打开下一页 PPT，如下图。

输入材料或信息	供应者	要求	控制方法及反应计划
货物	供应商	标识正确、有备品及出货检验报告、安规件定期确认报告、包装坚固、物料符合规格书的要求	外箱及尾数标识和包装要求、备品要求、供应商出货检验报告、安规件定期确认报告要求、来料LAR值改正报告、批次性问题8D报告、各类物料的供应商选择标准、供应商管理办法等
采购订单	采购部	厂商合格、型号料号正确、特殊要求须注明	检验员核对/ERP中防呆
急料信息	计划	每天下班前发布	急料信息发布办法
送检单	仓库	注明实物放置地点、数量型号正确	检验员核对、发现异常及时反馈仓库主管
样品	物品部、研发部、结构部	版本最新、有签名确认	IQC样品管理办法
规格书或承认书			IQC承认书管理办法、文件控制程序

过程分析：输入

送检单交IQC → 交单录单 →

输出物	过程关系人	对本过程和输出物的要求
检验结果报告/标识了检验状态的货物	CKD客户	CKD物料必须采用中性包装，检验报告中要包含此项目（输出物）
	普通客户	检验有依据\检验报告可追溯
	计划\采购	LAR值要达标、检验周期不断缩短（过程要求）
	生产线、前加工	判断结果与实物状态一致、不错判
	仓库	检验后外箱标识与检验报告结果相符
	质量总监	一次检对、检验工时和周期要不断缩短、检验过程不能损坏元件、检验后不能放错箱（过程要求）
	计划、前加工	急料在检完后立即通知物料员（过程要求）

“分析完了输出，下面我来讲解输入。我刚刚说过，过程的三大要素是输出、输入和活动，一个过程必然会有输入，而且输入对输出的影响巨大。

“如何控制输入来确保其满足输出的要求？

“首先要识别本过程有哪些输入，在 IQC 这个检验过程中，最基本的输入是供应商送来的货物。如果输入是 100% 合格的，那么 IQC 这个过程可以取消，因为没有问题的来料不需要检验。

“但是目前实际上做不到这一点，所以我们要投入人力去做来料检验，目的为了避免更大的损失。”

“我们对于来料这个输入要素，首先要求它满足承认书或规格书的要求，还有包装、标识、供应商出厂检验报告等各方面的要求。为了控制输入这个要素，关键在于选择合格的供应商并且管理好这些供应商，这就是表中所述的控制方法及反应计划。

“对于其他输入要素，也要有相应的控制方法，如急料信息，我在做这个项目之前，计划部总是投诉IQC不能及时将急料检验入库。

“我对我的 IQC 主管江中龙说，我教你一招，可以彻底解决此问题。你等下去找计划部许经理，给他提个要求。你要求他针对第二天要上线的急料，在前一天下午三点前，必须由计划部将信息发给 IQC，只要信息明确，我们就算不睡觉，也要检验完才下班。

“我相信他今天可以做到，明天也可以做到，但后天未必能做到，因为后天可能没有急料，这样过不了几天，又会回到原状。因此你给他提要求，如果明天没有急料，他也必须要发急料信息，注明‘明天无急料’，这样就形成了一个急料信息管理的制度。

“只要把急料信息这个输入要素有效管理好，你就可以彻底避免急料检验不及时带来的投诉。

“我刚才讲的，大家能明白吗？”唐风向培训室里的所有成员发问。

“明白，没问题。”Rose 与其他人员都点头。

接着，唐风又结合 IQC 检验过程这个案例，把过程管理的其他四个要素，如工作标准、培训知识、作业程序、设备设施都做了分析，提出了要求和控制方法。

“我的这个 IQC 主管，执行力还是不错的，半年下来，这个过程的每个要素都有效得到了控制。

“最终我们发现，过程管理做到位，质量、成本、交付都是可能兼得的。”

讲完这句话，唐风打开这个案例的最后一页 PPT，说：“事实上，我刚刚所说的，可以用一句话来总结。

“通过控制一个过程的运行，使其不能产生缺陷。”唐风几乎是一字一句地念完。

“这就是过程管理的核心。

“前段时间，我的老东家辉科公司来我们公司审厂，讲解他们公司对过程管理的要求，叫作三化一稳定。三化就是生产作业自动化、管理数字化、人员专业化。一稳定是指关键岗位人员稳定。

“我很认可这些观点，如作业自动化，就能减少对人的依赖，确保过程输出的稳定。

“人是情绪化的动物，管理起来不容易，尤其是现在的 90 后、00 后，他们的需求与我们这一代人有比较明显的差异，这对管理人员的要求相对更高。

“管理的数字化，就是针对过程，用数字化的指标来衡量其绩效。

“在我们这个进料检验过程中，可以用批次漏检率，或者是漏检造成的损失费用率来衡量检出质量，用人均每小时检验批次数来衡量作业效率，用平均检验周期来衡量检验速度。

“我们可以通过这些数字指标，来衡量这个过程管理的有效性。

“辉科的 SQE 秦工还讲了一点，叫作严进严出，严进就是严控输入，严出就是严格检测输出，这也是针对过程来说的。

“20 年前，我刚入质量管理这一行时，公司给我培训过程管理，当时我记得老师给我们讲，过程管理要从人、机、料、法、环来开展。

“这个观点是刘源张院士提出来的，多少年来我们质量人深信不疑，但是当我把零缺陷过程模式作业表悟透后，我有了一些不一样的看法。例如，在我们刚刚讨论的进料检验过程案例中，急料信息是我们过程的一个输入因素，如果管理不到位，会造成急料没有按时检出，进而影响后续的生产。

“这个急料信息，属于人、机、料、法、环的哪一项呢？”唐风问大家。

看大家都在思考，唐风说：“再打个比方，针对人这个因素，到底是达到什么水平才能满足过程的要求呢？

“因此，我认为，人、机、料、法、环的过程管理方法是中国人模糊化思维的产物，零缺陷过程模式作业表是西方人精确思维的结果。

“关于预防与过程管理的关系，我用一句话来总结，先把过程各个要素及要求明确识别，再把过程风险明确识别，在此基础上形成过程管理计划，把各个要素管到位，确保输出能满足内外部客户的要求，就是落实了预防。

“这是我苦苦思考并实践了10年才得到的结论，大家有疑问吗？”

“没有！”看得出来，大家都很认可唐风的观点。

唐风说：“大家没有疑问，我却有疑问。”他打开下一页PPT，问大家：“几乎每个人都会认为，防火胜过灭火，但实际上很少有人落实到行动上，多数公司的预防工作其实做得并不好，我们公司也不例外，为什么呢？”

看大家沉思不语，唐风打开PPT，抛出一个问题。

“公司因为效益好，决定本月发一笔额外的奖金，有两个方案：第一种，每人发10万元；第二种，50%的概率得20万元，50%的概率得0元。你选择哪一个？

“请大家现在投票，选择第一种方案的请举手。”唐风一看会场，几乎所有的人都选择了第一种方案。

“下面我换一种问法，因为质量事故，公司要对责任人进行处罚，有两个方案供你选择：第一种，每人罚10万元；第二种，抓阄，50%的概率罚20万元，50%的概率罚0元。你选择哪一个？”

这一回，几乎所有的人都选择了第2种方案。

唐风说：“这就是我们人性的弱点，面对收获，我们总是选择稳妥的方案，而面对失去，往往人们都会铤而走险。

“这个案例是一个非常有名的心理学测试题，它反映了大多数人都有赌徒心理。我们在面对质量风险时，潜意识中总是希望去赌一把，希望这种风险不会变成真正的质量事故，而不是付出成本去把预防做到位。

“我们一定要克服赌徒心态，不要有侥幸心理，才能把预防做起来。”

说完后，他打开下一页PPT说：“刚才我用案例讲解了得到质量的方法，接下来我要问大家一个问题，什么样的工作态度才能得到质量？

“我记得在真爱行开创班上，教练问了我们一个问题，一个100分的结果，有多少分来自意愿，有多少分来自方法？当时有的回答是一半对一半，有的回答是70分来自意愿，30分来自方法，有的回答是30分来自意愿，70分来自方法。

“我当时的回答是90分来自意愿，10分来自方法。结果教练亮出结果，大家都惊呆了，她给出的答案是，一个100分的结果，来自100分的意愿，方法是0分。她解释说，不是方法不重要，而是只要意愿足够强，方法肯定是可以找到的。

“她的观念就是我接下来要讲的，零缺陷管理的第三项基本原则，工作的标准是零缺陷，或者叫一次做对，而不是差不多就行。”

唐风打开下一页PPT，他指着图片说：“这个故事也许很多人听过，大家认识这个人吗？这是‘二战’时美国著名的巴顿将军，他发现，他的许多海军陆战队员之所以阵亡，不是被敌人的枪打死的，而是在跳伞时摔死的。

“他去找这个降落伞的生产厂家，要求把降落伞做到100%合格，谁知道这个厂的厂长坚持认为，他们家的降落伞合格率已达到99%，很难再改进。

“结果巴顿将军用了一个很简单的方法，降落伞的合格率立即达到100%，大家猜到是什么办法吗？降落伞每次出厂前，他让这个厂长从中抽出一件，从高空中跳下。”唐风话音刚落，下面是一片哄笑声。

“这说明了一个什么问题，很多情况下我们并不是做不到，而是不想做，如果涉及我们的根本利益，那就一定能做到！”

唐风接着说：“错误为什么会发生？要么是与切身利益没有直接关系，反正错了就错了，与己无关。或者是默认它不可避免，不采取预防措施，听任它的发生，这样它就一定会发生。”

他指着研发二部的总监张飞说："我发现我们研发二部输出的订单 BOM 总有许多错误，我去找张飞，他振振有词，这是人做的，有错误很正常！"

唐风模仿张飞的口气说这番话时，现场一片笑声，他接着说："如果我们管理层都是这种观念，那错误就真的无法避免了，因此张飞同学经常被我当众批评。"

他指着下一页 PPT 中一张护士抱着婴儿的照片，说："现在我们的孩子大多出生在医院，试问，有谁允许护士将我们的孩子摔在地上？坚决不可以！是吗？"

唐风扫视全场，见大家点头，继续发表自己的观点："同样是工作，为什么我们不允许护士犯错，而允许自己做的 BOM 出错？原因很简单，这叫双重标准。

"我查了公司对研发部新产品的考核，发现了两个问题。

"第一，新产品只考核前三单，前三单以后的问题不考核研发，考核的是工艺部和质量部，这非常不合理！"唐风的口气斩钉截铁。

"研发必须对产品的全生命周期负责！"

这时研发部的总工石中金和研发一部的总监王恒宁都站了起来，大声说："唐总，你刚来我们公司，还不了解公司的情况，在我们这个行业，其他公司都是这样考核研发部的。"

唐风毫不退让："一个产品从客户使用到发生问题，往往需要较长的时间，我查过客诉，发现有部分客诉都是客户使用了半年甚至一年后才反馈的，难道研发不应该对这些错误负责？"

此时唐风的领导 Rose 也站了起来，说："我支持唐总的意见，我做销售多年，发现情况的确如他说的这样，我们研发不能只对新产品的前三单质量负责。"

见大家讨论得很激烈，此前一直不吭声的公司老板钟鸣说了一句："我觉得唐风说得对，大家让他继续说下去。"

见老板如此表态，现场一下子安静了下来，唐风继续说："关于对研发考核的第二个问题，是对新产品合格率的定义，我发现我们在 KPI 中的定义是这样的，新产品每单生产返工费用在 1 万元以内即为合格。”

他指着负责干部考核的组织发展部经理黎明说：“是这样的吗？”

“是这样的，如果按照正常的量产标准，我们新产品的问题太多了，新产品量产合格率也许不到 50%，而不是现在的 90% 多。”黎明给出了解释。

“这种低要求带来的 90% 的合格率有什么意义？”唐风反问。

“对研发人员来说，新产品不就是自己的孩子吗，为什么会允许自己开发的新产品，只要返工损失不超过 1 万元就算合格？”

他继续说：“对供应商新开发的产品，对我公司造成的损失低于 1 万元我公司是否可以不追究其责任？对新产品在市场上的客诉，只要其损失低于 1 万元，是否可以不计入质量部的考核？”

“我认为，这是我们公司的政策出了问题，对研发的要求太低了！”说完他打开下一页 PPT，指着上面的图片说：“这是这个月正在生产的新产品 GA6，我的人在产线上发现一个潜在的大问题，就是面罩孔设计得太小了，有非常大的死灯风险，我做了高低温试验，发现在零下 50 摄氏度下，一个模组上面出现了 2 颗死灯。

“这款面罩借用了我们以前一款 M 系列产品的设计图纸，我查了 M 系列产品的客诉，发现这个产品从 2016 年年底就开始有投诉，反馈有死灯的问题，初步原因也已查明，就是面罩孔径设计得太小，造成热胀冷缩时死灯，总共涉及 13 个订单，这个投诉持续处理了近两年。

“为什么这个问题在不同的产品上一犯再犯？原因是什么？是能力问题吗？”唐风的问题如同连珠箭。

“我认为就是研发的态度问题！”这句话说得斩钉截铁，他是故意这样说的，目的就是把气氛搞得紧张，想测试下大家的反应，尤其是老板的态度。

研发总工石中金的脸一下子就挂不住了，他站起来说：“如果你再这样说我们研发，这课我就不听了。”

“石工，请你不要激动，今天是个研讨会，你有意见可以提，但是不能不面对嘛。”见此情况，老板钟鸣发话了。

唐风说：“石工，对不起，我的语气可能不太好，您别生气，我只是就事论事。”

他打开下一页 PPT，继续发问：“这个面罩问题如果第一次出现在新产品上，谁能判断它是可接受的问题还是不可接受的问题，试产时的返工损失是算不清楚的，最后这个问题造成的直接损失是 110 万元。”

“总损失应该超过 500 万元！”钟鸣补充道。

“是啊，一个造成 500 万元损失的设计错误，按我们以前的定义方式，在新产品的考核中，居然是合格的，我们公司对研发的要求太低了，这才是我们爱毕生公司最大的问题！大家认可吗？”唐风扫视全场。

“是啊！”大部分学员均给出自己的回应。

“这就是零缺陷与差不多就行最根本的区别。对零缺陷而言，只要工作还有问题，就要努力去改善；对差不多就行，是错误达到一定程度才有动作，具体是什么程度，反正谁也说不清。

“贯彻零缺陷，就是严格做到三不：不害怕错误、不接受错误、不放过错误，这难道不是我们应该要求每个员工必须做到的吗？”

说完，唐风打开下一页 PPT，开始讲解：

“什么是零缺陷行为？

“首先，思想上要有第一次把事情做对的决心，然后仔仔细细制定要求，与他人协调来使工作输出符合要求，最重要的是避免双重标准，高度重视预防。

“下面我们来讨论几个问题，这几个问题对零缺陷的推行颇有影响。

“第一个问题，提倡一次做对，是不是就不要持续改善了？

“第二个问题，研发是创造性的工作，怎么可能一次做对呢？

“这些问题不搞明白，很多人一听零缺陷三个字就很反感。”唐风扫视全场，见大家都陷入了沉思。

尤其是第二个问题，是当前爱毕生公司正面临着的。

“其实很简单，零缺陷强调的是态度而不是结果。零缺陷是我们坚持不懈的追求，但是坦率地说，它的确很难做到。我的第三个问题，提倡一次做对，是否意味着 KPI 要设置为 100%？”

这时老板钟鸣发话了，“这个问题问得很好，我的理解是，我最终可能只得了 85 分，但是我是奔着 100 分的目标去的。但是如果一开始，我的目标就是得 60 分，我怎么可能最终得到 85 分呢？”

他指着组织发展部经理黎明说：“我们以前的考核方式有问题，总是要求研发新产品的合格率要达到 90%，这样研发就通过降低新产品的合格标准来实现，还是我们的考核机制有问题啊。

“如果按照正常量产产品的标准来评价，现在的合格率是 50%，明年能达到 60%，后年达到 70%，我认为也很好。但是我们不能为了达到 90% 的合格率，来降低我们对新产品的评价标准。”

看老板这样说，唐风打开下一页 PPT，开心地说：“既然共识达成，下面我们讨论第四个问题：如何衡量公司质量管理的成败？

“2010 年年初，深圳观澜高尔夫酒店，我作为 EE 公司的供应链质量总监，给 200 多家供应商做年度质量报告。”

他指着图上的数据说：“我在会上给供应商看了两组对比数据，一组数据是 2008 财年与 2009 财年供应商来料批次不良隔离次数，这个数据还不错，从 140 批下降到 80 批。

“另一组数据是供应商来料造成的质量损失，从 2008 财年的 225 万元上升到 2009 财年的 6656 万元，为什么两个数据有这么大的反差？原因很简单，有一批光耦器件出了问题，造成产品全球召回，损失 6300 万元。

“看完这两组数据，我问一个问题：2009 财年相对于 2008 财年，来料质量是改善了还是恶化了？”

“应该是恶化了。”大家的意见很一致。

“为什么？”唐风反问。

“因为对公司来说，最看重的还是钱。”Rose 站起来说。

“对！这就是零缺陷管理的第四项原则，质量是用不符合要求的代价来衡量的，而不是用指数。”

唐风扫视全场：“可以共识吗？”

“共识！”所有人回应。

“好，我们讨论下一个问题：谁对公司的质量负责？”唐风说。

“在讨论前，我先讲一个发生在我身上的故事。

“几年前，我在一家民营企业康利得任质量总监，入职后老板对我说，我们公司的产品很简单，作为质量总监，你只要做到四个字，质量就能做好。大家猜一猜是哪四个字呢？”唐风故意卖个关子。

“前面两个字叫作‘盯住’！”

顿时，现场多人大笑起来，笑声停后，唐风继续讲解。

“老板当时是这样对我说的，你要组织质量部的 70 多号人，把生产现场盯紧，发现问题立即处理，前些年公司规模小的时候，我就是这样干的，效果很好，后来的几任质量总监能力不足，总是盯不住，所以才造成今天这么多的质量问题。

“另外两个字是什么呢？勤快！

“我们老板对我说，你要勤快一些，每天抽时间到产线上去当检验员，去检验产品，这样，你在现场就可以发现所有的问题。

“我按老板的要求做了几天的检验员，发现根本干不下去。

“因为电话不停地响起，要么是客户投诉，需要马上处理；要么是来料不良，需要立即决策；或者是我的检验员与产线员工起了冲突，我要去现场协调。

“我反复与老板孙常青和常务副总姜固沟通，向他们讲述，我们不能只靠盯住这一招来管质量，我们要做好过程管理。讲多了，他们也听烦了，最后撂下一句：‘我们公司不是你的老东家 EE 公司，我们不会去设置一大堆的条条框框，来影响我们公司的创新，我们公司就是靠人的！’

“结果可想而知，我在这家公司中待了一年多，质量状况不仅没有好转，反而持续恶化。

“终于有一天，问题暴发了，我记得在 2012 年 6 月，公司新开发的一家生产彩电的大客户，发来投诉，说我们刚发货的第一批产品，500 块电源板中有 9 块出现插座装反的情况。

“经过市场部的添油加醋，老板火冒三丈，电话中把我足足骂了 15 分钟，骂完后要求我周六在工厂召开专题会议，所有部门经理都要参加，讨论如何盯住质量问题。

“接完电话，我对我质量部的所有骨干人员说，我来公司一年多了，一直尝试说服老板，让公司把过程管理做起来，这样才能有效改善质量，但最终结果是屡战屡败，屡败屡战！

“我们质量部从来没有制造过问题，但是一旦出现了客户投诉，我们首先是‘擦屁股’，接着是‘背黑锅’，最后是‘挨板子’，这种情况必须在我手中得到彻底改变！

“本周六这个会议，我想最后再努力一把，去改变老板的质量意识。如果成功了，从此我们将走出困境，否则就是我唐某人的末次会议。

“一句话，不成功，则成仁！

“当时我的辞职报告就放在口袋中，如果会上谈不拢，我就不干了！”

这时，下面的人又笑了起来。

“那个周六，我们在深圳福永工厂六楼的会议室开会，工厂制造、工程、采购、计划、质量等各个部门的经理全部到齐。

“我把当时情景给大家说一说。”

说到这里，唐风似乎回到了几年前那个会议现场。

“那是个周六，上午 9 点，会议正式开始，老板说，今天我们的主题是检讨质量问题，唐风你来主持。

“我走到台上，对大家说，最近我们的客诉很多，孙总打电话骂我，说要么是我的能力不够，要么是态度有问题。

“我对着老板问，孙总，你是这样说的吗?

“是的，我们老板回答。

“我大声地说，我来康利得已经一年多了，作为公司的质量总监，公司质量搞不上去，我责无旁贷。但是，只有我一个人来承受压力是不够的，也是不公平的！今天我有很多话要说，而且可能话还很难听，如果大家不认可我的意见，可以随时打断我，我们一起停下来讨论。

“在我们康利得公司，不管是什么问题，客户投诉、罚款，还是生产线返工，我们都喜欢给它戴个帽子，将之称为质量问题。

“我对着老板和常务副总，问他们：‘是这样的吗？’

“他俩说，是的。

“只要问题一旦定为质量问题，所有的矛头就指向了质量部，指向了我这个质量总监。

“现在，我向大家问一个问题：到底什么是质量问题，谁能给我说清楚？为什么公司质量问题多，我这个质量总监就得挨骂？

“此话一出，全场鸦雀无声，死一般的寂静，只听到墙上挂钟的声音。

“咔嚓！咔嚓！咔嚓！”唐风边说边用手比画。

“过了大概 2~3 分钟，见没有一个人吭声，我说，看来大家对这个问题没有想清楚，现在我来告诉大家什么是质量问题。

“我说，大家都知道，解决问题要抓源头。我认为，首先要从源头来定义问题。

“例如，在我们公司经常出现的一些情况是，研发部将一个电路设计错了，测试指标通不过，我们应将之定义为研发问题。我们工程部将作业指导书写错了，导致产品做错了，我们应将之定义为工程问题。我们生产线将一个产品做坏了，我们应将之定义为生产问题。我们采购买回来的一个物料，不能使用，导致生产线返工，我们应将之定义为采购问题。

“今天我们面对的这么多问题，有哪一件是由质量部造成的？所以，我认为我们公司没有质量问题，只有管理问题！我们公司所有的这些所谓的质量问题，汇总起来就是四个字。

“管、理、混、乱！

“我对着老板和常务副总说，你们是否认可我的观点？如果不，我们可以现在一起讨论。

“我们老板当时是这样说的，他说：‘我们很少听到有人批评我们，唐风，你继续说！’

“我顺着他的话说，谁对公司的管理混乱负责？当然是权力越大，责任越大。孙总，你是董事长，公司中你的权力最大，所有事你一人说了算，你应该负最大的责任。

“接下来，我又对着我的领导姜固说，姜固，你是总经理，总部那边的事情基本上你说了算，你的责任排第二。

“然后，我对着工厂厂长说，木福高，工厂这边你的权力最大。所以，公司质量管理做不好，你的责任排第三。

“我们质量部现在是当了你们的‘替罪羊’，每次出了问题我都得‘背黑锅’，你们三个有没有什么意见？

“当时我看没有一个人反驳我，就接着说，既然大家没有意见，我就来说说，我们公司存在哪些管理问题。

“我对着老板说，我认为我们公司最大的问题就是公司最高管理者的管理思维跟不上形势的发展。具体表现在崇尚人治，强调质量是盯出来的。

“出了质量问题，你就认为是员工不好好工作，责任心不强，质量部没有好好盯住。所以解决问题的方法就是搞气氛，出了问题后老板你的处理方式永远都是指责！通报！罚款！开除！

“我说，孙总，我认为这就是你的问题！

“后来我又讲了公司的其他管理问题，如常务副总不做管理，每天只干工程师的活；厂长不管工厂，每天跑到外面去淘旧设备等。

“最后我以 IQC 进料检验过程为例，讲解了零缺陷过程管理方法。

“从那次会议开始，康利得公司的质量才开始进入了正确的轨道，后来经过持续改进，公司的产品质量取得极大的提升，变成了质量优等生。

“我刚刚说的这个故事，诠释的就是零缺陷管理的第五项原则，根本就没有所谓的质量问题！

“我们要按问题的源头和出处来定义问题，而不是将所有问题打包成质量问题，然后将之归咎到质量部门。

“质量的本质是管理，质量问题就是管理问题，中国质量面临的最大问题是质与量的撕裂！

“大家共识吗？”唐风眼睛看着老板，向全场发问。

“共识！”受了唐风的情绪感染，大家都异口同声地回答。

“可能大家要反问我，如果管理者要对质量负责，那么你们质量部和你这个质量总监有什么用？”

唐风说完后打开下一页 PPT，如下图。

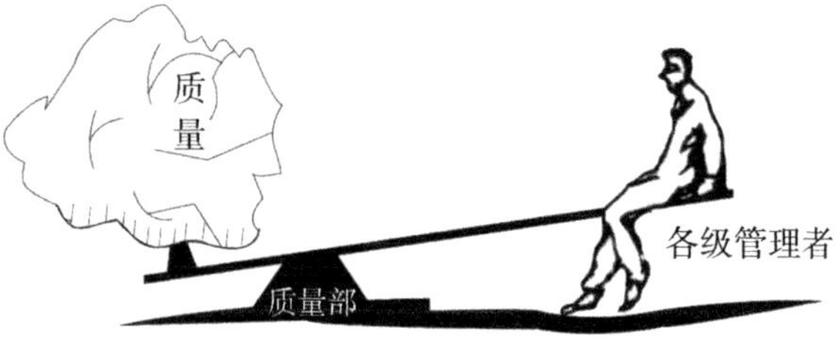

唐风说："对于质量部的职责，我用这张图来表达我的观点。我认为，在我们公司目前这个阶段，我们质量部，大概有以下几个方面的职能。

"第一，协助总经理建立和维护质量文化，打造战略性质量优势。第二，组织改善出厂产品的质量，提升品牌满意度，支持销售签单。第三，策划质量管理体系，组织识别、策划和实施过程管理，对重点过程的输出物进行确认。第四，监督质量绩效，尤其是质量成本统计和改进系统的建设，非常重要。第五，问题分析和纠正，以此来推动和优化过程管理，推动工作质量提升。第六，组织对供应商实施质量辅导。当然，这是目前的职责分工，以后，这个职能我建议由采购部承担，我们打造流程化的组织，不要把供应商管理这一件事情分给两个部门管。

"这是我对质量部工作的理解，大家有没有不同意见？"唐风问。

见大家有些疑惑，唐风继续解释："为什么把协助总经理创建质量文化列为质量总监的首要工作，那是因为，公司质量文化的建设是质量管理的核心。

"策划并实施过程管理是质量部的职责，刚才我们花了很多时间来讨论过程管理，如果结果不好，就说明过程管理做得烂。

"如何做好过程管理？首先要基于公司的产品和业务过程进行策划，识别出产品实现的主要业务过程，这是质量部要做的事。

"因此，一些上规模的企业，把流程管理部和质量部放到一个部门来管，成立质量与流程管理部，也是有道理的。

"一般来说，不同的企业，其业务过程的设计是不一样的，哪怕他们生产同样的产品。

"凭我十几年的质量管理经验，我发现，很多时候，客诉都来源于过程识别模糊，要求不清晰。

"对重点过程的输出，我们质量部要组织确认。例如，IQC 负责对采购过程的输出物进行确认，FQC 对生产过程的输出物进行确认，OQC 对于理货这个过程的输出进行确认。

“产品实现的过程识别出来了以后，就要针对每个业务过程，制定科学的衡量指标和统计方式，监督过程绩效的变化，定期进行检讨，发现问题及时解决，实施纠正预防，这也是质量部要组织去做的。

“这里有一点，我要详细说明，质量部要组织相关业务部门，对过程风险进行识别，事先制订防范对策，防止风险变成真正的问题。

“举个例子来说，在制造业，ECN（工程变更通知）流程是一个非常难管理的流程。

“原因很简单，这个流程涉及的部门多。ECN 一般由研发部签发，在签发前，研发工程师必须向采购、计划等相关人员了解信息，掌握这个 ECN 牵涉的原材料和半成品、成品状态和数量，制订出有针对性的处理方案。

“因此，在制订 ECN 方案时，一定要有计划和采购人员参与会签，目的就是要确保信息对称。

“在 ECN 下发后，执行起来更加困难，因为不同环节的处理进度是不一样的。

“在我以前的公司赛德美，当时规模也不大，公司只有 200 多人，经常因为 ECN 执行不到位产生客诉。我尝试了多种方法，试图说服大家出面，把这个过程管起来，但是计划部把球踢给工艺部，工艺部又把球踢给生产部，总之没有一个部门肯接这个工作。

“我当时没有办法，就叫来我的外协 SQE 张立。我当时是这样说的，张工，我们只有两家 PCBA 加工厂，你的工作量不是很饱满，从今天起，我给你增加另外一个工作，就是 ECN 的执行管控。

“每个 ECN 下发后，文控工程师会第一时间发给你，你理解了上面的内容后，就组织有关的执行部门来开会，分配任务。

“会上，一定要将执行任务落实到具体的责任人，要求他给出完成的时限，并在 ECN 上记录下来。然后，根据大家承诺的完成时限，到期后检查执行进度，如果有延迟，要重新确定完成期限。所有部门的工作都完成后，你注明完成结果并签名归档。我要随时抽查你的归档情况。

“就这样，我终于把赛德美公司 ECN 执行不到位这个问题，彻底解决了，市场上再也没有因此而产生客诉。

“在这个流程中，研发是主导 ECN 流程的一方，采购、计划、工艺、生产、质量等部门是参与 ECN 流程的部门，大家都要想办法识别风险，事先制订防范措施，确保风险不会变成真正的问题。

“刚才我们讲了，质量管理的核心在于质量文化的树立，这是公司最高管理者的职责，质量总监作为公司最高管理者的助手，应该帮助他开展此项工作。

“公司花钱请我担任质量总监，我的确要对质量的结果负责，否则我的工作没有意义。因此对于质量，我心态上负全责，但我不包办，也没法包办，公司每位管理者要对他部门的工作输出结果负责。

“以上是我对质量部和质量总监这个岗位工作的理解，如果大家有不同意见，欢迎提出来讨论。”

等了大约 1 分钟，唐风看没有人提出异议，就说：“零缺陷管理的五项基本原则，我们就讨论到这里，这是构成质量意识最核心的五个概念，其中‘一次做对’的工作态度是五项管理原则的核心。如果大家没有异议，下面请大家签字画押。”

唐风对培训部的助教打了个手势，让她把签名板拿上台来，如下图。

质量承诺
对于每一件工作，我承诺会做到： 1．仔仔细细识别和制定要求，确保我和我部门的工作输出满足内外部客户的要求 2．高度重视过程管理，我会认真识别和管理我部门负责和参与的每一个业务过程，主动识别过程风险，预防问题发生 3．不害怕错误、不接受错误、不放过错误，力求一次做对 4．我对我和我部门的工作输出负责任，出现问题时认真分析，找出原因，避免再犯

下面的人一看，都大笑了起来，老板钟鸣第一个走上前，签上自己的名字，其他人员也都上前签名，唐风最后一个签上自己的名字。

签完名之后，唐风用开玩笑的口气说："让大家签名就是一个坑，现在大家已经跳进来了。

"大家不要以为，签个名就完事了，这只是一个开始，接下来我们每个人都要付出努力，让你管理的所有员工都要做到这四点要求。

"如何在公司层面落实我们以上的共识？这个是有套路的，下面我给大家介绍创建公司质量文化的十四要点，也叫质量改进过程管理方案。"说完他打开下一页 PPT，如下图，并开始讲解。

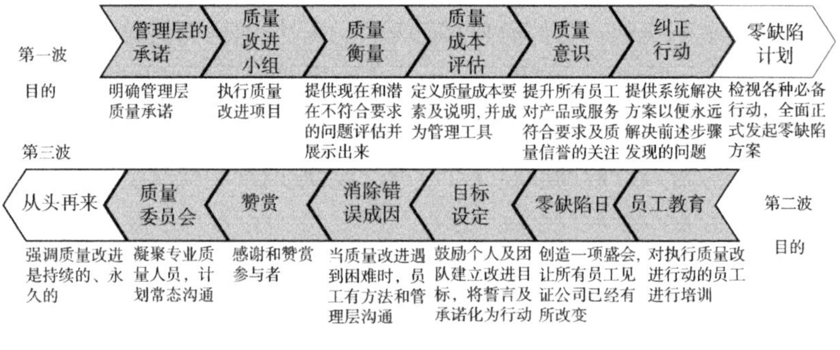

"克劳士比的质量文化建设，共分为十四个步骤，每一轮分为两波，第一波的起点就是管理层的承诺，我们刚才已经做了。

"接下来就是组建质量改进小组，解决我们当前突出的问题，主要方法就是我刚才讲的过程管理方法，这一波是六个步骤。

“目标有三个：第一，让管理层的质量意识有明显改变；第二，有六个左右的质量改进项目，其中三个以上必须要取得成功，为后续的质量改进树立样板；第三，培养一支质量变革的骨干力量。

“这十四个步骤，可以划分为决心、团队和制度三大类，具体方案在实施时我会给大家详细讲解。

“下面，请钟总为我们今天的研讨会致辞，请钟总上台！”说完，唐风把话筒交给老板钟鸣。

接过话筒，他开始发言。“今天这个研讨会策划得非常好，我的启发也很大，我在下面听课的过程中记了很多笔记。

“听了唐风刚才的课，我终于明白了，为什么我们公司的质量管理以前老是做不好，我认为最大的问题还在我自己身上，造成我们公司质量管理失败的最大原因，就是战略不清晰，以及随之而来的产品管理失控，这些都是那些所谓的‘质量问题’产生的源头。

“我以前一直认为，公司每年定的销售目标就是公司的战略，至于选择哪些市场，选择哪些客户，我们都没有彻底想明白。这样就产生了一个问题，就是我们开发出来的产品，不能满足目标客户的要求，也就产生了所谓的质量问题，我应该首先做检讨。

“而且，这几年我在面对交付和成本压力的时候，的确存在放水的情况，这背离了我的初心。我入行时，发誓要做出一块块完美的 LED 显示屏。

“我请求大家监督我，落实今天的这几点共识。

“我要求在场的每个人，要向内看，从今以后，不要把质量问题产生的责任往质量部身上推。

“下面，请唐风拿出一个可执行的方案，把今天所共识的东西，在公司内部组织实施。”说完，老板把话筒递给唐风。

唐风对着研发总工石中金说：“刚才我说话的态度不太好，还请石工原谅，其实我只是想通过冲突，让大家的印象更加深刻，我对石工没有成见。”

“拥抱下！”下面的人开始起哄。

唐风走到石中金面前，真的抱了他一下，回到讲台，说：“今天的研讨到此结束，感谢大家的积极参与，下面我们拍照留念。”

拍完照片散场后，唐风的上司 Rose 走过来，伸出大拇指，对唐风说：“你讲得太好了，非常精彩，大大超出了我的意料！”

从公司总部回惠州的路上，唐风问自己的前任夏建厂：“老夏，你以前组织过今天这样的研讨会吗？”

夏建厂说：“没有。”

唐风说：“我以前在两家民企中管过质量，但是刚进去的时候一直做得不顺利，今天算是找到原因了。

“统一管理层的质量意识，对我这样一个空降兵来说极为重要，今天是我的第一次成功经历，以前在别的公司的确做得不好。”

当天晚上，躺在床上，唐风头脑中一直在回顾这场质量研讨会。

“为什么今天这么轻松就达成了我的目标？看来，经过真爱行的洗礼，我的感召能力大大提升了。我终于明白了，作为一个质量总监，如何才能提升自己的感召力。诀窍只有 8 个字：以身作则，坚决要求！”

接着，他又开始问自己：“为什么在以前的公司，要统一公司管理层的意识非常艰难，而今天却如此容易？文化的力量！这一切也许都源于爱毕生公司的文化。”

这时，唐风想起了惠州公司本周一早上 8 点 25 分开始的职员大会。

早会的第一件事，是全体员工诵读阳光格言，格言内容都是公司老板钟鸣从羊皮卷中摘录下来的语句。

早会由各个部门的经理轮流来主持，在诵读完阳光格言后，由主持人进行分享，讲述他自己在履行阳光格言方面的心得和具体事例，诠释公司诚信、感恩、负责任三大核心价值观的内涵。

然后，由制造中心总经理余聪明上台点评，唐风记得他在点评完后还专门强调："在爱毕生公司，我负责完成订单交付，我对成功交付的定义是，出货的所有产品，质量上符合客户标准，产品性能、包装满足客户要求，在与客户约定的时限准时送到。如果质量不符合要求，强行出货，这不能算是及时交付。"

唐风在心里开始默念起来：

"我用全身心的爱迎接今天，
我赞美敌人，敌人于是成为朋友，
我在心里默默地为每个人祝福。
我爱自己，我用清洁与节制来珍惜我的身体，我用智慧和知识来充实我的头脑。

我不想听失意者的哭泣，抱怨者的牢骚，这是羊群中的瘟疫，我不能被它传染。
我要尽量避免绝望，辛勤耕耘，忍受苦楚。
我一试再试，争取今天的成功，避免以失败收场。
在别人停止不前时，我继续拼搏。

我不再为昨天的成绩自吹自擂，
将要做的比已经完成的一定会更好。
我要不断地改进自己的仪态和风度，
我要展示自己独一无二的风采。

我要把今天当作生命中的最后一天，
忘记昨天，也不痴想明天。
今日事，今日毕。
我要以真诚埋藏怀疑，用信心驱赶恐惧。
我要让今天成为不朽的纪念日，化作现实的永恒 。

我要学会控制情绪，用自己的心灵弥补气候的不足。
我要体察别人的情绪波动，学会宽容。

我笑遍世界，
我用笑声点缀今天，让歌声照亮黑夜，以笑容感染别人。
我要使生活保持平衡，记住无论失败绝望，还是成功欢乐，这一切都会过去。
我深深地扎根在泥土中，等待成熟。
我要制订目标，不断超越自己。

起而行动，方能平定心中的惶恐。
成功不是等待，我现在就付诸行动。

生活因为热爱而丰富多彩，生命因为信心而瑰丽明快。

激情创造未来，心态营造今天。”

“也许这才是我要找的答案吧。”他对自己说。

本章点评

● 如何统一公司管理层的质量意识?

首先，质量总监一定要修炼自己的感召力。

感召力是质量总监的核心能力，提升感召力是质量总监的第一要务。其关键在于，以身作则，严格要求，意志坚定，不达目标誓不罢休。

其次，组织质量意识研讨会，通过公开交流的方式，让管理层达成共识，输出承诺。

第七章　质量文化建设实施方案

如何策划公司的质量文化建设实施方案

质量意识研讨会开完后，唐风加紧制订质量文化建设实施方案，一周后，汇报材料就完成了，他将材料发给 Rose。

很快，通过 Rose 的协调，唐风向公司老板等管理层汇报爱毕生质量文化建设实施方案。

“各位领导，我这个方案的目的只有一个，就是将‘一次做对’的质量理念，融入爱毕生的企业文化中，让‘质量永远是企业的生命线’这一理念能有效落地。这套方案总共有十四个步骤，分为两个阶段开展。”

唐风指着 PPT 进行讲解。

“第一阶段是前面六个步骤，着眼点是目前的一些重点问题，将零缺陷五项基本原则和过程方法运用到实践中，解决这些重点问题，形成改进样板。

“第二阶段是从第七个步骤到第十三个步骤，第十四个步骤是从头再来，如同铺路，一块砖挨着一块砖，不停地往下铺。

“这个活动循环往复，只有开始，没有结束。

“整个活动可归纳为三类：第一类是决心，包括管理层的决心和承诺、一次做对计划、一次做对日和从头再来；第二类是团队，包括质量改进小组、质量意识、员工教育、目标设置、质量顾问团；第三类是制度，包括质量衡量、质量成本统计、纠正行动、消除错误、表扬。

“下面我简单讲述每个步骤需要做的工作。

“第一个步骤，是管理层的决心和承诺，目的是明确管理层的质量承诺和改变的决心，表明管理阶层对质量要求的立场。如果你没有质量的定义或政策，则有关你是否向客户提供了足够好的产品的争吵，就将持续下去。

“在这个步骤中，要做以下几方面的工作。对领导层进行培训，并统一认识，了解改进需求及决定改进，要求他们表明决心，参与并支持改善行动。

“第二个步骤是质量改进小组，目的是选择执行团队，推进质量改进项目。这里最重要的工作，就是选择项目领导，明确团队角色及责任，研究质量改进过程的方案并评估其进展。

“我们要考虑，是否要建立质量改进团队，谁能担任团队的主席，目前需要建立的是哪些纠正行动团队，谁能担任行动小组的领导等一系列问题。

“用教育消除对衡量的恐惧，把注意力集中到过程上，而非人身上，协助各部门找出需要衡量的部分，让每个部门自己决定，为了改进他们要衡量什么。

“改进项目的选择要遵循以下一些原则：第一是影响较大，能起示范效应。一个项目的影响力如果不足，则很难起到示范作用。第二，技术难度低、成功把握大且能在短期内成功。第三，先内后外。意思就是尽可能选择公司内部的改善项目，先不急于找供应商推进改善，因为涉及商业合作，难度会大一些。

“但是这只是一般性的项目选择原则，具体在实施时不能生搬硬套，要视具体情况而定。”

说完唐风打开下一页 PPT，开始讲解拟选取的改进项目。

“第一个项目，是结构设计过程优化。选择它的理由是结构设计异常很多、损失很大，去年造成的直接损失超过 200 万元，这个项目涉及研发一部和二部。

“第二个项目是订单 BOM 设计过程优化，去年因为订单 BOM 错误造成的直接经济损失超过 100 万元。

“第三个项目，是赛艺能的箱体上线不良率改善，这家供应商是箱体主力供应商，但是它目前的来料问题太多。”

接下来，唐风又介绍了其他几个改进项目，老板钟鸣都同意了，在此基础上，他还给唐风增加了两个项目。

“第三个步骤是质量衡量，主要工作是把选定的项目中存在的问题，用数据衡量出来，作为改进活动的出发点。

“第四个步骤是质量成本，就是通过把每个项目中存在的问题，通过质量成本的方式进行衡量。目的有三，一是引起管理层的注意，二是列出问题的优先顺序，三是衡量改进的效果。

“第五个步骤是质量意识，就是通过管理者和员工定期讨论，找出问题和改进方法，以及将过程输出结果和质量成本，通过各种方式沟通并展示给所有员工。

“第六个步骤是纠正行动，主要工作就是建立一套正式的纠正行动制度，并提供落实这套制度所需要得到的教育及工具，确保制度被使用。”

讲完后，唐风停顿了一下，说：“第一阶段的质量文化建设方案就包括这六个步骤，有三大里程碑：第一，中高层管理者的质量意识有显著改变；第二，有六个左右改善专案，至少保证有三个取得成功；第三，培养一支质量改进与文化变革的骨干队伍。”

接下来，唐风又针对第七到第十四个步骤进行了详细讲解。

“创建质量文化分为四个阶段，形成信念、做出承诺、转化行动、持之以恒。

“质量文化的建设是一项卓越而艰巨的任务，其中有三点最重要。一是高层的决心与参与，二是核心骨干队伍建设，三是用财务衡量工作表现。

“请注意，高层要参与而不仅仅是支持，创建质量文化，最高管理者的言与行非常关键。

“同时要注意三条红线，教育与培训是基础，执行与行动是关键，沟通与奖赏是保证。

“这三点做不好，很容易失败。”

说完后，唐风又给大家汇报了第一阶段的具体行动计划。

“我计划在3月15日这个中国质量日，将质量改进小组的项目任命文件在公司内发布，请大家看看还有没有其他意见。”

“你的方案很详细，就按此实施吧。”老板钟鸣似乎对唐风的方案很满意。

接下来的几天，唐风与选定的各个改进项目的小组长进行沟通，制定项目目标，并确定参与成员。

终于，在2020年3月15日，爱毕生公司正式发布关于成立质量改进小组的通知。

三天后，唐风主持召开了项目开工会，各个质量小组的组长和质量部的核心骨干全部到会。

唐风打开公司老板签发的任命文件，开始发言。

“大家好，今天是我们爱毕生公司质量改进试点小组的项目开工会。据统计，我们公司去年的直接质量损失超过了2000万元，公司领导对质量状况极为不满，因此通过猎头公司找到了我，聘请我担任公司的质量总监。

“如何改变我们公司的质量现状，我的理解是改变理念和工作方法，形成公司的质量文化，当然，这一切都是有套路的。”

说完唐风打开上周给公司领导层汇报的PPT，说：“这是上周，我给钟总汇报的爱毕生公司质量文化建设实施方案，分为十四个步骤。

“这不是我发明的，它来源于美国质量大师克劳士比，这套方法在许多世界五百强的企业中推行过，帮助他们建立质量文化和解决实际问题。我以前做过零缺陷管理的咨询顾问，经过近十年的摸索，现在总算是把它搞明白了。

“我们这十四个步骤分为两轮，第一轮是第一到第六个步骤。即管理层的决心和承诺、质量改进小组、质量衡量、质量成本、质量意识和纠正行动。

“上月底，我给公司管理层组织了一次质量意识研讨会，大家达成了共识，并签字承诺。”

说完，唐风把公司管理层签名后的照片展示给大家。

“管理层的决心和承诺这一步已经做完了，接下来我们得开展第一轮的其他五个步骤，这次任命了 9 个质量改进小组。

“我的本意是任命 6 个小组，主要是担心项目数量过多，我的精力跟不上，但是钟总认为我们公司的执行力强，认为 9 个是可以的，我相信大家不会辜负钟总的期望。

“这套方案为什么要这样设计？其实是有原因的。第一轮是试点，通过运用零缺陷管理的理念和方法解决一些突出的问题，形成良好的示范效应。

“第二轮是将这些理念和方法大面积地推行，运用到每位员工的工作中去。

“如果第一轮项目做不成功，第二轮就很难推进，整个活动方案就会失败，所以在座的各位，大家应该明白自己身上的担子了吧。”

说完唐风打开质量意识研讨会的材料，开始培训。

“各位，这是上月底，我给公司领导层做质量意识研讨的材料，下面我给大家做个培训。

“这里的重点，是零缺陷管理五项基本原则和过程管理方法，前者是理念，后者是落地的方法。”

“10 年前，我第一次听到零缺陷这个理念，一开始，我认为它只能用于‘洗脑’，后来，为了弄清楚这套理念如何落地，我以兼职顾问师的身份与零缺陷管理中国学院合作，参与了几个咨询项目。

“因此接触到了一个工具，叫过程模式作业表。当时我们杨院长给我这个表的时候，没有附带相对应的应用案例，我的第一直觉就是，这个表也许是零缺陷管理的落地工具。学院没有具体的运用案例，不知是什么原因，美国方面也没有给我们案例。

“后来因为家庭原因，我没有继续做咨询，2010 年我在深圳一家民营企业担任质量总监。这家公司的质量问题很多，如何将零缺陷的理念进行运用，改变这种乱七八糟的质量状况，进而解决我实际面临的问题，我思考再三却非常困惑。

“我日思夜想，终于有一天，就像泡在浴盆中的阿基米德一样，突然想明白了。

“一个糟糕的质量结果，来源于过程管理的不到位，如果运用过程模式作业表，将每个过程管到位，这些所谓的质量问题不就彻底解决了吗？”

唐风说完，打开一张 PPT，如下图。

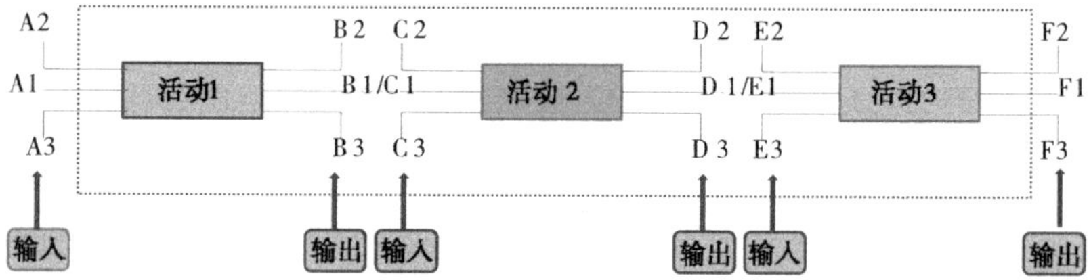

他对着图，继续讲解：“不管一家企业生产的是什么产品，或者提供什么样的服务，他的运作流程都可以用这张图来概括。

“只要我们把每个业务过程识别出来，并且管理到位，实现过程的零缺陷，那么最终的结果就是零缺陷。

“下面我给大家讲解零缺陷五项基本原则和过程模式作业表，讲完后，大家要应用这些理念和方法来解决我们项目中的问题。”

花了近一个半小时，唐风讲完了，他问大家：“大家有疑问吗？”

“你讲得很清楚，但是用起来可能还有问题。”研发一部的结构设计经理吴建武站起来说。

“没有关系，我会随时指导大家的。”唐风安慰大家。

“接下来，每个小组的负责人要组织本小组的全体人员，制订本小组的项目计划，要求在一周后提交初稿，有问题吗？”唐风一个一个地进行确认。

“没有问题。”大家的反应一致。

“好，那今天的会议就到这里，现在散会，谢谢大家！”

本章点评

● 如何策划公司的质量文化建设实施方案

“一次做对”质量文化建设一般分为两轮展开，第一轮是寻找合适的试点项目，项目数量要有所控制，而且项目不能有太大的技术难度，项目成功后有一定的影响力。

第二轮是将第一轮的经验全面推进，鼓励广大员工积极参与，并为团队设置目标。

第八章　质量改进小组

如何在公司内部形成改进样板

项目开工会结束后，唐风找来研发质量部的DQA（研发质量保证）工程师肖仁重，对他开始安排任务。

“肖工，刚才的开工会你也参加了，考虑到你对结构设计比较熟悉，所以任命你进入结构设计过程优化小组，这个项目需要你重点跟进。

“下面，我和你讨论下这个项目如何开展。

“首先，我们要明确这个项目的范围。按我的理解，结构设计又可以分为箱体设计、底壳和面罩设计、吊梁设计。

“为什么要立这个项目呢？其实我是凭感觉的，我到公司四个多月了，产线上经常出现结构设计方面的问题，市场上也是如此。

“我的第一感觉就是，结构设计过程存在较大的问题，后来我专门查看了研发的结构设计规范，发现这个规范写得太粗了，只有简简单单几句话，应付审核还勉强能行，但肯定不能有效指导结构设计。

“肖工，你来公司两年多了，应该对此比较清楚。”唐风说。

“是的，公司重视流程管理，但是落地性不太好，一些研发干部不太重视规范化管理，基本上采用师傅带徒弟的管理方式，不仅是结构设计，其他比如电子设计、包装设计等都是如此。”

肖仁重开始说他的想法。

“去年公司开始整顿流程，搞了个流程管理1.0版本，公司大的流程框架倒是建起来了，但是徒有形式，落实方面做得不好。”

唐风接着说：“是的，我一来公司，就查看了所有的流程管理文件，我感觉公司的流程框架没有完全按过程管理的思路来策划，很多方面还是基于部门和职能来设计的。所以我们这次一定要用过程管理的思想，把结构设计这个过程梳理清楚。

“你知道为什么我在产品研发的过程中，选择结构设计作为试点项目吗？

“因为结构设计目前问题多，而且我们一旦将问题解决，见效会很快，会起到很好的示范作用。

“你明白了吗？”

“明白。”肖仁重点了点头。

“下面我们来讨论如何做这个项目。”唐风继续说。

“首先，我们要明白结构设计这个过程的输出物是什么，按我的理解，就是箱体、面罩、底壳、吊梁等零部件的图纸。

“其次，请你从过去市场上出现过的问题点中，找出与这些图纸相关的客诉来，再剔除其中的供应商生产不良造成的问题，就可以得到一份结构设计产生的客诉清单。

“再把这份清单中的每个问题点造成的质量成本损失统计出来，得到一份带有质量成本的客诉清单。

“最后，你用同样的办法，将产线在生产过程中由于结构设计不良产生的内部质量成本也统计出来，形成一份生产异常清单。

“这两份清单都是可以得到的，因为我们公司以前一直就有质量成本统计制度。

“有没有问题？”

“没有问题，数据都有的。”肖仁重回答。

“接下来，要组织项目小组的所有成员对这两份清单进行分析，把原因进行初步定位。”唐风接着说。

“刚开始时可以分为两类，一类是输入性问题。

“比如前些日子，有个球场屏，在生产过程中出现漏水现象。经查，这个问题是前端的产品管理部出了错，本来是户外产品，结果产品管理部把它搞成了半户外的需求。

“另一类是本过程自身的问题，包括设计规范模糊、人员能力不足、态度不严谨、作业程序有漏洞等。

“比如说，前些日子，市场上出现吊梁氧化生锈的客诉。经查，我们公司的吊梁在设计规范中根本没有表面处理的要求。

“要求不清晰，出问题就在所难免了。

“另外，为什么要把问题区分为两类？主要是为了方便作业，这些问题都是很久以前的问题，当时只有大致的原因分析，现在已无法细分了。

“做完原因分析汇总后，先确认哪些输入要素需要改善，比如目前产品立项流程存在哪些问题，产品需求及定位如何做到正确和准确，等等。

“还有，对于产品的验证和确认也要检讨，如为什么会把这些有问题的图纸放出去？我们目前的研发评审和中试验证有什么问题？

“做完这些事以后，再重点检讨结构设计这个过程，尤其是设计规范、设计作业指导书、人员能力这三个要素，要重点细化，确认哪些研发管理规范需要改善，包括增加、删除、修改，等等。

“结构设计过程是一个比较复杂的过程，它涉及产品开发、评审、物料承认、复制模承认、改模申请、开模、ECN（工程变更通知）流程、DFMEA（设计失效模式与故障分析）生成、打样、结构图纸资料移交等一系列流程。

“任何一个环节出问题，最终表现的就是图纸错误，这叫过程决定结果。”唐风说完后，看着肖仁重。

“明白。”肖仁重回应。

这个项目总共做了四个多月，原计划在六月底完成的项目七月底才结束。

项目按计划完成所有的工作后，肖仁重向唐风汇报了整个过程。

听完后，唐风说："现在只是将该干的活干完了，感觉效果还不错，因为从四月份开始，结构设计的异常似乎在减少，但项目还不能结束，因为要统计结果，所以你要跟进所有与结构设计相关的客诉和生产线异常，发现问题及时反馈给项目小组。"

终于，在十二月底的一天，肖仁重来到唐风的办公室，在电脑上打开 PPT，开始汇报结果，如下图。

2019年客诉研发结构异常损失金额

部门	1月	2月	3月	4月	5月	6月	7月	8月	9月	10月	11月	12月	累计/元
研发一部	0	410954	27526	3650	27392	0	0	0					469522
研发二部	0	0	0	0	0	0	0	0					0
合计	0	410954	27526	3650	27392	0	0	0	0	0	0	0	469522

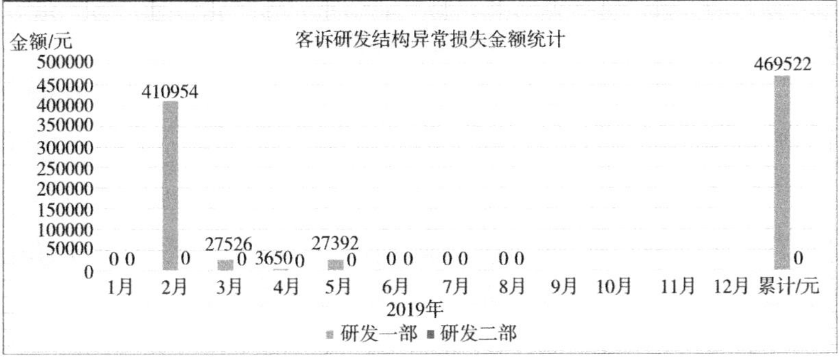

"唐总，这是我们 2019 年结构设计产生的客诉异常损失，总共是 46.9 万元，相比于 2018 年的 192 万元，下降了近 76%，达成下降 50% 的目标。"

接下来他打开下一页 PPT，继续说道。

2019年研发结构制程损失金额													
部门	1月	2月	3月	4月	5月	6月	7月	8月	9月	10月	11月	12月	累计/元
研发一部			1800	11460	4710	0	1860	2813	0	0	0	0	22643
研发二部			4110	4290	0	0	1080	2580	0	0	0	0	12060
合计	0	0	5910	15750	4710	0	2940	5393	0	0	0	0	34703

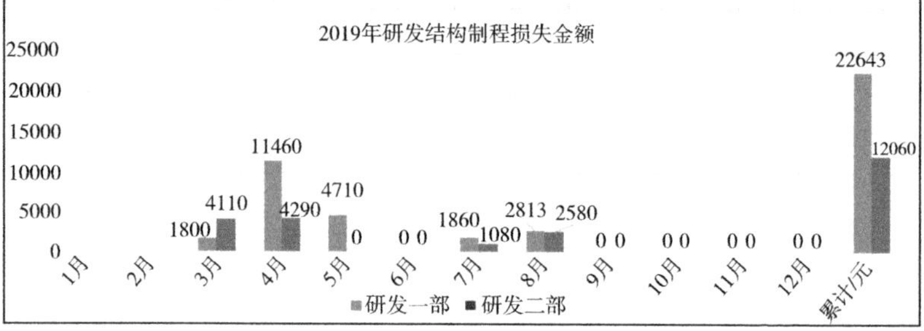

"结构设计导致制程异常的损失金额是34703元，对比2018年的返工损失23万元，下降85%，同样达成目标。"

"很好！你说说你们这个项目是如何做的吧，我想听听你的收获。"唐风说。

"好的，这个项目虽然是研发一部牵头，但我是全程参与的，下面我讲下我的收获，请唐总指点。"肖仁重对着PPT开始了他的汇报。

"这个项目的理论依据还是您培训的过程作业模式表，所有的工作都是一个过程。

"基于这一点，我和研发的吴工做了这样一些工作。

"第一，梳理活动过程图，明确过程输出，如下图。"

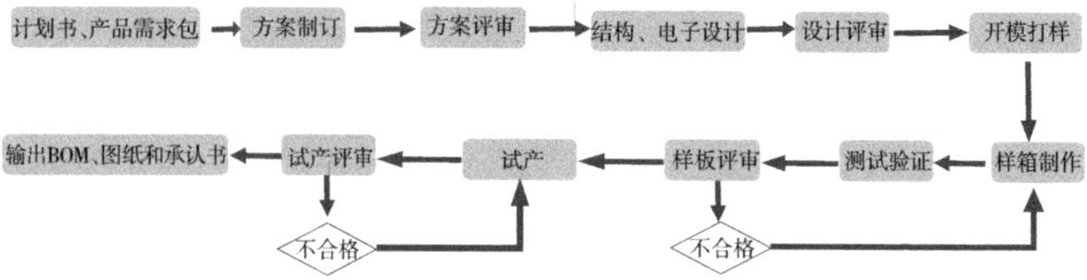

他指着电脑说："这是结构设计过程的过程图，这个过程的起点是计划书和产品需求包的输入，经过方案制订、评审，以及后续的一系列小过程，最后输出 BOM（物料清单）、图纸和承认书。

"第二，基于过程输出物的要求，对过程输出的问题进行分析和定位。

"按您的要求，我们对 2017 年和 2018 年的所有客诉和生产线批次性异常问题进行了梳理，把与结构设计过程有关的问题点罗列了出来。然后，针对这些问题，按照过程管理的六大要素进行原因定位。

"我们公司的结构图纸以前存在一些通病，主要就是要求模糊和描述不准确，比如我们的塑胶底壳图纸经常有这样的描述：抗紫外线。

"据我所知，塑胶材料抗紫外线是有等级的。前段时间，有个户外屏，客户反馈其在户外使用了三四个月后，面罩出现黄化的现象。

"查面罩的承认书，发现工程师的描述就很模糊，图纸中只要求面罩抗紫外线，但没有等级要求，这就使得出问题后，研发部与供应商针对责任划分在扯皮。

"这个是由于输出要求不明确造成的典型问题。

"还有，我们以前的结构设计规范和设计作业指导书太简单，很难指导新工程师作业，造成新入职的结构工程师经常犯错。

"这是作业程序这个要素存在的问题，这个问题在结构设计这个过程中影响很大。

"因为没有明确的设计规范和设计作业指导书，新员工的培训和上岗考核就无从做起，直接导致结构设计人员的能力不足，其实很多客诉都是一些低级的设计不良的问题。

"第三，确定过程的输出、输入内容与要求。

"我们通过分析发现，部分设计不良的产生，是输入造成的，一个重要的原因是我们对输入的要求不明确，这就涉及产品立项过程的管理。

“还有，以前我们公司对于已经出现过的设计不良问题缺乏分析和汇总，按理来说，同类产品以前出现过的设计不良问题应该作为下一次设计输入的内容，供研发工程师参考。

“今年公司大力推行IPD（集成产品开发）流程，对产品包需求进行评审，确保设计输入的正确和明确，这对我们这个项目有很大的支持。

“第四，确定过程的工作标准、作业程序，以及设备与设施、知识与培训内容。

“在工作程序这个要素，我们项目小组做了大量工作，对LED显示屏底壳、吊梁和落地架、连接件、面罩、压铸箱、型材箱体结构、碳纤维箱体结构、PCB（印制线路板）结构尺寸及避位图等一系列设计规范进行了优化。

“并对结构设计岗位操作指导书、承认书标准要求、产品开发管理、ECN受控、图纸、技术资料上传、承认书受控等一系列作业流程进行了优化，有的流程是以前没有的，有的是以前有，但是太简单不具备操作性。

“为了实现项目目标，研发部还组织所有设计工程师，参与这些设计规范和流程的研讨，事后还组织大家进行培训和上岗考核。

“并且对人员绩效的管理也加强了，以前没有相应的管理规范，奖罚也不好实施，现在有了规范，就有章可循了。

“还有一点，以前没有做软件仿真，导致结构与电子设计的配合做得不到位，现在做了仿真，所以PCB与底壳干涉一类的问题彻底解决了。

“总之一句话，通过控制这样一个过程的运行，使它不能产生缺陷。

“当然，我们还在努力，因为毕竟还有问题产生。”说完后，肖仁重有些感慨。

唐风说："不错！你做得很好，实践出真知，如果你听了我的课而不行动的话，是很难掌握这种方法的，请继续跟进产线和客户端的结构设计问题，通过结果的反馈来不断优化我们的结构设计过程。"

在推动结构设计过程优化的同时，唐风还指导其他项目按计划推进。

这天他和DQA经理徐铮聊起第一期质量改进项目，唐风说："今年的这些质量改进项目总体来说还是很顺利的，本来我认为只能带6个项目，最后立了9个，基本上按计划结束了，除了一个项目外，其他都达成了目标。

"这主要还是公司的文化基础好，很多项目我介入得并不很深，在前期做完计划后，我只是间歇性地参加了一些会议，因为实在太忙，能做到这个程度，关键还是公司讲诚信的文化起了作用，大家答应了就会努力地做到，而不需要我在后面拼命催。

"否则，我是做不了这么多项目的。"

本章点评

● 如何在公司内部形成改进样板？

通过数据分析，找出问题多的业务过程，以项目小组的方式，运用过程方法解决问题。

第九章　供应商质量管理试点

如何管理参差不齐的供应商质量

供应商来料质量改进的推进，唐风是从赛艺能开始的。

在公司内部立项之前，唐风让 SQE（供应商质量管理工程师）工程师李山组织采购、研发等部门的人员，一起到赛艺能公司开了第一次会议，同行的还有制造中心的总经理余聪明。

在开会之前，唐风等人在现场走了一遍。他发现，这家公司不到200名员工，年产值不到2亿元人民币，爱毕生是他们最大的客户。

凭唐风的经验，这种类型的公司没有什么有效的质量管理体系，主要依赖老板个人的管理能力，来维持公司的运作。

参加会议的人员，除了赛艺能公司的老板彭坚强和他的生产经理、工程经理和质量经理外，还有他们从外部聘请的两名质量顾问老师。

会上，李山展示了赛艺能过去一年在爱毕生的质量数据，包括月度上线不合格率和IQC（进料质量控制）检验不合格率，并将所有批次性不良问题点简单讲了一遍。

唐风对彭坚强说："彭总，这是过去一年，贵公司在爱毕生的质量表现，请确认下数据和问题点是否属实。"

"这些问题和数据都是真实的，确实我们做得不够好，要改善。"彭坚强说。

看得出来，彭坚强对这些问题是清楚的。

唐风说："彭总，我来爱毕生公司四个多月了，贵公司的箱体来料不良，导致我公司出现多次批量性返工，车间意见非常大，余总是我的客户，对现状非常不满意。所以今天我特意带余总和采购部同事一起过来，目的只有一个，就是联合成立质量改进小组，把箱体来料质量问题尽快解决。”

“唐总，针对这个问题我也很头痛，去年开始我们就请了第三方辅导机构来辅导我们，但是仍然达不到我们的预期目标，听说您是这方面的专家，请您来帮帮我们。”彭坚强说。

唐风说：“彭总，我丝毫不敢否定你们的工作成绩，刚才参观了你们的车间，现场的5S工作做得还是不错的，每个检验站的报表也都有。

“针对我们即将成立的质量改进小组，我有两点意见。

“第一，要制订改善目标，从刚才的数据来看，贵公司的上线合格率和IQC检验合格率，这两个指标起伏很大。

“尤其最近三个月，即12月、1月、2月这三个月的上线合格率分别为87.8%、98.6%、91.6%。

“因此，请你们对过去的问题进行分析后，制订一个切实可行的目标，报给我公司。”

“好的，唐总。”彭坚强回答得很快。

“第二，请你们将过去一年的所有批次性问题点进行过程定位，针对每个问题找出问题产生的过程，以及问题漏出的过程。”

见彭坚强有些不解，唐风走到会议室的白板面前，对他说：“贵公司主要的产品是压铸箱体，这个产品是怎么生产出来的，一定会经过一系列的过程。

“依我的了解，贵公司重点的业务过程主要有三条线。

“第一条线，是打样和承认过程。新产品开发完成后，贵公司会收到我公司研发部的新产品图纸。你们拿到图纸后要进行评审，然后是展图，制作样品，对样品进行评审，然后把意见反馈给我公司，我公司研发部根据你们的反馈意见决定是否修改图纸。

“第二条线是收到我公司的订单后，贵公司要采购物料，然后做进料检验、入库发料、压铸成型、CNC（数控铣床）加工、外协喷粉、组装、入库，当然中间要经过一系列的检验工序。

“第三条线是收到我公司采购部的送货指示，你们要进行仓库装箱、理货、送 OQC（出货质量控制）检验等动作，最后将货物交到我公司。

“请你们将过去一年，在爱毕生公司出现过的所有批次性不良问题点，按过程关系图进行定位。比如说上个月出现的 A31X 绝缘不良，最后查清原因是你们的外协喷粉过程没管好，导致该避粉的地方没有避粉，回货后你们 IQC 也没有检验出来，最终流到我公司的生产线上，造成产品批量性返工。

“这个问题产生的过程是外协喷粉，漏出的过程是你们 IQC 检验。

“如果不把这两个过程管到位，今天可能是 A31X 这个产品出现避粉不良，明天可能是其他产品出问题，因为问题的根源就在这两个过程的管理上。

“大家有不明白的地方吗？”唐风问。

“很清楚，没问题。”彭坚强带头回答。

“好，接下来，我给你们讲解下如何做好过程管理。”唐风说完，在白板上画出过程作业模式表。

“过程管理其实很简单，就是识别输出物，再基于输出物，确定谁使用这个输出物，他就是过程的客户。

“定义了过程的客户之后，找这些客户，去了解他们对于过程和输出物的要求。

“我以 IQC 检验过程为例，过程的输出物只有两件，第一，是一个进料检验报告；第二，是一批加盖了检验标识的货物，这些都是 IQC 交给下一环节的东西。

“对于检验报告，要求就是正确，即检验结论符合送检物料的实际状况。也就是说，如果供应商送检的物料不良率低于标准，结论应该是允收，反之，结论应该是拒收。

“这是生产线对 IQC 的要求，如果做不到，他们就会投诉 IQC，大家能理解吗？”唐风问赛艺能的质量经理张东。

“能理解。”张东回答。

“对于这个标识了状态的货物来说，仓库对它的要求，应该是标识与 IQC 检验结论相一致。如果检验结论是合格的，你不能在外箱上写 NG 吧。同样，如果检验结论是不合格，标识也不能写 OK。

“还有，仓库对货物的包装也有要求吧，比如说要坚固，不能出现少料、混料等情况。

“这些都是客户对 IQC 检验这个过程的要求，基于这些要求，我们要对输入、工作程序、工作标准、设备设施、培训与知识这几个要素的要求进行识别，并制订出控制计划。”

唐风足足花了半个小时，详细介绍了过程管理要如何去做。

最后，他说：“如果大家在实际的运用中有不明白的地方，可以随时找我讨论。”

说完后，唐风对彭坚强说：“赛艺能质量改进小组的项目目标和计划，请一周后发给我，有问题吗？”

“好！”彭坚强说。

会议结束时，唐风对所有人说：“我自告奋勇，担任你们这个项目的顾问，你们有任何疑问，都可以找我讨论。”

一周后，收到了赛艺能公司的目标和项目计划，唐风看完后，打电话给李山，说：“目标定得太低了，上线合格率和来料检验合格率才 98.5%，这有什么挑战性？和现状差不多，这坚决不行！在第一阶段，也就是 3、4、5、6 这四个月，必须先做到 99%，7 月份我们重新定目标。”

“好的，我再和他们沟通下。”李山回答。

在唐风的坚持下，张东将改善目标修改后，与项目改进计划一起发了过来。

李山问唐风："您看这个计划行吗？"

唐风说："感觉他们没有抓到要点，没有完全按我的要求去分析问题，聚焦到过程。"

"让他们继续改吗？"李山问。

"不用了，让他们按自己的想法先做一段时间吧，在他们没想通之前，勉强他们也没有用，你重点跟进下这段时间他们的质量表现，这个月底我们再去他们公司开会检讨。"

"好的。"李山回答。

事情果然如唐风所预料的一样，3月底，经过李山的数据统计，赛艺能第一个月的质量改进效果并不理想，没有达成目标。

唐风给李山打电话，说："李山，这个月的数据我看过了，赛艺能没有达到目标，明天下午我们一起过去开检讨会，顺便带上我们制造中心的余总，他是赛艺能的客户，他对赛艺能的质量感触最深。"

去赛艺能公司的路上，唐风对余聪明说："彭坚强这个家伙，很多人都说他是个老油条，以前总喜欢干光打雷不下雨的事，今天咱哥俩过去，一定要把他拿住。

"如果不把这个'游击队长'收拾住，咱哥俩肯定是没有好日子过的。"

余聪明说："你打算怎么做？"

唐风说："我正想听听你的意见，你说该怎么办？"

"我们真爱行中有一招很厉害的，叫作'做不到怎么办'，我认为可以拿来用，你上了真爱行，得把它派上用场。"余聪明显得胸有成竹。

"很好，就用这招。我们今天过去一定要让他当场签字承诺，如果下个月再达不到目标，让他去我们公司总部的楼下举个牌子，我去给他录像后发朋友圈，牌子上的内容我都想好了。"唐风说。

“什么内容？”余聪明问。

“‘我赛艺能彭坚强说到做不到，是个不守诚信的人。’”唐风笑着说。

余聪明说：“你这副药，劲太大了，我担心他受不了。我有个建议，他们总喜欢出问题后到我公司来返工，而不是把产品质量做好。我建议你给他提要求，以后再有箱体批次性不良造成返工，不能派工人来干，他彭坚强必须亲自来返工。”

“好！到时这两种方案我让他自己选。”

到了赛艺能的会议室，双方人员坐定后，唐风开门见山地说：“彭总，今天我们是专程来检讨这个月贵公司的质量表现的。”

李山打开电脑，将赛艺能 3 月份的质量指标和具体问题点呈现给大家。

等李山讲完后，唐风说：“大家看到了，这个月我们质量改进没有达到目标，接下来我们该怎么办？”

“这个目标定得太高了，唐总，我们能不能把目标调整下，我认为 98.5% 是比较合适的，这也是我们最早提出的目标值。”

第一个跳出来答话的是赛艺能的质量经理张东。

“不行！ 99% 的目标并不高，我做过统计，过去一年中，至少有好几个月，你的合格率是做到了 98.5% 的，如果把目标定为 98.5%，那我们这个质量改进小组就变成质量维持小组了，而且我在公司里面已经立项，目标就是 99%，目标定下后是不能改的，我坚决不同意下调目标！”唐风的口气很硬，没有商量余地。

“那好吧。”彭坚强答应得有些不情愿。

“唐总，我们已经按您的要求，做了大量的工作，刚才李工讲的这些问题中，有几个问题我怀疑是员工故意搞出来的，最近我们给员工施加的压力很大，部分员工很反感，上周因此我还辞退了几个人。”彭坚强似乎也有些委屈。

唐风说：“彭总，我们做质量改进项目，可不仅仅是向员工施加压力，我看过你们的计划，你们根本没有对过去问题进行认真分析，来找出需要改进的重点过程。

“质量改进是有方法的，光一味对员工使蛮力不见得有效果。

“你还是按我的要求，把过去两年以来，贵公司在爱毕生出现过的批次性不良问题分析定位清楚，行吗？”唐风问。

“好！我这周内一定完成。”彭坚强说。

唐风说：“各位，赛艺能箱体来料质量改进小组在我们公司已经立项了，目标是在未来3个月内先做到两个99%，即上线合格率99%，IQC检验合格率也为99%，大家是否清楚并认可？”

“认可，我们努力去做到。”彭坚强说。

“那好，彭总，听说你也上过真爱行，而且毕业了。咱们真爱行有一招很厉害的，你知道是哪一招吗？”唐风笑着说。

“哪一招？”彭坚强问。

“做不到怎么办！？”唐风依然笑着说。

“怎么办？我真做不到的话，爱毕生的生意我少做点，你们的要求太高了，我可能真的做不到。”看得出来，彭坚强有些反感。

“这可不行，爱毕生的生意，不是什么人都可以做的，你要么按我的要求做到，要么可以不做！”唐风很认真地说。

“唐总，你们的要求这么高，怎么可能做得到？”彭坚强开始讨价还价。

讨论一下子变成了拔河赛，唐风咬定目标不放松，彭坚强坚称自己做不到。

眼看双方就要陷入僵局，在一旁的余聪明急了，立即出来打圆场。

“彭总，这可不是你的风格，我听说过一件事，你在上个人版的真爱行时，创造了一项记录，连续当了七期的大组领袖，每一次所有团队成员都推举你，带领大家挑战自我，实现目标。”

看得出来，余聪明事前是做了功课的。

“今天唐总才给了这么一点点挑战，你难道要认怂？”余聪明开始将彭坚强的军。

这话起了作用，当着这么多下属的面，彭坚强不好意思再坚持了，他思考良久，反问唐风：“唐总，如果我做不到，你们希望我怎么办？”

唐风说：“早给你想好了，我等的就是你这句话！

“给你两种方案。

“第一种方案，如果达不到目标，也就是说到做不到的话，麻烦你到我们公司总部，在天安云谷的楼下举个牌子，牌子上的内容我都替你想好了。

“‘我赛艺能彭坚强说到做不到，是个不守诚信的人。’

“我去现场给你录像，录后发朋友圈，帮你宣传下。”唐风笑着说。

“还有，那里有很多人应该认识你，他们也会帮你宣传。”

“还有一种方案是什么？”彭坚强继续问。

“第二种方案比第一种要辛苦一些，如果当月达不到目标，下个月你们供货的箱体再出现批量性的返工，你不能派工人过去干，必须得由你自己亲自去我们车间返工，一个人全部干完才能回去，你看怎么样？”

停了一下，唐风接着说：“这样做的目的只有一个，让您体验下返工的滋味，也来感受下我们的痛苦。”

考虑了一下，彭坚强回答道：“好吧，我接受第二种方案，如果这个月目标不能达成，下个月有批次性返工的话，我亲自去爱毕生干。”

说这话时，彭坚强有些无奈。

“好，李山，把这句话写入我们今天与赛艺能开会的会议纪要中，让彭总立马签字画押。”

带着彭坚强的签字，唐风一行离开了赛艺能，他在车上对余聪明说："今天感谢你的配合，我们终于把彭坚强这个老油条拿下来了！"

3 天后，彭坚强发过来一个 Excel 表，表中对过去两年的问题做了分析，但分析得很不到位，主要是过程定位不清晰，问题分析不准确。

唐风对李山说："看来我们还得辛苦一趟，这个周六上午我们再去一次赛艺能。"

周六，唐风早早到了赛艺能，结果李山迟迟未到，等了半小时，唐风对彭坚强说："不等他了，召集你的质量、工程、生产经理，我与你们一起检讨过去两年的批次性不良问题，对其进行分析和定位。"

说完，唐风与与会人员一起，将赛艺能的过程关系图画了出来。

接着，唐风与彭坚强和他的生产、工程、质量经理，对过去两年的每个问题进行了分析和定位，最后对问题进行汇总，如下页表。

唐风指着屏幕说："彭总，请你看一看，表面上你们的客诉问题点很杂，分布在不同的产品上，看起来很零散。但如果按过程来定位，我们可以发现，50% 左右的问题点，都出在你的组装这个业务过程中，20%~30% 左右的问题来源于你的 CNC 加工和工程师展图这两个过程。"

唐风问："我们先讨论组装这个过程的问题点，这个过程出现这么多问题，是作业难度很高吗？"

彭坚强说："没有什么难度？"

唐风继续问："那是什么原因呢？"

彭坚强说："这个岗位相对辛苦点，员工不太愿意做，是态度问题。"

唐风又问："CNC 这个过程，问题为什么很多？"

彭坚强说："主要是员工不按要求去做。"

序号	发生日期	发生地点（客户端/内部）	型号规格	物料类别	不良现象	原因	处理对策及改善对策	问题类别（客户罚款/外部返工客户退货/内部返工/返修/报废等）	问题所产生的过程（客户设计/客户要求识别/技术设计/注塑成型/来料/打磨/喷涂/丝印、镭雕/整形/CNC/组装/测量/检测/标识、包装/运输/环境因素/设备/其他	问题精确定位（要求/输入/能力/态度/硬件/工作指导书/环境因素/其他）	漏检过程1	漏检过程2	漏检过程3
1	2019.02.18	来料	A	箱体	箱体防水盖破裂，抽检 10PCS，不良 4PCS，不良率 40%	1. 风批力度太大导致锁附后打爆防水盖板 2. 人员意识问题，没有自检，专检不良现象	全部安排全检并更换不良的部件	返工	组装	态度		IPQC	
2	2019.02.24	来料	B	箱体	1. 箱体试装模组时出现模组装不平现象 2. 箱体磁铁上残留铁屑	1. 磁铁打胶属纯手工作业，人为操作不稳定 2. 镶牙套工序打掉的铁屑被磁铁吸住，人员没检出	现场返工处理，将不平的挑出退回，有铁屑的清理干净	返工	组装	态度		IPQC	
3	2019.03.19	来料	C	箱体	1. 左切 45 平面度超标 2. 右切 45 平面度超标	箱体本身变形，局部未整形到位	退货，全部重新整形返工，测量 OK 后出货	返工	CNC	态度	IQC		
4	2019.2.28	产线	D	箱体	护角螺丝有打不紧的现象	1. 箱体变形翘导致攻牙深度不一 2. 刀损，员工没有及时更换	现场返工重新攻牙处理	返工	CNC	作业指导书	IQC		
5	2019.2.28	产线	E	箱体	掉磁铁现象，抽检 16PCS，不良 5PCS，不良率 31.25%	胶量人工控制，新员工没有控制好，有 50% 属胶量过少导致	1. 本次订单箱体 100% 全部进行重新打胶加固，客户现场验证 OK 后再装配生产 2. 重新加固把手螺丝	返工	组装	态度		IPQC	
6	2019.2.28	产线	F	箱体	拼屏后弧形锁出现锁不上现象	1. 机加刀损导致锁孔批峰没处理干净 2. 机加刀损导致锁孔孔小或不同心，锁杆不容易放入	现场返工处理，不良锁进行更换（已经完成）	返工	CNC	态度		IPQC	
7	2019.01.11	来料	G	箱体	箱体组件平面度不合格	1. 产品结构薄，机加切角变形 2. 锁的设计接触面与箱体不平，锁附后拉变形	本批退货重新整形并测三次元	返工	CNC	态度		IPQC	
8	2019.01.10	产线	H	箱体	在测试站发现有色块现象，箱体右下导向柱顶到 PCBA 电阻造成色块	生产时定位柱太薄容易铣穿，所以四周加料导致加厚且没送样确认	派人现场打磨，未出货的全部厂内返工完成后送货	返工	设计	输入			
9	2019.03.15	产线	I	箱体	箱体组件试装时发现模组不平	磁铁打胶属纯手工作业，人为操作不稳定导致	现场返工处理，将不平的挑出退回	返工	组装	态度		IPQC	
10	2019.03.16	产线	J	箱体	箱体组件试装模组不平	磁铁打胶属纯手工作业，人为操作不稳定导致	现场返工处理将不平的挑出退回	返工	组装	态度		IPQC	

唐风说："按你的说法，这两个业务过程，主要是员工态度的管理出了问题，你知道下一步该怎么做了吗？"

彭坚强说："我知道该怎么办。"

接下来，唐风又开始给彭坚强讲课，主要是产品质量控制计划和 PFMEA(制程失效模式及影响分析)的应用。

唐风说："过程模式作业表这种方法是一般性的管理措施，但是具体到每个产品，又有特殊性，这就要用到产品质量控制计划，也就是台资企业中所说的 QC（质量控制）工程图，它可以针对一个具体的产品来识别其管控要点。

"而 PFMEA 工具的应用，可以帮助我们识别一些风险比较大的管控点，及时做好预防对策。

"过程模式作业表、QC 工程图和 PFMEA 这三者要综合应用，才能彻底解决我们质量改进项目中存在的问题，最后要落实到过程管理文件、现场的查检表和工序 SOP(作业指导书)中。"

说完，唐风还从电脑中找了几个 QC 工程图和 PFMEA 的具体案例，发给彭坚强。

"我知道了，今天我算是明白我的客诉问题是怎么出的了，非常感谢您的指导！"彭坚强恍然大悟。

赛艺能的质量改进终于上了正轨，从 4 月份开始，连续三个月，在爱毕生公司的 IQC 和生产线上，都没有出现过一个批次性不良问题。

三个月后，唐风和李山一起，去赛艺能参加第一阶段的质量改进项目总结会。

首先，由李山将 3~6 月份的赛艺能的两个质量指标进行了呈现。他讲完后，唐风对彭坚强说："彭总，看到了吧，这就是管理层的决心和承诺所带来的结果，下面请你讲一讲，你们这三个月都做了些什么，为什么能取得这样一个好的结果？"

于是，彭坚强把赛艺能这段时间以来所做的质量改进工作，给唐风讲了一遍。

会议快结束时，唐风说：“今天是我们第一期项目的总结会议，效果非常好，我认为，成绩的取得来源于三个要素，管理层的决心和承诺、过程管理方法的运用、全员努力干。

“第一期项目就结束了，但这只是赛艺能质量改进的开始。接下来，一方面要巩固现有的成果，把这段时间以来的成功做法进行固化。另一方面请彭总制订新的目标，进一步发动全员参与质量改进，方法你们已经掌握了，我相信你们有能力自己去完成接下来的改进工作。”

几个月后，质量部针对赛艺能箱体质量改进项目开了一个总结会，在会上，李山指着 PPT 说道。

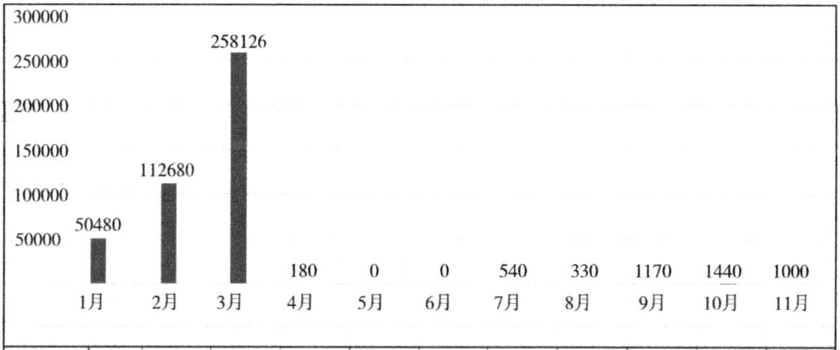

月份	1月	2月	3月	4月	5月	6月	7月	8月	9月	10月	11月
损失费用/元	50480	112680	258126	180	0	0	540	330	1170	1440	1000

“这是我们这个项目输出的主要成果，我们这个项目在 3 月份立项，从 4 月份开始，赛艺能箱体来料质量异常所造成的损失基本上消失了，下面我来介绍下这个项目的经验总结。

“首先，我们制订了项目目标并与供应商进行了共识，特别是唐总要求供应商老板签字画押，承诺做不到的话，以后的返工他亲自过来自己干，这一点很重要。

“其次，基于产品实现，画出过程关系图，结合过程关系图，对赛艺能过去两年的所有批次性问题进行检讨，对问题的产生和漏出进行了过程定位。

“通过过程定位，找出了他们公司在过程管理上存在的突出问题，我们发现在产品组装、CNC 加工、新产品图纸评审这三个环节上存在的问题最多，70%~80% 的质量异常都产生于这三个过程中。

“并且针对这三个过程，制定了相应的管理办法，尤其是对人员态度的管理，是重中之重。

“再接下来，通过过程作业模式表、QC 工程图和 PFMEA 的综合应用，落实到过程管理流程、产品 SOP 和查检表中，对产品实现的每一过程进行管理。

“供应商发布了质量奖罚制度并严格执行，针对重点问题，比如弧形锁锁不紧、配件打裂等成立了 14 个质量改进小组。

“每周一对员工进行培训，组织质量检讨，让所有员工重视质量。

“同时，与他们的二级供应商签订质量保证协议，并附有处罚条款，重点供应商还派了驻厂人员，监督供应商改善来料质量。

“我认为赛艺能的质量改进经验可以复制到其他供应商，这家工厂的情况比较典型。”

说到这里，李山停顿了一下，继续说：“第一，规模比较小，员工不到 200 名，年产值不到 2 个亿。第二，以前是没有质量体系的，工厂的运作全部依赖人，几乎没有什么制度。第三，他的老板就是一个典型的游击队长，思想观念很顽固，他的思想转变具有典型意义。”

2019 年 9 月，爱毕生组织了一次供应商质量管理研讨会，由唐风主讲。

当讲到过程管理这个环节的时候，他请彭坚强上台，讲解赛艺能的质量改进过程。

彭坚强上台后，心情很激动，他说：“感谢唐总给我这么个机会，让我来分享我们公司的质量改进过程。

“我们公司以前的质量管理做得不好，问题非常多，我也请了顾问老师帮助我们实施改进，但效果不佳。我们的产品在爱毕生的生产线上经常造成返工，浪费了大量人力、物力，给客户的印象也很差。

“今年三月份爱毕生与我公司一起成立质量改进小组，当时唐总给我定了个合格率 99% 的目标。说实话，当时我非常抗拒，我认为他的要求太高了！

“后来在唐总的帮助下，我们从问题入手、从过程入手，把以往出现过的问题定位到过程，并因此找到我们公司过程管理上的薄弱环节。

“这种方法非常有效，帮助我们把产品生产与管理体系完全融合起来，快速帮助我们解决了问题。

“我把这种方法叫作过程分析定位法，它特别简单、可行。

“经过近半年的时间，不管是内部质量成本管控，还是产品质量提升，我们公司都得到了长足的进步，我非常感谢爱毕生，感谢唐总。”

接下来，他介绍了具体的改进行动，包括成立质量改进小组，落实 QC 工程图，实施严格的问题追责制度等。

最后，他说：“蜕变的过程是痛苦的，但改变后的感觉是喜悦的！改善永无止境，‘精益化生产，全员品质，争取零缺陷’是我们每一个赛艺能人奋斗的目标，在追求产品质量的路上，我们‘万里长征’才开始了第一步。

“但千里之行，始于足下，良好的开端已经开始，我相信我们在跟爱毕生这样优秀的客户合作中，将不断努力改进我们的工作不足之处，把产品的质量越做越好，以最好的产品与服务满足客户的需求！

“与爱毕生这样的客户合作，我才能真正感受到什么是合作共赢！”

在质量研讨会的最后，唐风对到场的所有供应商说：“今年我加入爱毕生后，公司的确对质量的要求较以往有所提高，下面我把公司对供应商的质量管理要求给大家重申下。

“第一，针对供应商的批量性来料不良（单一问题的不良达到我公司的异常标准），如果在我公司 IQC 检验处发现，必须由供应商的质量部负责人带着报告来我公司物料质量部检讨，给出彻底解决问题的承诺，其报告必须得到我公司 SQE 的认可。

“如果批次性不良问题在我公司生产线发现，必须由其总经理或者老板，带着报告来找我公司，找我这个质量总监检讨，给出彻底解决问题的承诺，其报告必须得到爱毕生公司的认可。

“第二，现场审核问题及回复的 8D 报告和对策必须 100% 落实，不允许存在回复一套，实际做一套的情况。

“第三，对于质量不达标的供应商，爱毕生将要求其总经理挂帅，开展质量改进小组，推动问题解决，尤其在管理上要进行改善，我坚信，质量的本质是管理，质量问题就是管理问题。

“第四，针对来料质量异常的回复报告，供应商分析问题时，需要体现‘七有’，即有原因分析，有临时对策，有过程定位，有纠正措施，有预防措施，有责任人和完成时间。

“第五，供应商的质量部门必须独立，直接对总经理负责，不能挂靠工程部、生产部。”

后来，在当月的月度例会上，唐风说：“来料质量问题的本质就是供应商内部管理存在漏洞，要管好供应商的质量，就必须帮助供应商改善内部管理。

“但是对于不同层次的供应商，策略是不一样的。

“对于赛艺能这种没有体系的供应商，我们解决问题的重点应该是通过其产品的不良问题，找到其过程管理的薄弱点，一步一步地帮助其建立过程管理体系。

“有的供应商，是有管理体系的，我们要通过其来料问题点，帮助其优化它的过程管理体系，确保举一反三，避免类似问题重复发生。”

本章点评

● 如何管理参差不齐的供应商质量?

质量的本质是管理，因此要改善供应商来料质量，核心在于提高其管理水平，重点是过程管理水平的提升和质量文化建设，这两者都离不开其最高管理者的思想转变。

但具体实施时应该实事求是，因地制宜，不能一刀切。

第十章　战略流程领导力

如何搭建一家企业的管理体系

“2019 年是我们爱毕生公司的变革年！”

在 2019 年 3 月的流程变革启动会议上，公司老板钟鸣开始发言。

“年初，我们进行了公司组织架构的改变，基于产品使用场景，成立了四大产品线，同时成立的还有战略 MKT（市场营销）部门。

“大家知道，我们公司以前都是按职能来划分部门的，这对打造端对端的流程性组织是一个障碍。

“今天这个会议，达成共识后，由流程管理部组织每个一级部门实施流程管理 2.0 版本的推进。

“今年公司规划的八大改变中，其中有一项是要把个人能力转化为组织能力，其核心在于提高流程管理的水平，通过流程建设让公司管理意图和战略规划落地，下面请我们流程管理部，为大家讲解公司流程管理的规划。”

流程管理部经理李超上台后，指着 PPT（如下图）开始发表演讲。

Plan 规划类	1.0 Develop Strategy to Execute 发展战略到执行 DSTE
	2.0 Manage Capital Investment 管理资本投资 MCI
Operation 运作类	3.0 Integrated Product Development 集成产品开发 IPD
	4.0 Market to Lead 市场到线索 MTL
	5.0 Lead to Cash 线索到回款 LTC
	6.0 Issue to Resolution 问题到解决 ITR
Support 支撑类	7.0 Manage Client Relationships 管理客户关系 CRM
	8.0 Manage Supply 管理供应 ISC
	9.0 Manage Quality 管理质量 MQ
	10.0 Manage Finances 管理财务 MF
	11.0 Manage Human Resources 管理人力资源 MHR
	12.0 Manage Business Process and Business Transformation 管理业务流程与变革 MBP
	13.0 Manage Information Technology 管理信息技术 MIT
	13.0 Manage Administrative Logistics 管理行政后勤 MAL
	14.0 Manage Risk 管理风险 MR
	16.0 Manage Alliance and Partner Relationships 管理渠道和合作伙伴关系 MAPR

“下面由我来给大家汇报公司流程管理 2.0 的规划。

“我们基于 POS 架构，把公司的工作划分为十六大业务流程。

“这种 POS 架构，来自中国一些著名企业的成功实践经验，比如 HW 公司就采用这样的架构来搭建管理体系。它把公司的业务流程分为规划类、运作类和支持类。

“在规划类流程，我们放进去两项，一个是发展战略到执行，另一个是管理资本投资。

“对运作类流程，像我们这样一家从事研发、生产和销售的企业，一般来说有四个非常重要的流程，即集成产品开发、市场到线索、线索到现金，以及问题到解决。

“前面三个是创造价值的流程，后面这个“问题到解决”是给客户弥补价值的流程。

“其他十个流程都是支持性流程。”

等他讲完后，老板钟鸣开始发问：“这里的说法与我们以往的不太一致，比如第 8 点管理供应链，第 9 点管理质量。

“以前我们都是说供应链管理、质量管理，都是把名字放在前面的，唐风，你们以前的公司是怎么叫的？”

“我们以前都叫质量管理。”唐风答道。

“如果叫管理质量，你认为这四个字的意思是什么？”钟鸣继续问。

“我第一次看到这四个字，感觉是谈管理的质量，也就是说如何提高管理的水平。”唐风答道。

“看来我们需要花点时间，把这个问题搞清楚，如果流程的语言都不统一，对未来流程的落实肯定会有影响。”钟鸣说。

经过了十几分钟的集体讨论，最后钟鸣说：“看来 HW 叫管理质量还是有道理的，动词后面加名词，就是要对质量这个要素进行管理，我们的流程框架就按这种方式命名吧。”

接下来，流程管理部经理李超又讲解了前期流程管理调研的情况，最后他要求各大流程体系的责任人，在 6 月 30 日前完成各自负责的流程的建设和梳理工作。

爱毕生公司的流程推进开始加速，虽然唐风在大公司中工作多年，但从没有参与过全公司流程的构建，一开始他极为困惑。

这天唐风在办公室中，与下属 DQA 经理徐铮一起交流管理质量这个模块的流程设计，两人讨论起来。

唐风说：“最近我在研究管理质量的流程框架，有很多疑问。”

“我也不清楚怎么做。”徐铮说。

“按照大质量的观点，每个人的工作都对产品质量有影响，如果每个人把他们的工作做到位，我们的质量就做好了。”唐风说。

“按这个观点，我们是不是就不需要管理质量这个模块了，反正别人的工作做好了，我们的工作也就好了。”徐铮说。

唐风说：“最初我也有这样的想法，但后来我想清楚了，它不是这样的，结合这个 POS 架构，对于质量这个要素的管理，它应该分为质量策划流程、质量运作流程和质量支持流程。

“比如，我们每年要做公司的质量目标策划，前段时间 Rose 还让我做了一个全产业链质量管理规划，这些工作应该规范化、流程化，它就属于质量策划类流程。

“同样的，对于新产品的评审、来料检验、制程检验和出货检验，以及制程异常处理这些流程，它们是产品实现过程中的质量活动，属于质量运作类的。

“至于其他的活动，如质量数据分析、管理评审、内部审核、仪器计量、可靠性试验，这些与产品实现没有必然的联系，都可以放到质量支持类流程中。

“如果结合 POS 架构来谈管理质量，我认为流程就很清晰了。”

说到这里，唐风似乎恍然大悟。

几天后，唐风向 Rose 汇报管理质量的流程框架，他打开 PPT 开始讲解他的想法，如下页图。

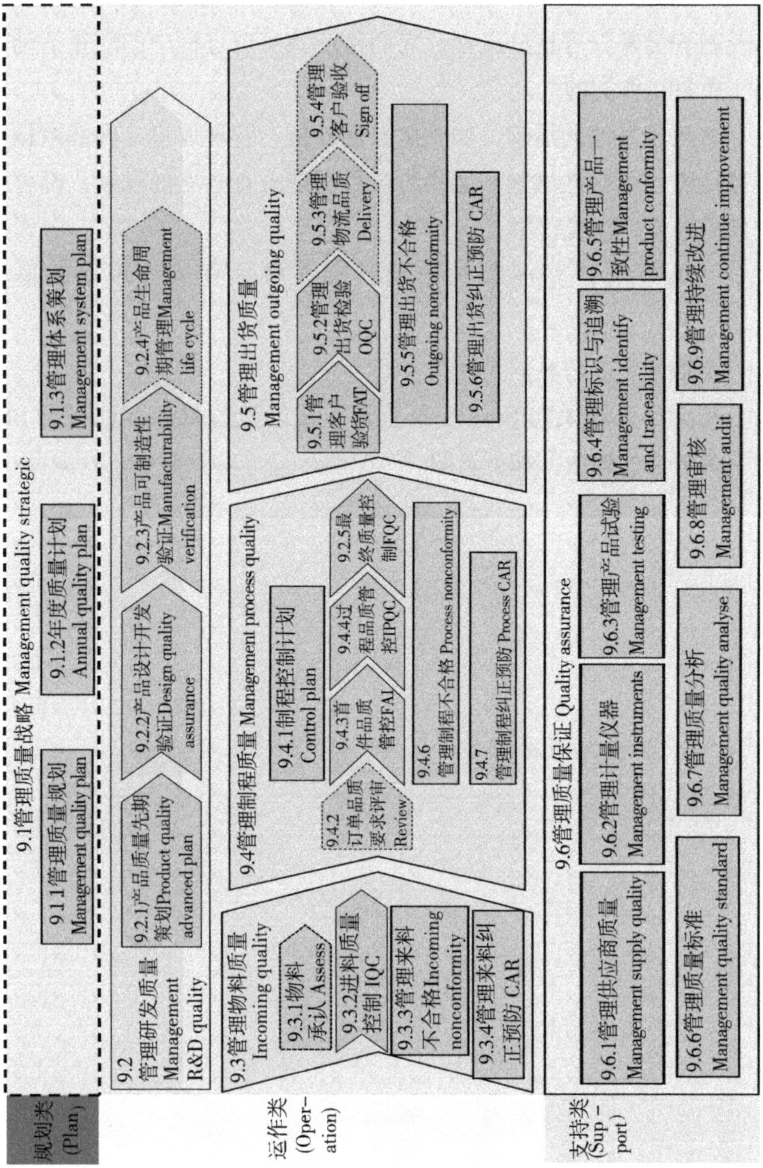

规划类 (Plan)
9.1管理质量战略 Management quality strategic
9.1.1管理质量规划 Management quality plan
9.1.2年度质量计划 Annual quality plan
9.1.3管理体系策划 Management system plan
运作类 (Oper-ation)
9.2 管理研发质量 Management R&D quality
9.2.1产品质量先期策划Product quality advanced plan
9.2.2产品设计开发验证Design quality assurance
9.2.3产品可制造性验证Manufacturability verification
9.2.4产品生命周期管理Management life cycle
9.3管理物料质量 Incoming quality
9.3.1物料承认 Assess
9.3.2进料质量控制 IQC
9.3.3管理来料不合格Incoming nonconformity
9.3.4管理来料纠正预防 CAR
9.4管理制程质量 Management process quality
9.4.1制程控制计划 Control plan
9.4.2 订单品质要求评审 Review
9.4.3首件品质管控FAI
9.4.4过程品质管控IPQC
9.2.5最终质量控制FQC
9.4.6 管理制程不合格 Process nonconformity
9.4.7 管理制程纠正预防 Process CAR
9.5管理出货质量 Management outgoing quality
9.5.1管理客户验货FAT
9.5.2管理出货检验 OQC
9.5.3管理物流品质 Delivery
9.5.4管理客户验收 Sign off
9.5.5管理出货不合格 Outgoing nonconformity
9.5.6管理出货纠正预防 CAR
支持类 (Sup-port)
9.6管理质量保证 Quality assurance
9.6.1管理供应商质量 Management supply quality
9.6.2管理计量仪器 Management instruments
9.6.3管理产品试验 Management testing
9.6.4管理标识与追溯 Management identify and traceability
9.6.5管理产品一致性Management product conformity
9.6.6管理质量标准 Management quality standard
9.6.7管理质量分析 Management quality analyse
9.6.8管理审核 Management audit
9.6.9管理持续改进 Management continue improvement

“刚开始构建管理质量的框架时，我其实很困惑，因为不知道如何将质量部的工作与其他业务部门进行切割。后来，结合 POS 架构，我似乎有点明白了。

“我认为在管理质量这个模块中，规划类的流程有三个。

“第一，是长期的质量规划，比如今年做到什么程度、明年做到什么程度、后年做到什么程度。第二，是年度质量规划，是指今年这一年我们要达到什么目标，要做哪些工作，什么时候完成，这些都是要事先规划的。第三，是管理体系的规划，按 ISO 标准的要求，要识别过程，不断优化管理体系。”

“你讲得很对。”Rose 点头。

“至于运作类流程，按产品实现的阶段，可以分为四大块。

“第一大块是研发质量的管控，包括前期的质量策划、中期的新产品评审和后期的中试验证评审和产品生命周期管理。

“第二大块是来料质量的管控，这里面除了进料质量控制和不合格品处理这两个过程是我们质量部主办的，其他过程，如原材料承认等业务都是由研发、采购部门完成的，我们只是参与和协助，所以我用虚线框出。

“第三大块是制造过程质量的管控，主要涉及工厂各种活动的质量管控。

“针对制程质量的管控，按 ISO 9000 的要求，我们制订了质量控制计划，然后是首检、巡检、FQC（最终质量控制）终检，最后是产品入库。在此过程中针对制程产生的不合格品，我们要进行管理，这就需要纠正预防这个业务过程。

“第四大块是出货质量的管控，它的起点是发货信息输入，经过仓库理货，然后质量进行出货检验。

“在这一块业务中，物流运输和客户验收都是物流部负责的，所以我打了虚线。

“在出货这个过程中，又有不合格品的管理，比如退货、补货等，同样涉及纠正预防。

“对于支持类流程，它们之间是没有严格的逻辑关系的，因为实验室挂在我们质量部下面管理，所以我把产品试验、管理供应商质量、管理计量仪器等这些业务全部放进这一类流程中。

“这就是整个管理质量模块的规划，请您看看有什么需要补充和修改的。”

说完后，唐风看着 Rose，征求她的意见。

“你规划得很好，就按此框架实施吧。”Rose 说。

两个月后的“五一劳动节”，公司开始启动了管理层的战略研讨，请顾问老师讲课，老师讲完后，钟鸣上台发言。

“首先感谢大家，这五天来，牺牲了休息时间参与这次战略管理的培训。这几天老师的讲课很精彩，我相信对大家来说也是醍醐灌顶。

“我发现，我们公司以前的战略是很模糊的，每年只有一个数字目标，没有对自身优劣势的分析，没有对市场进行精准的分析判断，也没有对客户进行选择。

“这就造成了我们的产品开发没有方向，因为不可能一款产品能满足所有客户的要求，客观上就产生了许多所谓的‘质量问题’。

“我认为，这是我们公司最大的问题。

“年初，我们基于客户使用场景成立了四大产品线，目的就是根据这些不同的场景，识别不同的客户需求。同时，我们成立了战略与 MKT 体系，专门研究公司发展战略，接下来我们将成立专门的战略研讨项目组，在座的都是公司高管，都会是这个项目组的成员。

“今年公司的管理优化重点只有三项，就是战略、流程、领导力。”

接下来，公司的 COO（首席运营官）Alice 上台汇报公司的流程规划。

她说：“我的汇报主题是打造以客户为中心、端到端的流程型组织。今年年初，我们制订了经营目标，就是在未来三年，实现产值 300 亿元，具体来说就是明年 60 亿元、后年 90 亿元、大后年 150 亿元。

“刚才钟总说了，如何实现这三年 300 亿元的目标，我们接下来要研究达成目标的路径，这就是我们的战略研讨项目。

“三年 300 亿元是我们的目标，通过战略研讨会，我们将找出实现目标的途径，即如何选择市场、如何选择客户、如何提升自身的能力。

“有了目标和途径，我们还需要一条船，载着我们驶向目标，这条船就是流程。我们有了船，还需要各级优秀的掌舵者，这就是我们接下来的领导力发展项目。我要给大家汇报的，就是如何构建这条船。

“流程就是一次次成功业务活动经验的成功复制！企业在经营过程中，流程都是天然存在的，产品从无到有的过程，就是流程。

“优秀经验的沉淀、积累、固化、传承，都是通过流程来实现的，通过流程建设，我们还能把个人能力转化为组织能力，让公司管理意图和战略规划落地！

“流程是组织的系统性、结构化思维能力，对我们至关重要！

“公司要获得利润，就必须以客户为中心，为客户创造价值，那么为客户创造价值的过程是某一个职能部门就能完成的吗？研发、销售，还是售后？这些都不是！

“我们打造流程型组织，本质上是聚焦为客户创造价值的这些业务流程，为它们打造一个合理的组织模式。

“基于‘从客户中来、到客户中去’的端到端流程理念，今年 1 月初在 1.0 版的基础上升级了流程架构，并任命了 L1 流程 Owner（责任人）。

“我们追求的，是管理制度化，制度流程化，流程 IT 化。

“流程 Owner 按这样一些原则来设定。

“第一，流程 Owner 的设置，遵循角色适配原则，通过角色，寻找对应的人员。

“第二，L1 流程 Owner 原则上为分管各领域的副总裁，由公司任命，如未设置，则向上寻找。

“第三，L2 流程 Owner 原则上为各子领域对应的部门总监，由 L1 指定，如未设置，则向上寻找。

“第四，L3 流程 Owner 原则上为各模块对应的部门经理，由 L2 指定，如未设置，则向上寻找。

“下面，我来汇报下我们爱毕生公司流程建设的思路。” Alice 停顿了一下，继续说。

“首先，成立专业团队，建立流程管理体系，把流程作为管理的对象。

“我们从业界知名企业中，挖来了多名流程管理的专家。”

说到这里，她停了一下。

“我们公司以前的业务管理存在几大痛点。

“第一，不清楚需要建立哪些流程、不清楚流程的层次关系，不清楚所建立的流程体系如何随业务而调整。这需要做好流程规划。

“第二，不清楚新建或重新设计一条流程需要经过哪些阶段，不清楚流程如何设计以满足客户的要求。对策就是要做好流程设计。

“第三，流程效率低、流程运作不规范，不清楚流程优化工作如何组织和开展。这就需要进行流程优化。

“第四，不清楚设计及优化好的流程如何描述最为规范，流程图如何绘制。对策就是要做好流程描述。

“第五，不清楚设计好或优化完成的流程如何实施推行，不清楚流程如何得到持续的监控与优化。对策就是推动流程实施。

“以上总结起来，就是三点。

“流程框架管理，就是做正确的事。

“流程活动管理，就是正确地做事。

“流程组织管理，就是负责地做事。

“以上是流程建设的第一点思路。”

看大家没有意见，她继续讲。

“其次，就是改变管理模式，把流程当成管理的对象。

“流程管理是一种思想上的革命，把以前重点关注上级的工作模式变为重点关注客户。

“它也是一次管理模式的革命，由原来的职能管理模式变成了端到端为客户服务的管理模式。

“流程管理模式有以下特征。

“第一，以目的为中心，关注目标、使命、结果和初心，而不只是完成上级任务。

“第二，以客户为重心，关注客户满意度，即是否为客户创造了更大的价值。

“第三，关注端到端流程的整体绩效，如研发、订单、客服等。

“第四，关注业务之间的合作，要求各业务紧密合作，侧重团队合作，有序协作，即上下、前后、左右的联通和有效配合。

“第五，高绩效工作方式，流程管理不过分依靠英雄，在失败的组织中没有成功者。

“第六，能指导业务开展，新员工看了流程能据此开展业务，这是流程最重要的功能。

“第七，具备持续改进的机制，在流程建设成功的基础上，实现人性化的应用。

“以上是流程管理思路第二点的解释。”Alice 一口气讲完后，继续说。

“最后，是流程文化建设。

“从年初开始，流程管理部组织了高层流程访谈，并发布流程访谈纪要。

“还有，我们重新制定并发布了流程管理制度。

“我们还做了 LTC（从线索到现金）、IPD 流程概念宣讲，组织实施了流程管理知识培训、考试、发布流程管理月报等一系列工作。

“接下来，还需要进行如下工作，以推进流程文化的建设。

“第一，流程架构解读，组织各级管理者理解流程框架。

“第二，LTC、IPD 流程推进项目组的阶段性成果汇报和宣讲，LTC、IPD 流程输出件的培训，各流程 L4~L5 流程建设，以及如何拟制流程的知识培训等。”

在演讲的最后，Alice 对大家说：“流程管理是一把手工程，沉淀与积累最成功的经验，最优秀的人的智慧！所有管理者必须清楚爱毕生的流程框架，走正确的、合适的大路，不允许走小路，更不要随意造路！”

在 7 月底的时候，唐风开始规划流程绩效的管理。

他找来手下的体系经理谭宗南，对他说：“公司的流程体系经过几个月的努力，已经初有成效，大部分的流程已制定，接下来我们与流程管理部要做流程绩效的管理。”

“怎么做？”谭宗南问。

唐风说：“我们先从产品实现开始，识别并切割产品实现的所有业务过程。这个工作，在流程管理项目推进中已大部分完成，我们只需要做些细分的工作。

“接下来，是针对每个业务过程任命过程责任人，或者是过程管理代表。

“这个我给你解释下，比如焊接过程，是一个典型的案例。

“这个过程从物料上线烤 PCB 板开始，到 PCBA（印刷电路板组件）半成品下线结束。在这个过程中，有多个部门参与了运作。生产车间，他们负责开机器、上料、电性能测试。工艺部，他们负责提供作业指导书，还有负责工装夹具的设计和管理。设备部，他们负责设备的维护和保养，以及设备异常时的处理。制程质量部，负责过程检验、产品首检、抽检等。物料质量部，负责来料的检验，而来料是焊接过程的重要输入。

“现在问题来了，如果有一天产线出现了批次性的虚焊，谁来牵头组织所有相关部门，对问题进行分析和改善？”说完后，唐风望着谭宗南。

“似乎每个部门都可以做这个工作。”谭宗南有点困惑。

“三个和尚没水吃！”唐风说。

“这就是过程代表的作用，明确了过程管理代表，无论是哪个部门的责任，只要是在本过程中产生的问题，过程代表就有义务把问题搞清楚。”

“还有最重要的一点，就是过程管理代表要组织与本过程相关的人员，把本过程的管理要求搞清楚。也就是识别过程的输出、输入、作业指导、设备设施、工作标准、培训知识六个方面的要求，并形成相应的管理规范。”

“你明白吗？”唐风问。

见谭宗南点头，他又接着说。

“任命了过程管理代表，下一步就是过程绩效衡量和统计，也就是针对每个业务过程设置合理的绩效衡量指标，并尽可能利用 IT 手段进行统计。

“过程管理的最后一步，就是过程绩效改进，也就是在识别过程要求和风险的基础上，组织实现每个业务过程的绩效改进。

“我们上半年在公司里面成立了九个质量改进小组，这些项目做完后，接下来我们将对一些重点业务过程进行专项优化。比如 LED 灯、PCB、电源的来料，以及回流焊、波峰焊、下单、光电设计、可靠性测试等过程，进行缺陷预防。

“这是我对过程管理的规划，目标是实现过程的数字化管理。

“接下来，请你组织 DQA、制程质量、物料质量等部门，识别产品实现的过程，输出过程关系图，这是我们实施过程管理的基础。”

“好的。”谭宗南收到任务，走出了唐风的办公室。

一周后，他给唐风开始讲解他的工作成果，如下图。

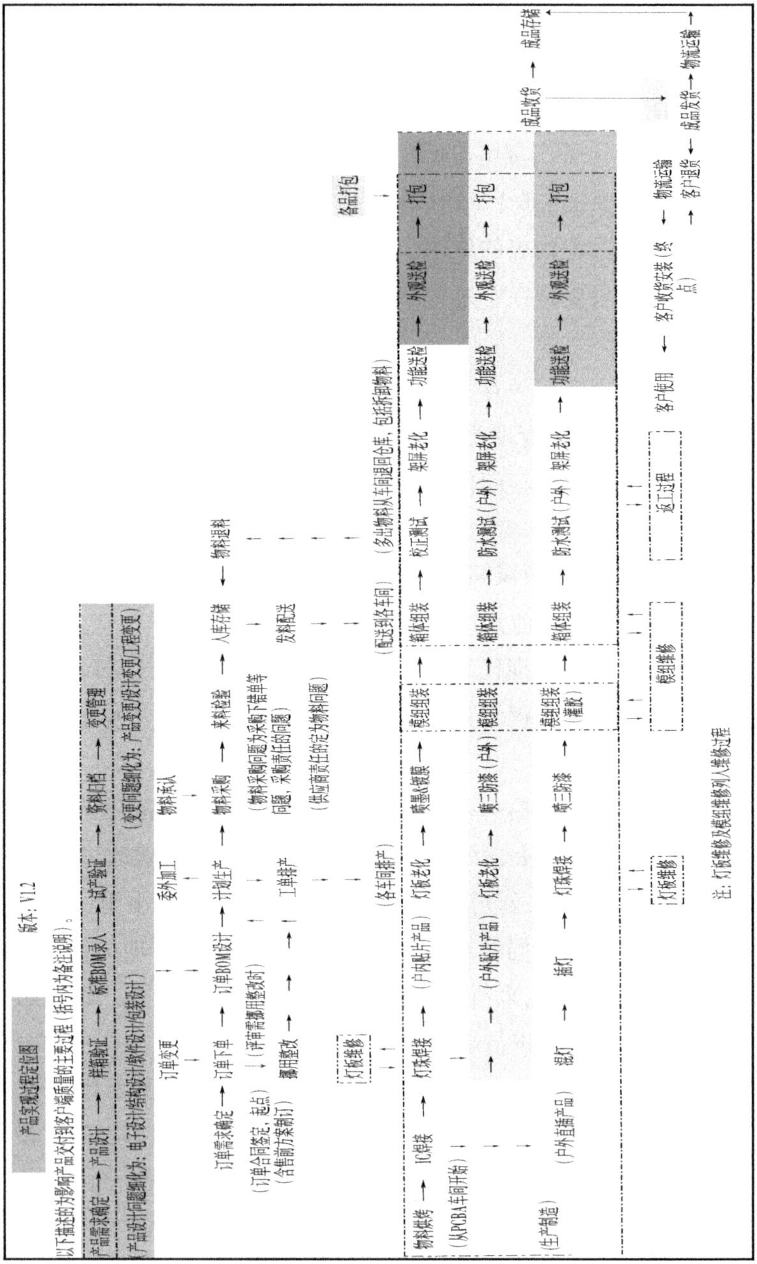
产品实现过程定位图
版本：V1.2
以下描述的为影响产品交付到客户端质量的主要过程（括号内为备注说明）。
产品需求确定 → 产品设计 → 样箱验证 → 标准BOM录入 → 试产验证 → 资料归档 → 变更管理
（产品设计问题细化为：电子设计/结构设计/软件设计/包装设计）
（变更问题细化为：产品变更/设计变更/工程变更）
订单变更
委外加工
物料承认
订单需求确定 → 订单下单 → 订单BOM设计 → 计划生产 → 物料采购 → 来料检验 → 入库存储 → 物料退料
（订单合同签定，起点）
（合售前方案制订）
（评审需挪用整改时）
挪用整改
工单排产
（物料采购问题为采购下错单等问题，采购责任的问题）
发料配送
（供应商责任的定为物料问题）
灯板维修
（各车间排产）
（配送到各车间）
（多出物料从车间退回仓库，包括拆卸物料）
备品打包
物料烘烤 → IC焊接 → 灯珠焊接 → （户内贴片产品） 灯板老化 → 喷墨&镀膜 → 模组组装 → 箱体组装 → 校正测试 → 架屏老化 → 功能送检 → 外观送检 → 打包
（从PCBA车间开始）
（户外贴片产品） 灯板老化 → 喷三防漆（户外） → 模组组装 → 箱体组装 → 防水测试（户外） → 架屏老化 → 功能送检 → 外观送检 → 打包
（生产制造）
（户外直插产品） 退灯 → 插灯 → 灯珠焊接 → 喷三防漆 → 模组组装（灌胶） → 箱体组装 → 防水测试（户外） → 架屏老化 → 功能送检 → 外观送检 → 打包
灯板维修
模组维修
返工过程
客户使用 ← 客户收货安装（终点） ← 物流运输
成品收货 → 成品存储
客户退货 → 成品收货 → 物流运输
注：灯板维修及模组维修列入维修过程

“本次过程关系图以两个流程为主线来画的。

“第一条主线，是以产品开发为主线的生命周期管理流程。

“从产品需求开始，到资料归档及后面的产品变更。

“第二条主线，是以 LTC（从线索到现金）为主线的订单交付流程。

“从客户需求提交开始，到订单下达，以及之后的一系列生产和出货过程，最后是产品交付到客户现场。

“如果我们把这两件线上的流程进行合理的切割，并管理到位，那么在客户端，就不会有所谓的质量问题。我认为，我们可以先做到这里。”

说到这里，谭宗南看着唐风，等待他的意见。

唐风说：“我有一点小建议，可以把 ITR（问题到解决）流程也放进来。

“这样，公司的三大创造价值的业务流程，LTC、IPD、ITR 都包括进来了，我们过程绩效管理的第一期就可以在此基础上开展。”

“好的，接下来基于这些过程，我与相关部门的领导来确定代表的人选，拟制一个过程管理代表的任命文件。”谭宗南说。

经过一个多月的准备，最终由质量部和流程管理部联合发文，发布了爱毕生公司《关于落实产品实现全流程过程管理的通知》，并任命了过程管理代表及其职责。

在 2020 年 1 月 1 日的公司年会上，公司老板钟鸣，对全年的管理工作进行了总结。

“今年我们工作的重点是战略、流程与领导力，从 3 月份正式启动的流程管理项目，在 10 月份正式结项，输出了公司十六大管理流程。

“在‘五一劳动节’开始运作的战略研讨项目组，最终按四条产品线和六大业务区输出了近 1700 页的战略规划文档。

“接下来，我们要将这些规划好的东西组织实施落地。

“今年的另一重点是要推进领导力的建设，我要求各级管理层要以身作则，努力学习，提升自己。”

本章点评

● 如何搭建一家企业的管理体系?

战略、流程与领导力是构建公司管理体系的三个主要模块，战略指明了目标和实现路径，确保公司在做正确的事。

流程是搭载公司实现目标的船，保证每个人正确地做事，而各级领导者是舵手，三者有机结合才能实现公司的目标。

第十一章　质量管理成熟度

为什么不同企业所采取的质量管理策略不一致

时间过得很快，唐风到爱毕生公司已经一年多了，转眼已到2019年年底，需要做2020年的质量管理规划了。

经过与下属经理们的反复讨论，质量部年度经营规划终于完成，在公司年度经营会议上，唐风代表质量部向公司管理层进行汇报。

“我先汇报下我们KPI（关键绩效指标）的达成情况，质量成本率这个指标全年没有达标，原因主要是2017年和2018年生产发货的产品带来了比较大的影响。

“今年1~11月的质量成本损失总共约2400万元，其中2018年生产产品产生的损失较多，共计1289万元，占比53%。2019年其实做得很不错，今年出厂产品所产生的质量成本损失只占1/3，而且从6月后就再也没有出现过重大不良问题。”

在汇报前，唐风对质量成本率的指标认真进行了分析，用数据来呈现他的工作成果，他要给公司管理层以信心。

接下来唐风又汇报了其他工作成绩，然后开始讲解2020年质量管理规划。

“首先，我汇报下我们质量部的部门定位，我认为主要有四点。

“第一，协助总裁在公司中树立‘一次做对’的质量文化，打造战略性质量优势，形成核心竞争力。

“如果公司每一位员工，都树立了把事情一次性做对的理念，并且掌握了‘一次做对’的方法，这会给公司带来长期的竞争优势，这种优势将是战略性的，竞争对手是花钱学不去的。

“质量文化的建设是质量管理的核心，但文化建设是一把手工程，我们质量部主要起到协助和引领作用，这是我们部门的第一要务。

“第二，组织改善出厂产品质量，提升公司品牌美誉度，支持销售签单。

“销售签单是公司的第一要务，质量部通过改善产品质量来支持销售们签单，这是我们对公司的主要贡献之一。

“第三，组织问题处理、原因回溯和策划过程管理，推动工作质量提升。

“产品质量来源于工作质量，来源于过程管理，通过对问题的回溯和体系策划，推动过程管理持续优化，也是质量部的重要职责。

“第四，辅导和推动供应商来料质量提升，支持产品交付，降低质量成本。”

见无人提出异议，他打开下一页 PPT 继续汇报，如下图。

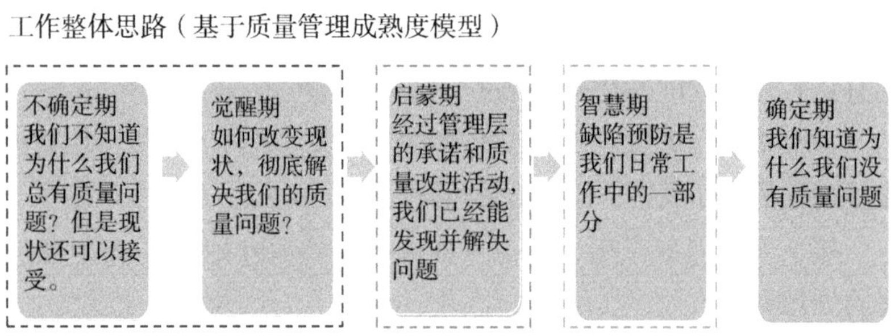

“其次，我来汇报下 2020 年的质量工作思路。

“这个质量管理成熟度模型，是美国质量大师克劳士比提出的理论，在他的《质量免费》一书有详细阐述。

“按企业质量管理水平的高低，他将所有企业划分为五个阶段，最高级者为确定期，这一阶段企业的特征就是一次做对、次次做对、事事做对。

“公司中的每个人都可以告诉客户：我们公司不会有质量问题，我们每个人都明白为什么公司不可能有质量问题。最低级者为不确定期，处在这一阶段的公司，一个典型特征就是管理混乱而没有目标，大家不知道什么时候会出现质量问题，什么时候会有客户投诉。

“在这一阶段，对于管理层来说，他们认为每个问题都是独特的，相互之间没有什么联系，因此解决问题的方法就是灭火，灭完一次火后再灭下一次。

“这个模型，我认为用在我们公司的质量规划中特别合适，我之前一直在思考质量改进策略应该如何做，现在总算想明白了。

“去年年底刚进公司时，我认为我们基本上处在第二阶段：觉醒期。为什么要这样说？因为当时公司在质量管理上有一个典型特征，我们虽然不知道我们为什么总是有质量问题，但是我们决心不让这种情况持续下去。”唐风解释道。

“还有一点，虽然我们比较重视质量，但没有一套系统的方法来解决质量管理的问题。这是觉醒期的典型特征。

“在与钟总和 Rose 的沟通过程中，我感觉他们基本处在这样一种思想状态中。还有，我们公司有明确的质量目标，而且基于此目标，每月检讨，不断改进。

“我认为，这是区别觉醒期与不确定期的主要特征。”

说到这里，唐风下意识地看了看 Rose，他看见 Rose 在点头。

“如果用五分制来描述公司的质量管理水平，我认为当时我们公司整体处在 1.5 分这样一个档位。”

唐风说到这里时，公司 COO Alice 轻轻笑着说：“我们有这么差吗？”

唐风说：“是的。

“当时公司领导层的心态可以说是到了觉醒期，但是大多数员工和中基层管理者却是处在不确定期，大家对质量问题几乎麻木了，不知道如何彻底解决问题，也没有想过要彻底解决。

“经过我们年初的管理层质量意识研讨会，我们所有的管理层达成了共识，明白了以前公司为什么总是有质量问题，以及自己在质量管理中所起到的作用，并因此成立了多个质量改进小组，来彻底解决我们面临的问题。

“在第一轮质量改进小组完成后，我们又针对焊接等核心过程组织实施了第二轮质量改进小组。

“到目前为止，我们很清楚我们有哪些问题，而且正在按计划解决这些问题。因此，我认为，通过我们一年的努力，我们目前处在启蒙期这样一个阶段。

“启蒙期的典型特点就是公司建立了质量政策，管理层也承认质量问题多的原因是自己管理不当，已经把共识开始落实到行动。

“如何从启蒙期到达确定期，中间必须要跨过智慧期。

“智慧期最典型的特征，就是每位员工把缺陷预防当成自己工作的一部分。

“具体来说，就是要做到这四点。”唐风打开一下页PPT，如下图。

目标

将管理层的承诺落实到每一位员工的思想和行动中

质 量 承 诺

对于每一件工作，我承诺会做到：

1. 仔仔细细识别和制定要求，确保我和我部门的工作输出满足内外部客户的要求
2. 高度重视过程管理，我会认真识别和管理我部门负责和参与的每一个业务过程，主动识别过程风险，预防问题发生
3. 不害怕错误、不接受错误、不放过错误，力求一次做对
4. 我对我和我部门的工作输出负责任，出现问题时认真分析，找出原因，避免再犯

“如何做到这一点呢？”唐风打开一下页 PPT，如下图。

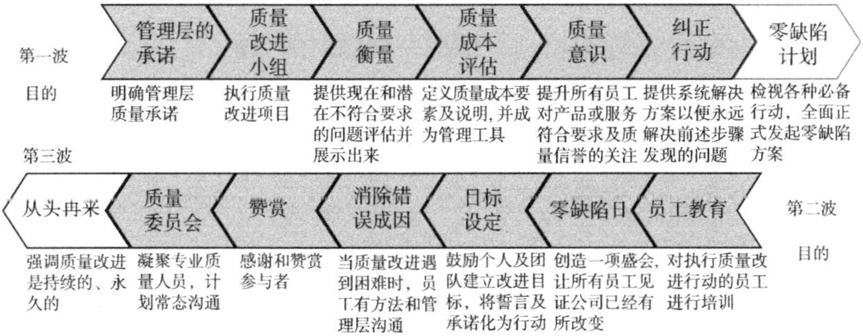

“这就是我在质量意识研讨会上，给大家讲过的质量改进过程管理十四步法。

“整个 2019 年，我们从管理层的质量承诺开始，连续实施了两轮的质量改进试点项目，其中第二轮项目还在进行中。

“接下来我们要做的，就是第七步：一次做对计划，通过检视前期的质量改进活动，发起全员一次做对行动。

“第九步是一次做对日，我要求钟总在员工大会上，宣布一次做对项目正式启动，我们每年一次的公司年会是一个比较好的场合。

“全员的一次做对活动的推进，我有两种建议，请各位领导考虑下。

“第一种方案，是全员全过程的推进。

“这是真正意义上的全员质量文化建设，可以分为准备、实施和总结三个阶段来推进。

“第一阶段，是准备阶段，主要有以下工作要做。

“第一，领导层培训与统一认识。这点今年已经做了，还有部分管理层未参加培训，需要补上。

“第二，成立领导小组及促进委员会，落实责任。这个项目的推进一定要有组织保障，还要有资源支持。

“第三，思想动员。各位管理者要身先士卒，对一次做对的理念在部门内部进行宣传。

“第四，全员理论培训，掌握一次做对的方法。”

接下来，唐风又介绍了其他两个阶段的工作内容。

讲完后，他问大家：“大家对这个方案有什么疑问？”

“你把另一个方案讲完后我们一起比较下。”老板钟鸣说。

“好的，第二个方案是一个简化版本。”唐风说。

“为什么我提出一个简化版本呢？主要考虑到质量改进要受限于公司的资源和总体规划。这个方案很简单，就是基于产品实现的全过程，针对每个过程实施‘一次做对’。

“第一，基于输出物，成立重点改进项目组。比如 LED 灯、PCB、箱体及套件来料，还有焊接、喷墨、镀膜、下单等业务过程。第二，基于过程，落实 Owner 职责，全面推进过程管理。

“具体来说，主要有以下几点：第一，负责过程的策划，明确过程输入、输出及过程控制所需要的人员、资源、方法、标准等要求。第二，负责过程的管理，不断进行过程梳理、诊断、优化实施。第三，跟进过程 KPI 的达成状况，组织跨部门团队进行分析、改进，持续提升过程绩效。第四，参与分析过程运行中的异常事故，及时完善过程管理的流程、制度、规范等文件，组织相关部门人员培训，避免再次发生。”

接下来，唐风又汇报了行动计划、重点事项、质量 KPI 目标设置等内容。

听完唐风的汇报，老板钟鸣没有立即做出选择，他要和 Rose 讨论下。

后来，经过 Rose 和唐风的仔细思考，考虑“一次做对”项目的推进工作量和人力资源限制，最后从两种方案中采用了折中的方案。以产品实现过程为主线，同时选择一些工作效果比较容易评价的平台管理部门，如财务和人事部，参与“一次做对”项目的试点推进。

本章点评

● 为什么不同企业所采取的质量管理策略不一致?

在不同的阶段做不同的事!

质量总监最需要的是审时度势，判断公司目前处在什么样的阶段，从而制定出相应的质量策略，作为一个优秀的质量总监，基于现状实事求是，是快速取得成绩的唯一方法。

第十二章 “一次做对”全员启动

如何将“一次做对”的理念全面推进

根据唐风的要求，2020 年 1 月 1 日，在爱毕生公司的营销年会上，由唐风代表质量部汇报“一次做对”项目推进方案。

年会时间安排极为紧凑，他只有 15 分钟的时间来演讲。

“各位领导，合作伙伴，大家好！现在由我来给大家汇报爱毕生公司“一次做对”推进方案。

“我的演讲主题是：落实缺陷预防、打造可信赖组织。

“我们为什么要推行‘一次做对’？请看 PPT。”他指着 PPT 说道。

我们值得信赖吗？

核心价值观

诚信、感恩、负责任

产品线	开箱不良客诉订单数（使用时长 $0\leqslant n\leqslant 1$）											合计	总出货单数	开箱不良率
	1月	2月	3月	4月	5月	6月	7月	8月	9月	10月	11月			
舞台线	2	2	3	3	3	5	2	7	3	4	1	35	882	3.97%
商显线		1	1	8	2		5	2	4	1		24	1669	1.44%
广告线			1				2	2	2	1		8	685	0.88%
数据可视化	1			1	1			1		1		5	157	4.46%

“这个表中的数据是我们开箱不良的订单数量，数据来源于售后服务部。我们可以看到，平均每个月有 6 个以上的订单在开箱环节就出现客诉。

“我们公司的核心价值观是诚信、感恩、负责任。按我的理解，诚信就是说到做到，但是我们今年的前 11 个月，有 72 个订单没有做到。

“因此，我问大家：我们值得信赖吗？”

说完后，唐风打开下一页 PPT，如下图。

我们离卓越还有多远？

愿景养浩然工气，筑山上之城。成为守诚信、重品质、敢担当、谋共赢的商业文明标杆。

月份	1月	2月	3月	4月	5月	6月	7月	8月	9月	10月	11月	累计
质量损失费用（万元）	202	196	229	168	126	309	476	19	592	104	225	2646
产值（万元）	21063	8656	18813	19502	16472	18027	18084	18408	13992	15388	20272	188677
质量成本率（不含鉴定预防）	0.96%	2.26%	1.22%	0.86%	0.76%	1.71%	2.63%	0.10%	4.23%	0.67%	1.11%	1.40%

备注：质量异常产生的真正损失一般为直接损失的 3~7 倍

他用非常洪亮的声音说：“我们公司的愿景是成为守诚信、重质量、敢担当、谋共赢的商业文明标杆，这是非常卓越的境界。

“请看右边的表格，这是我们每个月的直接质量成本损失，主要是客诉处理损失。

“按行业的大数据统计，质量异常产生的真正损失一般为直接损失的 3~7 倍，按这个口径，我们真正的质量损失超过了 1 亿元人民币。

“如果我们能把工作一次性做对，我们公司的利润可以翻一倍！

“这就是我的问题：我们离卓越还有多远？

“接下来我再讲三个具体案例。

“第一个案例是产品虚焊。

“A 产品在 2019 年 5 月首次量产时，灯出现批次性虚焊，由于来料和制程控制失误，造成几千个模组全部生产完毕后，这个问题才反馈上来。虽然反复筛选，但出货后，在客户处仍出现较高比例的灯焊接不良，最后给客户重新换屏，直接损失 280 万元。

“这个问题表面的原因是来料不良，制程反应太慢，但背后的原因是我们在焊接过程的管理这一环节上能力太弱，对 PCB 来料的风险识别做得不到位。

“第二个案例是面罩设计不良。

“B 系列产品因为面罩孔设计偏小 0.2 毫米，导致在热胀冷缩时面罩挤灯，产生批量性死灯，在 2016—2018 年期间，共有 13 个订单产生客诉，直接客诉费用 110 万元。这个错误的真实损失大约是 500 万元。一个 0.2 毫米的偏差，最后造成这样一个结果，大家有什么感想？

“第三个案例还是焊接能力的问题。

“C 系列产品由于灯珠焊接推力不达标，在 2018 年 9 月—2019 年 3 月发生 5 起掉灯投诉，直接损失 456 万元。一个看起来微不足道的问题，最终造成的损失往往以百万元人民币来计算，所以我们必须要求每位员工落实‘一次做对’的要求！

“以上是我们要推行‘一次做对’的原因，下面我来介绍下如何实现‘一次做对’。

“首先，我们要定义什么是‘一次做对’。

“‘一次做对’，它包含三层意思。

“第一，做正确的事情。什么是正确的事情？我的理解是帮助客户取得成功，帮助员工取得成功，帮助供应商取得成功。

“第二，正确地做事情。

“第三，第一次就做对。

“所以汇总起来，就是一句话，第一次把正确的事情做正确。

“借用克劳士比质量管理成熟度模型，我来介绍下‘一次做对’的实现途径。

“经过我们一年的努力，我们公司的质量管理水平从觉醒期进入了启蒙期，接下来要进入智慧期。这个阶段的典型特征，就是让缺陷预防成为每个人工作中的一部分。

“如何实现这一目标？答案就是零缺陷质量改进过程管理十四步法。

“这是一个完整的流程，分为两部分，第一部分是从上到下的推动，我们今年已经做了前面六个步骤。

“第二部分是从下到上的改进，今天我们做的是第九步：‘一次做对’启动日。

“十四个步骤做完后，是从头再来，如同铺砖一样，一步一步地迈向目标。

“为什么通过这样一个十四步法可以实现‘一次做对’？”

唐风自问自答。

“十几年前刚接触零缺陷时，所有人都认为它是一个‘洗脑’的工具，我也不例外。经过近十年的研究，我发现它是有理论基础的。它就是零缺陷管理四项基本原则和过程模式作业表。

“这四项基本原则简单说来就是明确要求、预防在先、一次做对、科学衡量。

“过程模式作业表的内涵就是，所有的工作都是一个过程，只要实现了每一个过程的零缺陷，就能实现整体结果的零缺陷。

“具体到团队和个人层面，‘一次做对’分为六步来实施，即明确要求、识别差距、预先防范、心行到位、衡量分析、持续改进。

“如何实施这六步，到时我会给大家培训。

“大家一定要相信，只要我们拿出百分百的态度，‘一次做对’是可以实现的。”

接下来唐风打开下一页 PPT，上面呈现的，是赛艺能老板彭坚强签字承诺的会议纪要。

继续说：“我讲一个 2019 年第一期质量改进小组的真实案例。

“赛艺能是我公司主力箱体供应商，在 2019 年年初，因为其来料不良，造成我公司几乎天天返工，大家向我反馈，说我们爱毕生公司变成了赛艺能的返工车间。

“3 月份我们立项成立质量改进小组，第一个月没有起色。后来 3 月底我与制造中心的余总去他们公司，我俩一个唱白脸，一个唱红脸，逼着他们老板签了这个字。

“如果本月不达标，下月有批量返工，他不能派工人来干，必须亲自动手做。结果，从此以后，赛艺能送过来的箱体，在我们车间就没有了批次性不良问题。

“我是这个项目的指导老师，当时我帮助他们通过问题找出过程薄弱点，推行过程管理，效果非常显著，请大家一定要对我有信心，对质量部要有信心！”

接下来，唐风又汇报了“一次做对”推进计划。

待唐风演讲结束后，公司老板钟鸣上台，给唐风颁发了“一次做对”项目总监的委任状。

这也是唐风要求的，目的就是让公司全体人员感受到公司对这个项目的重视。

会后，唐风又与各部门领导确定“一次做对”项目组的参与代表，提交公司正式发布项目任命。

2020 年 1 月中旬，唐风主持召开了“一次做对”项目开工会。

会上，唐风首先宣布了两项任命书。

第一项是《关于“一次做对”质量文化变革（一期）项目组架构及成员任命的通知》。

第二项是《关于落实产品实现全过程管理的通知》。

他说：“我们前些日子任命了过程管理代表，但是没有做后续的动作。原因很简单，就是在等‘一次做对’项目的任命，我想把两件事合成为一件事来做。”

解读完任命，唐风开始给项目组全体成员及过程管理代表培训。

“各位，今天培训的主题是‘一次做对’，目的就是讲解如何通过过程管理和文化变革，将工作一次性做对。

“大家不要认为‘一次做对’只是一个洗脑的理念，实际上它是有方法论的。

“它的理念基础主要有两项：第一，是零缺陷管理四项基本原则，有时也说是五项基本原则，其中最后一项原则是没有所谓的质量问题，要按问题的源头来定义问题，最高管理者要对质量负责，并以此为基础，分解给各级主管，再分到全体员工。第二，是过程模式作业表。所有的工作都是一个过程，不管做什么工作，都可以运用这个表来进行管理。只要我们实现了每个过程的零缺陷，就可以实现结果的零缺陷。”

接下来，唐风讲解了零缺陷五项基本原则的具体内容。

他总结说：“零缺陷管理的五项基本原则可以用一段通俗的话来表示。

“质量就是符合要求，这个要求包括客户、政府、中间代理商等各个相关人员的要求。

“如何才能做到满足要求呢？从方法层面，就是通过预防问题产生来实现。从态度层面，就是确保每位员工，以‘一次做对’的决心来面对自己的每一项工作。

“如何衡量我们工作的成效？就是通过不符合要求的代价来衡量。

“一次做对，的确很难。因此，当某件工作没有实现‘一次做对’时，每个人应该对自己的工作失误负责任，认真分析原因，避免再犯，而不是把责任推给质量部门。

“这就是五项基本原则的内涵。

“下面我用一个已经完成的项目，来讲解零缺陷过程管理模式在质量改进过程中的应用。

“这个项目就是我们今年上半年启动的九个项目之一：结构设计过程优化。”

唐风指着下面的 PPT 开始讲解。

由于结构设计错误导致的直接损失（客诉、生产异常）：

项目	改善前	改善目标
结构设计过程优化	1.2018年因结构设计问题导致的产品质量成本,在客户投诉端需维护产生的质量成本192万元，生产中造成的返工损失为23万元 2. 2018年新产品合格率为55.9 %	1. 降低因结构设计问题导致的产品质量成本：使客户投诉和生产返工产生的质量成本下降50% 2. 提升新产品合格率达85%

（数据来源于公司财务）

“为什么当初要把它摘出来，作为质量改进的试点项目？

“主要原因有两点：第一，以前结构设计问题比较多，项目如果做成功，有一定的代表性，项目成果可以复制和推广。第二，项目本身没有太高的技术难度，成功的把握较大。”

说完后，唐风指着下面的图，说：“这就是我们项目的成果。

2019年客诉研发结构异常损失金额

部门	1月	2月	3月	4月	5月	6月	7月	8月	9月	10月	11月	12月	累计/元
研发一部	0	410954	27526	3650	27392	0	0	0					469522
研发二部	0	0	0	0	0	0	0	0					0
合计	0	410954	27526	3650	27392	0	0	0	0	0	0	0	469522

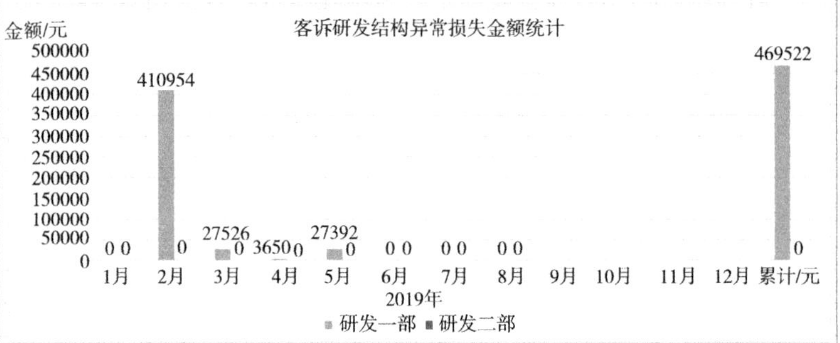

2019年研发结构制程损失金额													
部门	1月	2月	3月	4月	5月	6月	7月	8月	9月	10月	11月	12月	累计/元
研发一部			1800	11460	4710	0	1860	2813	0	0	0	0	22643
研发二部			4110	4290	0	0	1080	2580	0	0	0	0	12060
合计	0	0	5910	15750	4710	0	2940	5393	0	0	0	0	34703

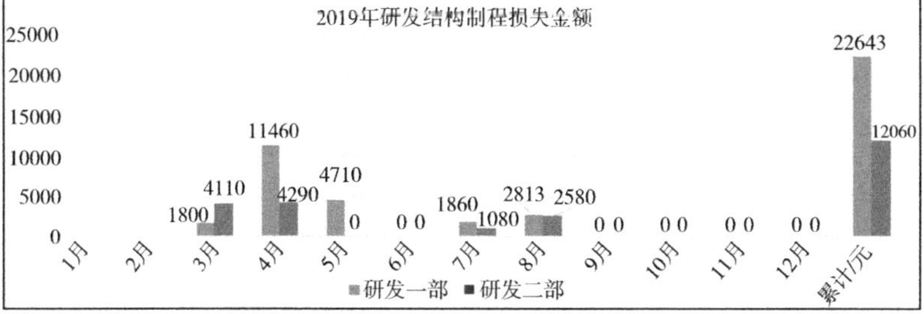

项目	月份	1月	2月	3月	4月	5月	6月	7月	8月	9月	10月	11月	12月	累计
研发一部	合格产品数量	4	4	3	4	3	4	4	7	1	8	10	12	64
	投产新产品总数	5	4	3	5	3	4	4	7	1	9	11	12	68
	新产品量产合格率	80.00%	100.00%	100.00%	80.00%	100.00%	100.00%	100.00%	100.00%	100.00%	88.89%	90.91%	100.00%	94.12%
研发二部	合格产品数量	0	1	6	3	1	4	7	5	2	1	2	4	36
	投产新产品总数	0	1	6	4	1	4	9	6	2	1	2	4	40
	新产品量产合格率	#DIV/0!	100.00%	100.00%	75.00%	100.00%	100.00%	77.78%	83.33%	100.00%	100.00%	100.00%	100.00%	90.00%
研发部	合格产品数量	4	5	9	7	4	8	11	12	3	9	12	16	100
	投产新产品总数	5	5	9	9	4	8	13	13	3	10	13	16	108
	新产品量产合格率	80.00%	100.00%	100.00%	77.78%	100.00%	100.00%	84.62%	92.31%	100.00%	90.00%	92.31%	100.00%	92.59%

“我们这个项目是2019年3月立的，立项前，因为结构设计不良问题每月造成的质量损失大约是20万元。立项后，从4—12月的这段时间，平均每个月质量损失不到0.7万元，最近4个月更是降到了零。

“这是如何做到的呢？”唐风又打开下一页PPT，如下图。

优化思路：

1. 梳理 过程活动图，确定过程输出
2. 问题 分析与定位
3. 确定 过程输入内容与要求
4. 确定 工作标准、程序、设备与设施、知识与培训等要素的内容
5. 针对 五大要素（输入、工作标准、知识培训、设备设施、作业程序），制订控制方法与反应计划
6. 明确 要求：一次性做对

“这个PPT是我让肖仁重总结的，也是我把零缺陷过程模式作业表这个工具在研发过程管理中第一次正式运用。

“所有的工作都是一个过程，结构设计也不例外。

“这个过程的主要输出物是图纸、BOM、承认书，这些都来自我们这个一连串的过程。”唐风指着PPT说，如下图。

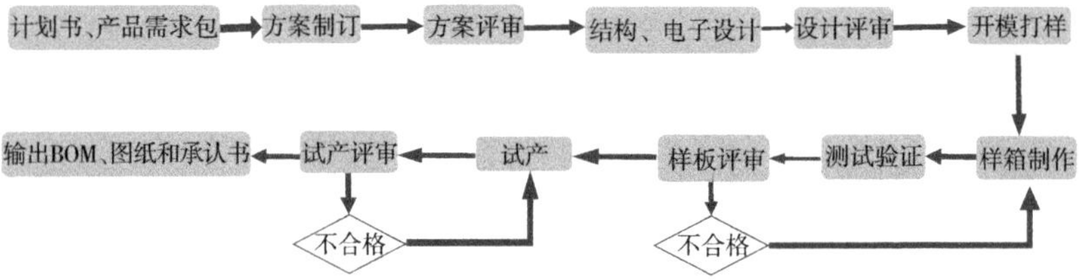

活动过程图

“我们做过程优化的第一步，就是梳理过程，识别过程的客户。以结构图纸为例，谁使用它，谁就是我们过程的客户。

“哪些人要使用到图纸？”唐风问大家。

“供应商、采购、IQC、中试部。”下面的人一个个地列举。

“很好。”唐风继续说：“从商务层面，我们爱毕生是客户，但从过程层面，我们的供应商是我们研发部的客户，因为研发部的输出，就是我们供应商生产的输入。我们的输出一定要满足供应商的要求。”

唐风话锋一转，又开始问大家：“同样作为研发部的客户，采购部、IQC和供应商对图纸的要求完全相同吗？”

“我认为不一样。”SQE 主管邓江站起来说。“采购部对图纸的要求，主要是及时、正确、版本变更后要修改料号。而供应商则要求图纸描述准确、内容正确，更重要的是与供应商的设备相匹配，产生的废料比较少，生产效率高。

“还有一点，就是图纸升级后，按我们公司要求，研发部要变更料号。对于供应商和 IQC 来说，如果不能准确知道新旧版本之间的差异，一个会容易制造错误，另一个则容易漏出错误。

“另外，IQC 对图纸的关注点与供应商又不同，我们要求图纸描述准确、不含糊、检验重点尺寸在图上明确标识出来。”

“说得好！”唐风大声回应。

“因此，梳理过程活动图，识别客户，就是我们这个项目的第一步工作。

“第二步就是对于过程输出物的问题汇总、分析和定位。

“比如，2017 年面罩死灯问题造成直接客诉损失超过 100 万元。

“经过分析，我们认为主要是之前的面罩设计规范模糊造成的，设计规范没有对灯与面罩的间距做出明确要求，导致不同的工程师设计出来的面罩差异很大。

“这个问题的源头，就是工作程序这个要素出了问题。

“实际上，知识和培训、工作标准与工作程序是密切相关的，因为工作程序不清晰甚至没有明确的工作程序，培训就很难有效开展，出了问题也不容易追究责任，因为要求不明确。

“再举个例子，我们的产品 A12 在市场上出现漏水被客户投诉。经过调查，发现这个产品在立项时就有问题，立项时的防水要求是 IP54，用于半户外环境，而实际要求是 IP55，也就是全户外环境。

“这个问题的定位是输入不正确造成输出错误。

“以前，我们产品立项这一过程的问题比较多，原因很简单，就是管理比较模糊，往往是产品经理签完字，研发就开干。

“我们成立这个项目组时，正好公司在推进 IPD 流程。

“所以后来的产品在立项时，会以项目任务书的方式，由PDT(产品开发团队)中各领域代表评审后，报产品管理主任审批，工作做得很细，自然问题就少了。

“针对工作标准这个要素，我们这次主要增加了薪酬、奖罚、绩效等方面的管理制度，在员工违反规范造成错误时严格追究责任。

“另外，公司推行按项目对公司的贡献来实施奖励，这对开发项目组也有很大的激励作用。

“还有，我们修改了新产品的量产合格标准，以前是损失在1万元以内，产品就算合格，现在是完全按量产的质量标准来定义的。

“所有这一切，目的只有一个，就是让开发团队保持一个良好的工作态度。

“在工作程序这个要素上，大家都清楚，我们以前的设计规范模糊，重点不突出，无法有效指导工作。有些设计规范甚至是缺失的，比如产品包装设计规范，这也是我们多次出现运输不良的根本原因。

“在本项目中，我们优化了十项设计规范，包括底壳、吊梁、落地架、防水、面罩等，同时还新增了两项设计规范，优化了四个设计流程。

“为了让这些设计规范和流程落地，我们又制定《研发工程师任职资格管理办法》，对研发工程师进行全方位的培训和考核。这样，就改变了以前师傅带徒弟的培训方式。我们这样做的目的只有一个，就是保证这个过程所涉及的不同岗位的操作人员都具备足够的能力，能将工作一次性做对。

“最后，我再说下设备设施这个要素的优化。

“我们以前经常出现结构与电子互相干涉的情况，在本项目中，我向研发建议，购买仿真软件。目的就是让设备设施这个要素能够支持过程的运作，确保过程输出能满足客户要求。

“通过这个项目，我们可以看到，过程管理的目标就是通过控制一个过程的运行，使其不能产生缺陷。”

讲完后，唐风问大家：“对于过程方法的运用，大家还有没有疑问？如果有，请站起来说。”

看无人起立，唐风又说：“五项基本原则是‘一次做对’推进的理论基础，过程方法是‘一次做对’落地的核心工具。

“下面我介绍质量文化建设的十四步法，也就是 QIPM(质量改进过程管理)，它是公司层面推进‘一次做对’的作业流程。”

介绍完十四步法后，唐风继续培训。

“下面我给大家介绍下‘一次做对’的推进方案，主要是针对团队和个人工作的六步法。

“第一步是明确要求。

“什么是对？满足了要求就是对，否则就是不对。”

他指着 PPT 说：“这是《哈佛商业评论》上转载过的一张图，顾客本来要这样一个秋千，结果经过销售、工程、生产、安装各个环节后，变成了最后这样一个东西。

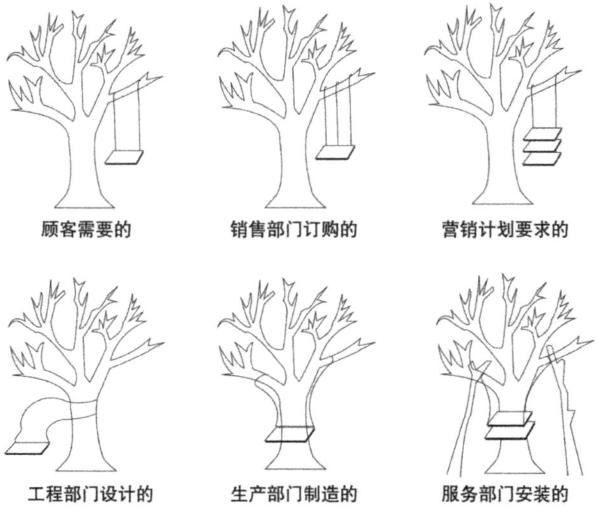

“这是顾客需要的吗？显然不是！所以这肯定没有做对。要求

一定要明确，凡是没有明确的要求，一定无法有效满足。凡是没有明确的要求，不可能‘一次做对’，过程中一定会耗费更多的资源。

“没有明确的要求，最后一定会让管理者忙、累、乱、烦。

“要求不明确时，会让操作员工无所适从。”

他指着 PPT 说：“这是‘一次做对’的 PPO 模型，它包含三个要素：目标、过程和人，PPO 来源于三个英文单词的第一个字母。

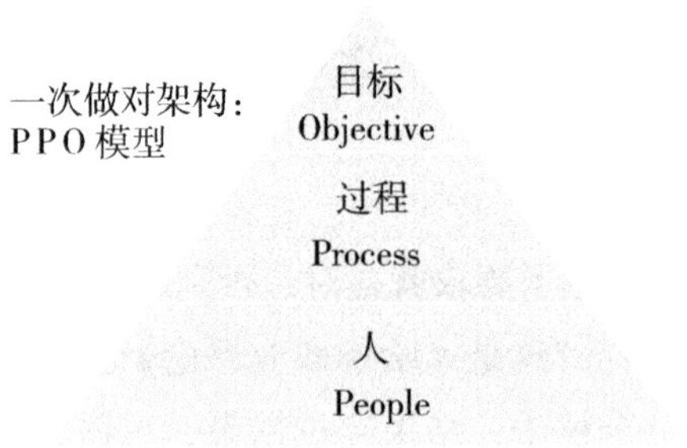

“‘一次做对’，第一步要明确目标，而目标是通过过程管理来实现的。在过程管理过程中，人是最核心的要素，所有工作都是要通过人来完成的。人的能力和态度对于目标的达成至关重要！

“第二步是识别差距。

“如何识别差距？可以从三个方面来实施。

“首先看结果，我们可以通过‘一次做对’率和 KPI 达成率来衡量。

“其次看对比，我们可以与客户需求的标准比，与行业标杆比，与竞争对手比，与计划目标比。

“再次看行动，刚才我们讲了过程管理的几大要素，我们可以检讨我们对这些要素的管理，是否还存在问题。

“最后是识别差距要验收。

“干部要对员工进行识别差距培训，明确任务，教导方法。每个员工的差距识别按所在组织验收，对找得不准的要返工。每个部门的差距识别要由职能部门进行统计，然后组织验收，不合格者要重来，奖优罚劣。

“第三步是预先防范，它是针对过程中存在的问题和风险，事先进行识别，制订预防对策。预先防范的基础，首先要明确过程的输出物是什么，谁是过程的客户，也就是谁使用这些输出物。接下来，要明确客户对于输出物和过程的要求是什么。”

说完，唐风指着下面的图说：“在此基础上，明确过程各个要素的要求，这个图是我给大家反复培训过的过程模式作业表，是我们做过程管理和问题分析的基本工具，大家一定要掌握其运用方法。

所有的工作都是一个过程

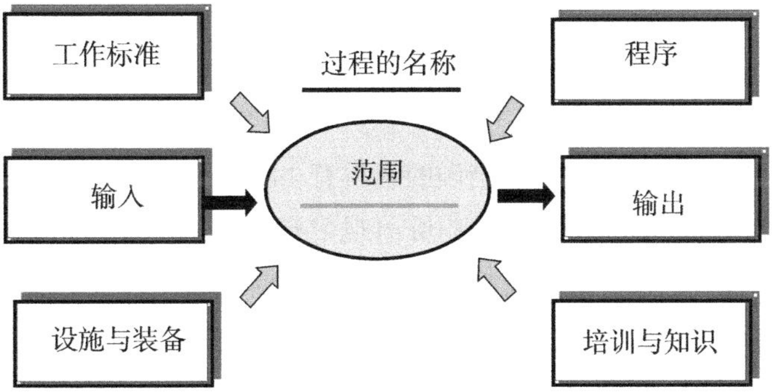

“在这一步，我们要做到，全员消差，不留死角；消除瓶颈，突破关键；识别变化，事先应对。在做这一步工作时，心态很重要。重要的不是有差距，而是做什么来消除它。没有不可能，只是暂时没有办法。

“第四步是心行到位，我们必须要求全体员工具备‘一次做对’的意识，将‘一次做对’融入工作的每个环节。当行为偏离时，应以心领行，以行践心，尤其是要贯彻标准动作、标准流程，让工作标准化。

“第五步是衡量分析，衡量原则有三个。

“一是用经济法则而不是百分比，记住，质量好坏是用钱来衡量的。二是让各岗位自我衡量。三是客观、准确、不受干扰，不受威胁。具体操作方法可采用员工自我衡量、班组及班组之间衡量对比、各部门衡量来实施。衡量后要进行分析，从报废、返工、客诉等方面来开展。

“第六步是持续改进，‘一次做对’是一个艰苦卓绝的过程，绝非一朝一夕可实现。它需要我们每天持续的进步，群策群力，不断改进。”

停了一下，唐风继续说：“下面我用一个具体案例，来给大家解释如何使用这个六步法，来达成目标。

“在我们显示屏行业，每个订单，客户都要求配备一个备品包，这个包里除了电缆、网线、U 盘等工程附件，还有备品模组、转接板等物料。

“2019 年，针对备品错误的客诉有 14 单。

“我们爱毕生公司文化和价值观中有一条，一切结果归根结底都是能力不足导致的。我很认可这一点，我认为，造成备品投诉率居高不下的根本原因，就是我们备品包装这个过程的能力不足，解决问题的核心，就是提升这个过程的管理能力。

“备品包装这个过程的输出物是什么？”唐风问。

“是备品包。”备品车间的主管冯亮站起来回答。

“正确！”唐风说，接着又问：“谁是我们这个过程的客户和相关关系人？”

车间经理刘军站起来回答：“客户就是我们产品的使用方，相关联的关系人有很多，比如 QC 检验员、计划员、仓库等。”

“很好，刘军同学，我们的客户对备品包有什么要求？”唐风问。

“满足其订单要求，数量型号正确，包装正常，功能满足要求。”刘军回应。

“这些关系人对备品包的要求有什么差异？”唐风继续问。

“计划的要求是按期交付，QC 的要求是数量型号正确，包装坚固，标识正确，产品和外包装上贴有条形码，可追溯。成品仓库的要求是外箱条码、唛头与订单相符，包装坚固规范。”刘军回答。

“正确！不同的关系人对过程的要求是不一致的，我们做过程优化，第一步要做的是识别过程的客户和关系人，再了解每个客户和关系人对过程和输出物的要求，这是我们开展工作的基础。”唐风说。

“再看输入，我们包装过程的输入有哪些？”

刘军回答说：“计划员下发的备品工单、仓库按工单下发的物料、销售下过来的订单需求确认表，这些都是输入。但是这些输入的正确性，与订单 BOM 的正确性有很大关联，如果订单 BOM 错误，仓库发过来的物料肯定错。所以订单 BOM 的正确率，会严重影响我们这个过程的输入。”

唐风对刘军说：“回答得很好，看来刘军同学的学习能力不错。

“在过去一年，因为备品包装过程产生的客诉总共有 14 起。当然，原因是多种多样的，但都有一个共同点，就是由于过程的输出物不符合客户的要求造成的。

“简单一句话，就是我们对备品包装过程的管理能力不足，我们的目标就是要提升这个过程的能力，确保实现‘一次做对’。

“今年，我们打算针对备品包装这个过程，成立‘一次做对’改进小组，相对于去年的 14 起客诉，12 万元损失，我的目标是至少改善 50%，挑战零客诉。

“刘军，你相信你能做到吗？”唐风问。

刘军回答：“有您的指导，我相信能做到。”

“不能事事依赖我，如何做到这一点，你有思路吗？”唐风继续问。

刘军回答说：“刚刚您已讲过了，用过程模式作业表。”

唐风说：“表是死的，人是活的，在做项目时一定要激发员工的积极性和创造力。

“这就是我说的 PPO 模型：目标、过程、人。

“目标要有挑战性，它通过过程优化来实现，但最核心的要素是人，人的积极性和创造力才是达成目标的保障。”

培训完后，唐风继续说：“今天到场的各位，都是我们‘一次做对’一期项目组的骨干，开完这个会，马上是春节，节后上班后，请大家把本小组的推进计划发给我和我的助手谭工审核。”

本章点评

● 如何将“一次做对”的理念全面推进?

按质量文化建设十四步的方法，先进行从上到下的试点项目启动，这些项目成功后，再在公司中全面推进，把成功的方法和理念进行推广，从目标、过程、人三个方面入手。

第十三章　打头阵的备品包装项目

如何扩大改进样板

备品包装过程优化是唐风选定的样板项目之一，早在 2019 年 12 月底，他就安排手下的客诉工程师，对备品不良造成的客户投诉进行汇总，发现 2019 年共出现了 14 起，直接经济损失超过 12 万元。

这些不良问题中有的是物料发错，有的是数量不足，有的是发出去的结构件物料因为孔位错误无法安装，有的是发给客户的 U 盘无法使用。

但是这些客诉事件，都有一个特征，就是备品包不合格，也就是说，备品包装过程能力不足，其输出物差错率高。

唐风把手下两个经理王浪和徐铮叫到办公室，对他们说："去年因为备品包不良问题，产生的客诉达到 14 起，直接质量损失超过 12 万元。

"因此，我们要发起一个备品包装'一次做对'项目。我想把它当作一个标杆项目来抓，主要原因是这个过程相对简单，没有技术难度，成功把握大。更重要的是，它目前问题较多，改善后的效果很容易呈现。"

王浪和徐铮赞成："的确如此。"

于是，唐风打电话叫来备品包装的车间经理刘军，四个人一起讨论。

唐风说："刘经理，我们显示屏行业，每块屏都有一个备品包，包中有模组、转接板、网线、电源线等多种物料，我们车间专门有一个备品包装组，负责打包备品。

“我分析了过去11个月的客诉，发现由于备品不符合客户的要求，而造成的客诉有14单，直接经济损失超过12万元。

“这点你清楚吗？”

刘军说：“我知道，每起备品客诉，你们质量部的客诉工程师都会找我。但是，这里面存在的问题很多，有的是订单BOM做错导致，有的是供应商混料导致，有的是挪用别的工单时计划员搞错了，并不完全是我们车间的错误。”

唐风说：“我知道你的意思，我并没有指责你，找你过来，是想与你讨论如何解决这些问题。

“我想问下，现在客户端出现这么多备品问题，我们内部在备品包装和送检过程中存在的问题多吗？”

刘军回答：“问题太多了！今年到现在为止，我们备品包装自检发现问题150多起，几乎每天都有异常。”

“那就对了！”唐风说：“客户端有那么多问题，我们内部一定也有很多异常，我认为，根本原因就是备品包装这个过程的管理能力太弱。

“从过程管理的角度来看，订单BOM、仓库发过来的原材料、计划员下发的工单信息，都是这个过程的输入。

“现在输入的问题很多，而你的员工和我的检验员不能有效地发现不良，导致输出到客户端的备品包问题也多。

“一句话，就是备品包装过程能力不足。

“我计划春节后，在全公司内推动‘一次做对’项目，你的备品包装过程优化我想把它立项，你觉得怎么样？”

“好的，我也很烦这些乱七八糟的问题。”刘军回答得很爽快。

“好，那就这么定了，我先把这14起问题的清单发给你，再结合你刚才反馈的150多起异常，按照我给你们培训过的零缺陷过程作业模式表，从输出、输入、人员能力、人员态度、作业指导、设备设施六个要素来进行定位，输出分析定位结果，再来给责任部门分配任务。

“比如，订单 BOM 做错导致备品出错，就属于输入不良，这就得要求前端的订单 BOM 设计组拿出改善措施来。

“再如，仓库发到生产线的物料中出现混料，这个也是输入不良，需要仓库和物料质量部推动供应商解决。

“还有，有些问题明明是你的包装员工可以发现的，但是他做事不认真，没有发现流出去了，这属于态度的问题。

“有些物料仓库发错了，属于输入问题，但是你的员工由于缺乏知识，不能识别这些错料，导致问题流到客户端，这个是属于工作能力不足，你要进行培训。”

担心刘军不理解，唐风一口气举了好几个例子。

“知道了，我马上去做，三天后输出分析报告。”刘军回答。

三天后，在唐风的办公室，对着刘军的分析报告，两人开始讨论。

“刘军，你的数据分析做得还不错。现在我们一起来讨论下项目开展的思路。

“首先，我问你，备品包装过程的输出物是什么？”唐风问。

“是备品包。”刘军不假思索就回答。

“不错！我问你，谁是这个过程的客户？”唐风问。

“屏的使用者和购买方。”刘军回答。

“他们对备品包有什么要求？”唐风问。

“满足订单要求，其中功能、性能、数量、包装、外观都要满足客户要求。”刘军回答。

“好！”唐风很满意刘军的回答，对他说：“你把我们备品形成的过程说一说，我们要先梳理下过程。”

刘军说：“这个过程其实很简单。

“首先，下单时销售会在订单需求确认表中，下一个备品包。

“其次，订单 BOM 组会基于订单需求确认表，进行编辑转换，输出一个订单 BOM。

“最后，基于这个 BOM 进行物料采购，在备品包装时，计划员会开一个备品生产工单，仓库按工单发料到生产线，生产线完成包装和自检后送 FQC 检验，检验合格后入库。”

刘军一口气介绍了备品包生成的全过程。

听完后，唐风开始发问：“这个过程的输入要素有哪些？”

刘军回答：“一是实物，就是仓库发到生产线的原材料和半成品。二是信息，主要有订单需求确认表、配置清单和订单 BOM、SAP 系统里面的工单。

“从过程管理的角度来看，我们大多数的问题是输入型问题，由于我们包装作业错误造成的客诉还是比较少的。”

唐风说：“要学会向内看，虽然是输入型问题，但是你们包装人员要学会自检和互检啊，从你车间出去的备品，你就必须对它的正确性负责，有问题我当然会第一个找你。”

“这个当然，我对我的工作输出负责，这是今年的质量意识研讨会上，我们所有人都签字承诺过的。”刘军回答。

“那好，你谈谈如何做好这个项目，把备品包装的过程能力提升起来？”唐风问。

“您上次给我们培训过零缺陷过程管理方法，其中有三句话我记住了。”刘军开始发表自己的看法。

“识别输出，控制输入，做好本分。

“输出的要求刚才我已经讲过了，我现在把控制输入的思路给您汇报下，请您指点。

“在备品包装过程，输入的实物是仓库发来的原材料，如电源线、面板、网线、电源、IC、U 盘等，还有半成品，如模组、转接板、控制器、视频播放器等。

“对于这些实物，我们要求其数量、型号、功能、性能、外观等必须满足相应的标准。

“如何做到这一点？我认为，重点还是在仓库和质量部的物料质量部。仓库要保证数量、型号正确。物料质量部要保证其性能、功能、外观满足相应的要求。”

“讲得不错！”唐风表扬了刘军，接着问：“如何能让仓库和物料质量部做到这些？”

刘军回答：“至于数量和型号，我们有一个仓库配料作业流程，通过这个流程来保障。

“至于功能、性能和外观，这些主要是供应商和来料检验流程来控制的。”

“对。”唐风接下来开始解释。

“对于另外几个输入物，比如订单需求确认表，它的质量是由下单过程来保障的，有问题我们要优化下单过程，提升其过程能力。

“同样，对于订单 BOM 和配置清单，其质量是由订单 BOM 制作过程来保证的，我们要优化订单 BOM 制作过程。

“至于做好本分，你是如何理解的？”

刘军回答：“过程里的其他几个要素，如人员的能力、工作态度、软硬件设施、作业指导等，也很重要。只有在识别输出的基础上，明确对这些要素的要求，找出目前的差距，进行优化。这些都是我的工作，做好是本分。

“比如，一部分员工不具备物料识别能力，仓库发错了物料，他识别不出来，照样包进去，就可能导致客诉。

“还有，公司的 MES(制造执行系统)早已投入使用，但在备品包装这边还未实施。我要找 IT 部门，让他们尽快在备品车间实施，万一仓库发错了物料，通过扫描比对就可以发现。

“这就是对软硬件设施这个要素进行优化，以提升过程能力。”

讲完后，刘军望着唐风。

唐风说：“真是好学生！理解得很好，你按这个思路，拟订一个项目计划，重点是识别每个要素的要求，寻找目前的差距，制订改进计划。”

几天后，刘军到唐风的办公室汇报改过的项目计划，讨论结束后，唐风问：“既然是项目，就必须要有项目目标，我们这个项目应该设置什么目标呢？”

刘军回答：“就以客诉率的下降作为项目目标吧。”

唐风想了下，说：“单纯以客诉率来衡量项目的成败，在我们这个项目中是不合适的，主要有这些方面的问题。

“第一，我们的产品发货后，有的立即会安装使用，有的需要放置很长一段时间，从这个角度来看，客户反馈问题存在滞后性，当月的客诉率并不能反映出当月的作业质量。

“第二，客诉是小概率的事件，去年平均每个月 1 起左右，当月没有客诉，并不表示我们备品包装这个过程没有问题。

“因此，我建议我们这个项目的目标可以从两个方面去设置。

“一是结果，也就是客户端的表现。这可以用备品客诉率和备品过程产生的质量成本来衡量，我给你的目标是相对于去年，下降 50%。这两个指标按月统计就可以了，备品客诉本身是小概率事件，按周统计没有太多意义。

“二是过程，可以用两个指标来衡量。

“第一个是送检不合格率，比如你本月送检 100 个备品工单，质量检验发现有 4 个不合格，那就是 4% 的不良率。第二个是自检不合格率，比如你本月包了 100 个备品工单，自检发现有 20 个工单存在异常情况，那么自检不合格率就是 20%。这两个过程指标是可以每天统计，每周检讨的。

“而且我相信，如果你把这两个指标做好了，客户端的投诉自然就会减少，结果是由过程决定的。”

说到这里，唐风还强调：“这个项目你要多做点功课，在我们‘一次做对’项目开工会上，我会把它拿出来做示例。”

备品过程优化项目正式开始了，每次例会，唐风基本都会参加，而且经常把刘军拉到办公室，给他培训过程管理的方法。

在 8 月的项目例会上，刘军进行项目汇报。

“我们这个项目开展了半年，从结果看，情况还是不错的，相对于去年 14 单的客诉，今年 1~7 月，总共出现了一起客诉，但是造成的损失很少，只产生了 26 元快递费。

“从内部统计的数据看，改善更加明显，我们在 7 月的后两周，终于实现了‘一次做对’。连续两周，车间自检不良为零，送检后质量检验不良也为零，客户投诉也为零。”

唐风对大家说：“我们这个项目做得不错，给大家点个赞！

“美中不足的是，上半年仍然出现了一个客诉，漏发了 16 条电源线，涉及 4 个工单。大家分析过没有，为什么会出现这个问题？”

刘军回答：“我做过调查，当时这几个订单很急，临时插单，车间要快速响应交付，而质量检验员当天未加班，于是车间就未按流程送检，导致问题流出。”

“所以，这就是我们没有针对这类情况做好预案，导致客诉产生。”唐风说。

“我们‘一次做对’项目启动会议上，我给大家做了培训。当时我介绍了零缺陷过程方法和‘一次做对’六步法，要求大家在做项目时要配合使用，现在我再给大家介绍下。

“六步法的第一步是明确要求，也就是说，对过程的六大要素的要求进行识别。所谓六大要素，就是输出、输入、工作能力、工作态度、软硬件设施和工作指导这六个要素。

“界定了要求，接下来要做的就是第二步，识别差距。

“比如说输出，也就是我们发给客户的备品包，我们要求它能百分百满足客户的使用要求，而实际上去年有 14 起客诉，这就是差距。再说输入，对于备品包装来说，订单 BOM 是一个重要的过程输入因素，我们要求它百分百正确，而实际上目前存在许多错误，这就是差距。要把每个输入要素存在的问题进行统计和分析，找出差距来，要求责任部门想办法纠正。

“第三步是预先防范。这一步的意思就是针对过程中存在的风险进行识别。所谓风险，就是变化和隐患。

“刚才讲的少发电源线的客诉，我认为主要原因就是我们没有做好风险识别，一些紧急订单急着发货，没有给检验员留下足够的时间来检验，在这种情况下，出现客诉的可能性显著提高。

“所以，我们应该识别出这种情况，提前制订对策，比如说，如果检验人手不足，你可以要求质量部从别的车间派检验员过来，也可以安排住在工厂内的检验员临时过来加个班等。

“第四步是心行到位。经过我们这么久的项目运作，我们备品包装这个岗位的作业流程已经得到完善，这个时候就要组织培训和宣传，让员工按流程作业。

“第五步是衡量分析。这一步我们做得很好，每天统计并通报备品过程的自检不良率和送检不良率，每月统计客诉。

“第六步是持续改善。针对过程中存在的问题，每天组织早会，每周组织周例会，每月组织月例会，对问题进行分析，提出改进方案。”

在会议快结束时，唐风对大家说：“从结果来看，我们的项目已经进入了收尾阶段，这个时候要做好两件事。

“第一，组织所有现场包装人员和检验人员，进行过程风险识别，输出风险清单，提前制订预防措施。

“第二，针对过程每个要素的管理，输出管理规范，把成果总结到纸上。比如，仓库前段时间因为人员流失严重，增加了许多新员工，造成了发料这个环节的质量波动。因此，对于仓库的物料配送人员，要制定相应的上岗培训和考核要求，确保新员工上岗后也能把物料一次发对。”

一周后，唐风收到了备品包装过程的风险识别清单，如下表。

类别	风险点描述	解决方案
人为因素	1. 由于个人疏忽原因，在信息核对方面（物料核对、数量核对等）出差错	制作出标准的备品打包流程及作业 SOP
	2. 两个人合作打包，分工不清，导致出错	1. 尽量避免多人同时操作一个订单的备品包 2. 如果是大订单或紧急订单，多人按照物料分开进行作业，坚决杜绝多人操作同一个物料
	3. 订单有特殊需求（接收卡需刷三防漆），物料外借回来忘记刷	外借时需要管控物料的状态，只能借出工序完整的良品物料
	4. 打包时遇到以前未出现过的订单需求，无法判断信息是否准确，	作业参照的不是经验，作业必须参照订单需求表及配置清单，如果无法判断作业标准，需要找订单 BOM 设计组咨询
	5. 订单物料发错或发少，半成品不良	变更现场作业方式，制作标准的 1 人 Cell（单元）工作台，按照流水线方式进行作业
订单因素	1. 订单 BOM 做错，打包时没有发现异常	1. 每个订单开始作业时，必须要用订单需求表、配置清单、订单 BOM 表三者进行核对，然后开始作业 2. 识别生产的订单特殊需求及是否存在变更 3. 每日早会要全员通报今日计划的变更事项
	2. 订单变更，打包时没有确认订单变更信息	1.ECN 变更单需要跟订单需求表同时确认 2.D+1 识别生产的订单特殊需求及是否存在变更 3. 每日早会要全员通报今日计划的变更事项
紧急因素	订单紧急出货时，漏打包或没时间核对出异常点	1. 作业前需要核对订单需求表、配置清单、BOM，同时明确作业方式 2. 安排多人按照物料分开进行作业，坚决杜绝多人操作同一个物料

唐风对制程质量部经理王浪说："备品包装这个项目，你安排有专人跟进，要让他及时总结成绩和项目推进方法，在质量部内部

进行分享，因为这个项目具有代表性，要把它的经验及时分享给其他项目。”

本章点评

● 如何扩大改进样板?

样板项目的选择一般遵循以下原则：目前存在的问题比较多，改善空间比较大，待解决的问题技术难度小。对此类项目，应该加大辅导和跟进，确保其百分百成功，从而树立改进的标杆。

第十四章　重上发条的订单 BOM 项目

如何处理不能达标的改进项目

2020 年 3 月的这天，唐风在审核“一次做对”项目清单时，突然想到一件事。于是，他给工艺工程部下属的业务支持组经理徐良打电话，让他过来一下。

徐良到后，唐风说：“徐经理，今天找你过来的目的，是关于订单 BOM 的事情。

“去年 3 月份，我在公司里成立了 9 个质量改进小组，其中有一个，就是订单 BOM 设计过程优化。当初立项的原因主要是订单 BOM 的错误率太高，给公司造成的损失太大。根据 2018 年数据统计，由于订单 BOM 错误造成的直接经济损失为 81.7 万元。

“你知道，按我公司的流程，销售员在签单后，会输出一个‘客户需求确认表’。我们订单设计组的主要职责就是把这个‘客户需求确认表’转化为 SAP 系统可执行的订单 BOM。

“去年的数据显示，当时的订单 BOM 正确率仅有 94%，因为订单 BOM 错误，几乎每天都有工单出现返工和停工的现象。

“在客户端也出现十几起投诉，有一个非标订单，因为吊梁选择错误，其承重能力不足，导致显示屏摔下，差点酿成重大安全事故。

“这些都是我们当时立项的原因。

“这个项目经过半年的努力，取得了一些成绩，订单 BOM 错误率从 6% 下降到 3% 左右，也没有再出现过大的质量事故，造成的经济损失平均在每月 1 万元左右。

“从结果来看，虽然整体上有显著改善，但过程输出的波动比较大，有的月份订单错误率可以做到1.5%，但有时也会掉到6%左右，没有完全达成我们设置的目标。

“这个项目完成后，订单设计组就从研发部划到工艺部，由你来负责管理，以前这些情况不知你是否了解？”

徐良点了点头，说：“唐总，情况的确是这样。”

唐风说：“我认为这个项目有必要重新启动，现在这个结果，距离我要求的‘一次做对’还差得远。”

徐良说：“好的，我接管业务支持组不久，也需要做点事情提升业绩。”

唐风说：“你知道这个项目如何开展吗？”

徐良说：“还得请你指导下。”

唐风说：“这个项目从规划思路上来说，其实是比较简单的。

“它的输出是订单 BOM，输入要素主要有二，第一是‘订单需求确认表’，第二是标准 BOM。过程也很简单，收到‘订单需求确认表’后，工程师会找标准 BOM 过来参考，然后识别非标点，对标准 BOM 进行修改、审核、归档。”

徐良接着唐风的话说：“现在的问题是，这些工作都是人来完成的，对人的技能和细心度要求很高。还有标准 BOM 这一块，也有不少错误，导致我们做出的订单 BOM 出错。”

唐风说：“这些确实是客观因素，但是我希望通过项目的运作，彻底消灭因为订单 BOM 不良产生的客诉。

“首先，要把标准 BOM 的正确率提升到 100%，这个是达成目标的基础。

“我认为，这个是可以做到的，只要我们中试部做好新产品的把关，严格按照 BOM 去做试产，发现问题后立即通知研发修改 BOM 并跟进到位，这个问题可以彻底解决。

“其次，就是要推动下单过程的优化，确保订单需求确认表的内容正确、表达准确。

“为实现这个目标，我们今年已推动成立六大业务区的‘下单一次做对’小组，你只要把问题汇总好，发给这六个小组，督促他们去改善即可。

“你重点要考虑优化的是过程内部的优化，具体来说，就是人的技能、态度及设备设施、作业指导书这四个要素的管理优化。

“去年已经做了一轮优化，你新官上任，需要用一些新的思路来做这个工作。”

徐良说：“好的，我仔细思考下。”

说完，他离开了唐风的办公室。

他走后，唐风把体系部主管谭宗南叫到办公室，对他说：“徐良这个项目，的确存在一定的难度，你要深入一些，多参加他们的项目例会，有问题及时向我汇报。”

唐风几乎每天都要看看这个项目的业绩，9 月份的这天，他打电话叫来徐良，对他说：“从数据来看，趋势还可以，目前订单 BOM 的不良率已从 3% 下降到 1% 左右，而且比较稳定。请你说说，下一步该如何提升？”

徐良说：“这几个月我们组织团队成员分析汇总了前期出现过的所有错误，输出了订单 BOM 制作过程中的易错点，优化了订单设计经验分享资料。

“同时，也优化了我们的订单设计作业规范。对于做事比较粗心的工程师，我也清退了 2 个。

“但是无论如何，这个是纯手工完成的，员工一不小心，就会出错。为了进一步提升，我认为必须上 IT 系统。”

唐风问：“你有具体的方案吗？”

徐良说：“有一个方案，就是通过 IT 的手段，把订单 BOM 中的标准 BOM 部分用 IT 系统处理，工程师只负责处理非标的那一部分。”

唐风说："你发给我看下，我来帮助你，找 IT 人员过来商量。"

三天后，由唐风主持的订单设计组与 IT 部的沟通会议开始了，唐风对 IT 部的刘工说："今天把你请过来，主要是订单 BOM '一次做对'小组，需要你们 IT 部帮忙。"

接着他对徐良说："麻烦你把你的方案跟刘工说一遍，让他了解下你的想法。"

徐亮说："我们订单 BOM '一次做对'小组从 4 月份成立到现在，已有 5 个月的时间，我们把订单 BOM 的错误率从 3% 降到目前的 1% 左右。

"但是再往前走，我们感到有些力不从心，每天我们订单设计组要完成数十份 BOM，都是手工做的，出错概率比较大。我们小组成员一致认为，要继续提升，必须要通过 IT 手段来实现。

"就是把订单 BOM 中的标准物料，通过 IT 系统来自行展开和汇总、校对，我们工程师只负责处理非标的部分。"

接下来，他汇报了订单 BOM 转 IT 化的初步设想。

唐风说："刘工，我们订单设计组大约有 10 个工程师，如果能应用 IT 方案，他们的工作量可以减少 70%，出错率也会得到大幅改善。因此，我认为 IT 的投入是必要的，回报率很高。"

会议最后确定，由 IT 部刘工和订单 BOM 组合作，把徐良的初步设想转化为 IT 能实施的行动方案，提交给 IT 部的领导审批。

在 12 月底的"一次做对"项目评审会上，徐良向唐风汇报说："通过我们订单 BOM '一次做对'小组成员的全体努力，我们订单 BOM 的正确率逐月上升，11 月份达到 99.3%，12 月份达到 99.8%，全年没有产生 1 单客户投诉。"

本章点评

● 如何处理不能达标的改进项目？

坚持！不达目标决不结项，直到目标达成。

第十五章　硬骨头焊接项目

如何实施技术难度大且目标不清晰的复杂项目

在爱毕生公司“一次做对”活动中，焊接能力提升是其中的核心项目，也是难度最高的项目。

早在 2019 年 7 月，由唐风发起，工艺工程部主持的焊接试点项目正式启动，但是从一开始，问题就产生了。

2019 年 6 月底，在惠州爱毕生公司的月度管理例会上，唐风提出成立焊接改进小组，全面提升焊接能力。制造中心总经理余聪明表示赞同，会上达成共识，由工艺工程部牵头做这个项目。

因为迟迟没有收到项目启动会议的通知，两周后，唐风去找工艺工程部的总监夏建厂。走进他的办公室，唐风问：“老夏，你们这个焊接改进小组准备得怎么样了？”

夏建厂说：“早就成立了，由工艺部经理温佩能任项目组长，在上上周已开了启动会。哎，他难道没有通知你参加？”

唐风说：“没有啊，你们这也太草率了吧，难道你们认为，你们一个部门就能把这个事情搞定？我们项目的方向是提升焊接过程管理能力，改善焊接不良率，这可不是你们一个部门几个人就能搞定的。”

见唐风这样说，夏建厂打电话叫来温佩能，说：“你们的焊接改进小组难道没有通知唐总参加？”

温佩能说：“我们认为这是工艺部内部的项目，所以没有通知唐总。”

夏建厂说："以后每次会议都要通知唐总。"

第一次参加温佩能的项目例会，唐风问："温经理，你们这个项目的目标是什么？"

温佩能说："总共定了五个目标。

"因为1415这款灯珠的焊接问题最多，因此第一个目标，是SMT 1415 LED灯炉后合格率，从目前的85.8%提升到92.4%。

"第二个目标，是IC面元件维修率，从目前的39.5%下降到20%。

"第三个目标，是贴片环节SPI(光学检测)直通率改善，从目前的85.8%提升到90%。

"第四个目标，是SMT显示批量异常在总不良中的占比，从目前的0.7%降到0.3%。

"第五个目标，是降低灯珠虚焊、灯珠掉灯、显示偏色客诉费用占比，目前是83.4%，目标是零，也就是说要彻底解决这些问题。

"项目周期为4个月，到11月结束。"

唐风说："我说一下我的意见。

"虽然焊接所产生的客诉，给公司带来了巨大损失，但是每年发生的频率却不高，往往是一单做砸了，损失数百万甚至上千万元。这是一种小概率事件，我们以客诉损失作为项目目标，存在很大的偶然性。就算是今年下半年没有这方面的客诉，也不意味着我们这个项目就取得了成功。

"还有，如何衡量这个回流焊的过程能力，它是否得到了实质性的提升，目前的指标未必合理。我认为，我们项目的实质是提升回流焊的过程管理能力，可以考虑用焊接失败产生的损失成本率来衡量。"

温佩能说："唐总，这个目标两周前已经定了，我建议现在就不要再调整了。"

唐风有些恼火，但自己也没有一个非常成熟的方案，就说："那行吧，先按你们的方案做吧。”

后面的结果果然印证了唐风的顾虑，因为项目的目标定得不合理，项目在推进过程中始终找不到正确的方向，工艺部的总监夏建厂很少参加项目例会，唐风偶尔参加下，检查一下项目的进度。

到了11月，按计划项目应该要结项了，唐风把余聪明拉去开会，开了一半，余聪明发火了：“你们这个项目虽然定了五个指标，实际上只统计了三个，统计的三个指标，全部是工厂内的不良率，这管什么用！

“我们这个项目，最关键的是要解决产品在客户端的问题，比如阴阳色、虚焊、掉灯等，提升客户满意度。而实际上，前期我们把所有精力都集中在车间内部，研究如何降低过程不良率，减少维修的工作量。这些工作，是客户关心的吗？

“我的建议是，尽快把前期进行中的工作做完，进入项目第二期，要重新立项，重新定目标。”

会后，唐风到余聪明的办公室，与他交流对这个项目的看法。

唐风说：“这个项目的结果不好，我认为我们还是要向内看。

“这个项目在立项时我没有盯紧，导致目标出了偏差，我也没有及时把你拉进去，让你了解项目的具体情况，这都是我的工作不到位。

“年后，我计划在公司内全面推进‘一次做对’活动，我们可以重新规划这个项目。”

“好的，我全力支持你。”余聪明说。

唐风说：“温佩能这个项目组长，通过这段时间的表现来看，我认为不太合适，他这个人有点刚愎自用，听不进去别人的意见。”

“有同感，我考虑换一个人，回头我和老夏沟通下，让他另找一个人来主持这个项目。”余聪明说。

唐风说：“好的。”

春节后赶上新冠肺炎疫情，很多员工都未能按时上岗，直到

2020 年 3 月中旬，唐风主持的爱毕生“一次做对”文化变革项目才正式开始。

吸取了上一次的教训，这一次，在组建焊接质量改进小组前，唐风先与余聪明沟通。

“余总，这次这个焊接项目的项目组长，你打算由谁来担任？”

“这个安排好了，由工艺技术部的陈大江负责，他对焊接和可靠性都比较熟悉，沟通能力也还不错。”

终于，焊接质量改进小组重新成立了。

启动会上，唐风先发言。

“各位，这个项目实际上是第二次启动了，原因很简单，上一次没有取得成功。

“今天主要讨论三个议题，第一是项目范围，第二是项目目标，第三是参与人员。

“说到项目范围，我们的产品焊接方式有三种，一是回流焊，二是波峰焊，三是手工焊。我们首先要确定我们这个项目主要改善其中哪一个方面？”

停顿了一下，唐风继续说：“从目前客诉的情况来看，主要改善点是回流焊，市场上客诉也主要集中在这一点，建议把焦点集中到回流焊。

“大家觉得怎么样？”

“同意。”与会人员纷纷响应。

唐风见此情况，说：“那我们讨论下一个议题，项目目标。”

这时，项目组长陈大江说：“按余总的意见，我认为我们团队的主要精力应该瞄准客户的需求，解决他们的痛点。我建议，项目目标应着眼于降低焊接引起的客诉费用，我们可以用客诉费用下降率来衡量。

“在此基础上，再考虑过程指标，如灯板直通率等。”

唐风说：“我有点不同的看法。

“我们的主打产品 LED 显示屏，是一种外观显示类产品，很多显示特性是通过人眼来判断的，没有一个客观的标准。这就产生了一个问题，就是同一个屏，可能有的客户不接受，要退货，产生大笔退货费用，而有的客户认为可以接受。因此单纯用客诉费用，来衡量这个过程能力似乎也不真实。

“还有，产品的直通率与模组上 LED 灯珠的不良率和数量都有关系，比如说同批灯珠的不良率都是 10PPM，但是，有的灯板用 2 万颗灯，有的用 1 万颗灯，这样两种产品的直通率差异就非常大，但其实产品质量并无差异。”

唐风的话引起了大家更激烈的讨论，但是没有一个方案能让大家达成共识。

最后，唐风说：“目前模组上 IC 面的焊接问题比较少，可以不列入项目内容，我们主要讨论灯面回流焊的问题。

“从过程管理的角度来看，我们面临的主要问题，就是焊接输出物灯板的质量不稳定。输出不稳定，说明这个过程的能力不足。

“为什么能力不足？如何提高焊接过程的管理能力？这是我们要解决的核心问题。

“我给大家做过过程管理的培训，在明确了输出的要求之后，影响输出结果的有五大要素，分别是输入、工作能力、工作态度、软硬件设施、工作指导。

“因此我认为，我们这个项目的目标只有一个，就是杜绝焊接输出物出现批次性不良。

“去年我给大家培训过，‘一次做对’有一个模型，叫作 PPO，其包括三个要素：目标、过程和人。

“刚刚谈了目标，我再谈谈目标是通过哪个过程实现的。

“灯板焊接，我认为它是由以下这样一些小过程来实现的：物料下发—物料准备（烘烤、切板）—物料上线—SMT 贴片—回流—下板。

“这就是我说的过程，我们的目标是通过这个过程实现的。基于此，围绕我们灯面回流焊项目的方向，可以分为几个小项目来实施。

“换句话说，因为每个过程有五大要素，这五大要素中任何一个出问题，就可能导致批次性焊接不良。

“因此我建议，成立五个专项小组，组织研究每一个过程要素，识别其要求，找出目前存在的问题，实施优化。

“比如，PCB、LED 灯、锡膏是这个过程最主要的输入因素。

“我问大家几个问题。

“为了避免过程输出物灯板的批次性不良，我们对 PCB 有什么样的要求？”

见没有人回答，唐风继续说：“目前，我们所有的 PCB 承认书都是供应商写好后，发给我们公司确认的，很多指标没有规定清楚。

“比如说，我们有很多产品用喷锡板，去年 XP8.25 这款产品因为批次性虚焊被客户投诉，这个事情大家还有印象吗？经查，原因是喷锡厚度不足导致部分焊点表面出现合金化，产生拒焊。

“再深入调查，发现我们公司对于喷锡板的喷锡厚度这个要素，根本没有在承认书中体现。既然没有做特别要求，那么只能按 PCB 行业内的标准来管控，这个管控范围非常宽，是 1~40 微米。我们一片灯板上有 1 万多个灯，4 万多个焊点，只要平均有 1 个灯出现虚焊，计算下来就是 100PPM，达到了批次性不良的标准。

“我们的产品对喷锡厚度要求比较严格，因此，后来我要求供应商将这个管控范围缩窄，变为 3~25 微米。因为太厚了也不行，会导致其他问题。

“做了这样的变更后，供应商严格管控，我们喷锡板虚焊的问题就基本上解决了。这就是优化输入产生的结果。

“关于输入的优化，我用锡膏再来举个例子。

“我们的产品经常出现灯珠焊接推力不达标的情况，曾经给公司带来巨大损失。

“我问下，什么样的锡膏能满足我们这个灯板的焊接要求？目前选用的锡膏是最合适的吗？”

唐风此问题一出，现场所有的工艺工程师都在沉默。

见此情况，唐风继续说：“还有，我们的锡膏有低温、中温、常温三种规格，万一用错了，就是灾难，如何保证员工不用错？这都要我们事先制订防错方案，确保百分百用对。

“我再说下设备设施这个要素的管理，在回流焊这个过程中，回流炉这个设备对焊接质量影响很大。这主要体现在它的温度均匀性上，如果同一块灯板过炉时，板上不同位置的温差过大，就有可能导致灯珠过炉后的颜色不一致，进而影响显示效果。

“因此我建议，针对回流焊这样一个复杂的业务过程，我们把项目分为五个小组来实施。

“输入、工作能力、工作态度、设备设施、工作指导五个要素各成立一个研究小组。

“每个小组的目标就是明确要求，预防在先，确保自己这‘一亩三分地’不出问题。

“物料质量部负责研究过程的三大输入因素：PCB、LED 灯珠、锡膏。

“基于焊接过程不出批次性不良的目标，明确每个输入要素要达到什么要求，然后找出目前存在的模糊点和差距实施改进，必要时可以组建专题项目组。

“比如，要搞清楚我们目前选择的锡膏是否最适合我们公司的产品，这就要找供应商要样品，然后交给工艺部去试验，基于试验结果来决定是否要更换锡膏。

“同样，对于设备设施这个要素，可以由设备部牵头进行研究：为了确保焊接不出现批次性不良，回流炉要达到什么要求？我们要如何管理这台回流炉？

“这个小组需要工艺、质量 、生产等部门一起参加。

“另外，对于工作态度这个要素，建议由制程质量部牵头，针对这个过程中涉及的所有岗位员工，制定相应的管理办法，管理好他们的工作态度，确保他们具有‘一次做对’的决心。

“至于工作能力，我建议由 SMT 车间经理朱冲牵头，针对这个过程中涉及的所有岗位员工，识别出对他们的能力要求，也就是每个岗位需要了解哪些知识，掌握什么技能，才能上岗操作。

“基于此，制定相应的培训和考核流程，确保培训合格后再上岗。

“关于作业指导这一块，建议由工艺部的生产技术组牵头，要确保焊接‘一次做对’，这个过程需要什么样的作业流程和指导书，这些作业流程和指导书要达到什么要求，目前还存在哪些问题？

“一句话，过程五大要素的优化由这五组人负责，每周召开例会，每组人分别汇报进度。

“另外，为了确保上料的正确性，我建议 SMT 车间成立上料‘一次做对’小组，这个小组相对独立，不涉及技术问题，不参加我们这个小组的周汇报，单独运作。”

说完后，唐风扫视会议室中的全体人员，问大家：“大家对我说的有没有意见？”

工艺工程部总监夏建厂说：“这个项目超级复杂，先按这种思路运作吧，有问题再改。”

唐风说：“没意见就这样了，以后项目组长陈大江每周要组织例会，由各个小组长来汇报，同时要把当周的焊接异常问题点拿出来讨论。”

项目正式开始了，输入优化这个子项目由唐风手下的物料质量部邓江负责，他按唐风的要求，制订了优化计划。

邓江做的第一件事，是召开了一个专题会，组织研发、工艺、采购等部门，一起讨论把 PCB 由喷锡工艺切换成 OSP 工艺（有机可焊性保护剂)的可能性。

邓江说："我做过统计，近两年来，每年都有一两批喷锡板因为锡的厚度不足导致灯拒焊，产生客诉或者批量报废。

"我找供应商及同行做了调查，发现按目前的喷锡工艺，很难准确地控制喷锡的厚度，因此PCB行业内，对喷锡厚度的管控标准是1~40微米，范围很宽。

"前些时间，我们发文给供应商，要求将此范围变更为3~25微米，但是实际上也不好控制，存在出批次性问题的可能。

"为了一劳永逸地解决问题，我建议把喷锡板全面切换为OSP板，我做过了解，随着工艺的进步，目前OSP工艺的应用范围越来越大，而且相对于喷锡工艺，它的成本更低。

"因为少浸一次锡，所以这种工艺对PCB底色的影响也要少一些，方便我们对底色的控制。

"唯一不利的是OSP板对二次焊接的时间要求比较高，要求首次IC面元件过完回流后，在24小时内完成第二次灯面器件的回流，否则可能会出现焊接不良的情况。

"我认为，按我们公司目前的管理水平，是可以做到的。"

其他部门的人员针对此问题也发表了看法，最后，唐风结合大家的意见，说："这样，请采购再找供应商确认下，我们显示屏同行其他厂家是不是已经大批量使用OSP工艺了。

"另外，请工艺部和研发部研究下，OSP板相对于喷锡板来说，在应用上有哪些不同的要求，避免因为切换产生批量性隐患。不能因为别人用了这种工艺，我们就可以用，因为别人很可能已经摸透了OSP工艺的特点，我们没有摸透的话，可能会吃亏。当然，我们的PCB供应商，应该比我们要专业，大家可以向他们请教。"

经过两三轮会议的讨论，最后大家达成一致意见，决定全面切入OSP。

为此，邓江还组织大家制定了相应的管理规范，确保在切换后不出批量性问题。

针对焊接过程输入物的优化，邓江做的第二件事，是找了多个品牌的锡膏样品，和工艺部一起去试验，大家的目的是寻找一款最适合爱毕生公司的锡膏。

经过反复试验，项目组最终摸清了市场上主流锡膏厂家不同型号锡膏的特性，并因此优化了 BOM。

为了提升 PCB、LED 灯的来料质量，杜绝批次性不良，邓江还针对前期问题最多的几个厂家，推动他们成立了质量改进小组，目标就是不出现批次性不良。

焊接项目运作了一段时间，但是唐风总感觉有些别扭，大家的目标感不够强。有一两个组的进展还不错，其他几个组则进展缓慢，对唐风的要求，也不积极响应，唐风决定去找余聪明帮忙。

这天，唐风走到余聪明的办公室，对他说："老余，焊接这个项目由陈大江主持，运作了一段时间，相对于去年有所改善，但我还是觉得大家的目标感不够强。

"坦率地讲，对于这个项目的运作，我也有点困惑，今天过来主要与你讨论下一步怎么办。

"我们今年有四十多个'一次做对'项目，但是数这个焊接项目最复杂，我给你提两点要求。

"第一，要求你必须全程参加，每周参加这个例会，当然，我知道你很忙，所以别的项目你可以不参加。"

余聪明说："好。"

"第二，你找陈大江了解下目前项目的运作情况，给项目组提供点意见，我听说你在大学里面学的就是焊接相关的专业，对焊接比较了解，你比我们都要专业。"

"好的。"余聪明答应道。

一周一次的焊接项目例会开始了，这次是余聪明先发言："我认为我们团队的主要精力应该瞄准客户的需求，解决他们的痛点，我建议项目目标做些调整。

“从前期客诉的情况来看，回流焊这个过程中，最让我们和客户头痛的问题有两个，一是灯珠焊接推力不足产生的掉灯，二是焊接造成灯珠发光角度变化引起的阴阳色（即从显示屏的一侧看过去，屏看起来比较亮，而从另一侧看过去则比较暗）。

“我认为我们这个项目组可以再增加两个小组，一组专门研究推力不足的原因，另一组专门研究阴阳色产生的机理。工艺工程部抽调专人，来研究阴阳色和推力不足这两个专题，每周汇报进展和下一周的计划，目标是解决这两个疑难问题。

“其他的，仍然按唐总给大家规划的去做。”

余聪明的加入使项目出现了转折，生产、工艺、设备这些小组立即开足马力，每周汇报的结果也让人欣喜。

项目运作两个月后，又遇到了新的问题。

5 月底的这天，唐风手下的经理徐铮，向唐风汇报：“唐总，有个问题很严重，最近有两三个客户反馈我们公司的 XP 系列产品，频繁出现色块的问题。

“经过调查，问题都是出在这款产品的转接板上，不良现象是板子内部的信号线断。

“我们让客户寄了一个不良样品回来，找 PCB 供应商分析，结果发现是板的内层出现断路。因为这个板的插座等一些器件采用的是手工焊接，供应商分析原因是焊接时间太长、焊接温度过高，导致板内部铜箔裂开。

“我找了几块空板，自己用烙铁去焊，结果发现这个 PCB 的设计真的是有问题，这个插座有好几颗针焊在大铜箔上，采用手工焊接的方式作业时，焊锡熔化流到铜箔上，热量立即被带走，导致员工在焊接时需要把烙铁温度调到 460° C 的高温，反复加热很久才能把插座焊上去。

“而大铜箔的附近又有很多细铜箔，用于过信号的，这次的问题就是这些大铜箔受热后产生分层，导致细铜箔断裂，产生色块。

“当然，这个问题应该与焊接员工的技能也有关系，这个产品转量产一年多了，发货数量也不少，之前只有零星客诉，没有这么严重，我估计产线这边，可能是去年年底人员流动率高，新员工技能不足，焊接时间过长，产生了这个问题。”

这个手焊的问题终于暴发了！

每周唐风几乎都接到投诉，客户要求整屏返工换转接板。

在焊接项目例会上，余聪明说：“最近XP的转接板在市场上出现了大面积的手焊问题，这都是我们前期管理上存在漏洞造成的。

“因此，我决定，在焊接小组再增加两组人马，分别研究手焊和波峰焊。

“通过研究焊接工艺技术，确保不出现批次性焊接不良，这就是我们这个项目的目标。”

唐风说：“我建议再增加两组。

“第一组，就是研究如何取消手工焊接。

“大家试想下，如果没有手工焊接，当然也没有手工焊接所产生的这些问题啦。”

余聪明说：“唐总说得对，对于我们显示屏的转接板，要实现百分百取消手工焊的确有难度。但是只要我们工艺与研发一起协同，应该可以取消一部分，这对于我们的质量和效率来讲，都是一个很大的提升。”

“第二组，就是研究灯板过炉后黄化的问题。”唐风说。

“去年年底，我记得M1.8这款产品有一个订单出现大比例的黄化现象，弄得车间不得不一个模组一个模组地挑选，把黄化程度相同的放在一起出货。

“因为这个订单是外发加工的，我们怀疑是外协厂的回流炉有问题，但最后找不到原因，不了了之。

“这个问题前不久在 M2 这款产品上又出现了，我们又没有找到原因。灯板黄化的问题，到底是灯的问题，还是加工制程的问题，或者是其他因素的问题，需要彻底查清。”

唐风说完后，余聪明回应：“就按唐总的意见，工艺再增加一组人马，会同研发部、SQE 和设备部，一起研究这个问题。”

第二天，唐风应邀参加了转接板零手焊项目，经过大家对产品现状的分析，最后定下的目标是取消一半的手焊项目。

方法很简单，第一是设计夹具，第二是联合研发部，变更 PCB 的设计，所有的工作要求在三个月内完成。

这样一来，整个焊接项目分为十一个小项目来实施，每周二下午两点开会，各个小组长汇报上周的结果和下周的工作计划。

最先完成的是设备管理的优化，经过设备部对焊接过程涉及的设备进行评估，发现唯一需要优化的就是对于飞达的管理。

经过分析，发现由于飞达维护和保养不当造成了多起贴片不良，但是大家从来没有从过程管理的角度来看问题，在处理异常时仅仅把有问题的飞达拿去维修了事。

针对此问题，设备部牵头制定了飞达的管理规范，特别是针对校正和保养进行了详细的规定。

第二个完成的项目，是灯板黄化的研究，立项两个星期后，负责黄化研究的工程师余江在项目例会上开始汇报。

“这两周来，我们把 M1.8 和 M2 这两款产品与其他类似产品做了对比，发现它们用到的驱动 IC 与其他的产品不一样。

“然后，我们找到这两款产品的研发人员，经过分析，发现这种 IC 对直流供电电压的要求比较高，如果给 IC 供电的直流电中，出现比较多的交流成分，就容易出现这种黄化的问题。

“为什么直流电中会出现比较多的交流成分呢？这与我们灯板上的滤波电容的容量有关系，M1.8 和 M2 这两款产品上，都设计了 10 个规格一致的滤波电容，这些电容的容量允许范围是正负 20%，如果这10个电容的容量都走下限，就会导致其滤波能力不足，产生黄化现象。”

第三个完成的项目是手焊，经过了一个月的研究，项目小组长张吉在周例会上对项目进行了总结性汇报。

“各位领导，我们这个项目经过一个多月的研究，现在已经可以进行阶段性结项。

“我们公司XP系列转接板自2019年2月至今，每月生产均有因PCB板材内部线路断开而导致的报废问题，后经多方面排查，初步判定该不良问题为转接板进行手焊加工时，使用的烙铁温度过高所造成。

“其中，共报废转接板100余块，且造成客诉3起。为降低此类转接板手焊导致的不良问题，消除市场上因此产生的批次性客诉，由工艺部牵头成立了手工焊接优化小组。

“由于产品结构设计的原因，我们公司目前的转接板基本上采取手工焊接方式。这种加工方式不仅效率低，而且报废率高，经统计半年的数据发现，其报废率范围在1.5%~3.17%，平均大约为2.5%。因此，我们这个项目的目标就是把报废率从2.5%降至1%以下，同时彻底解决因为手工焊接，而造成的市场批次性客诉。

“我们项目的方向主要有三个，第一是能否将手工焊接改为波峰焊接，不仅能提升焊接质量，还可以提升效率。

“第二是寻找新的焊接方式，不需要高温焊接，比如采用穿孔回流等。

“第三是规范现有的焊接方式，通过试验和切片分析的结果，来制定相应的手工焊接规范。

“前面第一种焊接方式由其他小组负责，第二和第三种焊接方式，是我们这个小组的研究对象。

“我们发现，影响手工焊接质量的因素主要有四个。

“第一是烙铁，包括烙铁头的种类、焊台功率和焊接温度。

“第二是焊接手法，主要是焊点接触时间，前期的批次性客诉的直接产生原因就是焊接时间过长。

“第三是 PCB，主要包括焊盘大小、泪滴大小、PCB 基材和铜箔厚度。

“第四是焊锡丝的选择，包括熔点和直径。

“我们首先试验了穿孔回流，把锡膏印在 PCB 孔中，再将插座插入，用回流焊的方式进行焊接，焊接效果有保障，可以彻底解决客诉。因此，经过试验，我们将这种焊接技术率先用在 XP 转接板上，解决我们的燃眉之急，保证了近期的出货。

“其次，我们试验了不同形状的烙铁头，发现不同的烙铁头在焊接同一元器件时，焊盘上的温度差异非常大。马蹄形和刀头这两种烙铁头，温度设置均为 460°C 时，在同一焊盘上焊接时，焊盘内部的温度差异居然有 80°C 之多。

“另外，我们与研发部配合，做了三个方案的试验。

“第一种是全铜皮 + 全连接焊盘，第二种是全铜皮 + 十字花连接焊盘，第三种是网格铜皮 + 十字花焊盘。我们发现，不同的方案，在手工焊接时温差很大。

“还有，通过研究我们发现，对于这种多孔插座，以前我们设计的焊盘尺寸都是一样的，这样对于手工焊接极为不利，它导致热量很容易流失。经过与供应商讨论，通过改变焊盘分布的方式，可以有效避免这一点。”

张吉汇报完后，余聪明进行点评：“张吉这个小组的工作完成得很好，下一步，我要求大家把这些研究成果整理成《手工焊接作业规范》，作为工艺工程师的作业规范，指导车间手工焊接作业。

“如果技术上没有搞明白，管理上就没有抓手！

“因此，针对我们公司产品在生产工艺上存在的疑难点，我们工艺工程部一定要积极面对问题，组织攻关小组，把工艺吃透，形成管理规范！”

整个焊接项目完成的时间很长，直到 2020 年 11 月底，所有项目才完成。

12 月 17 日，阴阳色和灯珠推力两个研究项目进行了结项评审，由项目组长贾诚，给唐风和余聪明等人汇报项目结果。

他说完项目背景后，打开一页 PPT，开始汇报成果，如下图。

2020年SMT焊接显示效果异常数据统计

一次做对改善项目达成统计						3月		4月		5月		6月		7月		8月		9月		10月		11月		12月	
序号	部门	项目名称	项目Leader	指标	项目目标	目标	实绩	目标	实绩	目标	实绩	目标	实绩	目标	实绩	目标	实绩	目标	实绩	目标	实绩	目标	实绩	目标	实绩
1	工艺工程部	SMT焊接及显示效果一次做对	×××	SMT显示（偏色&阴阳色&推力）品质不符合数量	0	/	/	/	13	8	3	6	0	4	0	2	0	1	0	0	0	0	0		

SMT焊接 显示效果一次做对

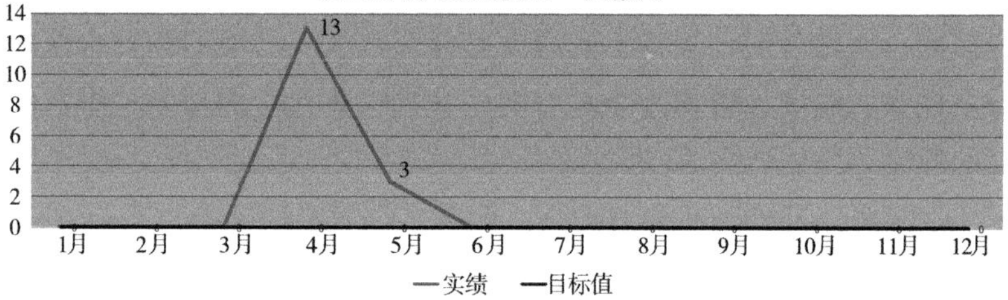

“我们这个项目在 3 月份开始成立，从 6 月份开始，由于焊接推力不足和显示效果不良产生的异常现象得到了彻底解决。

“经过机理分析和研究，找到了阴阳色的解决方案并总结申请了 4 项专利。”

说完，他打开了下一页 PPT，如下图。

经过机理分析和研究，找到解决方案，并总结申请了4项专利：

序号	专利名称	负责人
1	一种减少显示偏色及推力的PCB焊盘设计及制作方法（焊盘形状）	×××
2	一种减少显示偏色及推力的PCB焊盘设计及制作方法（焊盘间距）	×××
3	一种减少显示偏色及推力的钢网设计规范及制作方法	×××
4	一种量化阴阳色测试的方案及标准	×××

同时相关成果固化到标准文件中：

序号	文件名称	负责人
1	《PCB焊盘设计参考规范》	×××
2	《钢网开口规范》	×××

“这个项目的成功，是我们小组所有成员努力研究的结果。

“作为项目组长，我有两点感触。

“第一，机理研究不透，管理无从下手。

“阴阳色是LED显示屏行业的一个痛点，通过对其产生机理的分析与研究，我们最终找到了有效的方法，去抑制住阴阳色的产生，并形成了规范性的标准文件，确保‘长治久安’。

“第二，迎难而上，不惧艰难，越挫越勇。

“项目运行半年有余，过程坎坷，最终锁定了有效的改善方案。同时，也提升了我们产品的焊接质量、显示效果和可靠性，最后还申请了4项专利，此次阶段性的成功也为今后我们在技术攻关、技术创新方面增添了动力、信心和激情！”

这时，会议室中响起了热烈的掌声。

本章点评

● 如何实施技术难度大且目标不清晰的复杂项目?

难度越高、运作越复杂的项目，首先一定要求领导亲自参与，这是项目成功的保证!

其次，是目标的分解，如果一个项目范围太大，肯定难以实施，在项目实际运作过程中，可以把大范围的项目分解为多个小项目来实施。

第十六章　让人头痛的 SMT 上料项目

如何解决项目组长的态度问题

2020 年 5 月 8 日，唐风在看“一次做对”项目月报，他对 SMT 车间的上料“一次做对”项目非常不满意。

两个月前，唐风的下属、制程质量部的经理王浪向他汇报：

“今天，SMT 车间出现一起重大作业不良事故，我们有好几千块灯板用错了白平衡电阻，需要全部返工，这已经是这个月第二起批量返工事件了。”

在 LED 显示屏行业，因为客户的需求不同，每个产品都要按客户的要求选择限流电阻来控制亮度和色温，俗称白平衡。

唐风说：“我感觉 SMT 车间的管理存在比较多的问题，前年因为锡膏用错，发生重大客诉，给公司造成了近千万元的损失。你去统计一下过去一年 SMT 车间上料过程中存在的问题，把清单发给我，我想在他们车间启动一个‘一次做对’项目。”

“好的。”王浪说。

两天后，王浪给唐风发来一个报表，详细统计了 SMT 上料过程中存在的问题。

唐风越看越担心，几乎每个月都有十几批物料上错，大部分被质量部的 IPQC 发现了，也有个别没有发现的，造成批量返工。

他对王浪说：“我们去年年底就导入了 MES(制造执行系统)，为什么还有这么多物料上错？”

王浪说：“原因有很多，有的是员工不按要求作业，比如我们要求在中途换料时要扫完条码立即接上，这样可以通过 MES 系统来防呆。

“可很多员工就是不按要求做，他们喜欢先一次性把物料全部扫描上线，过一段时间再来接实物，结果一不小心就搞错了。

“还有很多其他因素，比如选错白平衡电阻、做错贴片程序、配错 LED 灯等，这些都不是 MES 系统能管住的。

“具体来说，导致 SMT 上料错误的原因，除了车间以外，还涉及多个过程。

“第一是贴片程序，这是由设备部下属的程序组完成的，如果程序搞错，上料铁定出错。

“第二是白平衡调试，这是由工艺工程部下属的光电组负责的。

“第三是 LED 灯的配置，这是由采购部负责的。由于 LED 灯是按订单来采购的，一个订单用哪些 LED 灯，是采购部根据订单的要求去采购的，也由他们配置。

“第四是仓库发料，如果仓库发了错误的物料到产线，也可能会导致上料出错。”

王浪把了解的信息全部告诉唐风。

唐风说：“既然这个问题涉及这么多业务部门，那我建议成立 SMT 上料‘一次做对’小组。这个项目组长的人选，你建议选谁？”

王浪说：“目前 SMT 车间正在进行整合，设备部、工艺工程部的人都要整合给车间，所以我建议由车间经理朱冲担任。”

唐风考虑了一下，觉得朱冲做这个组长最合适，于是他打电话找来朱冲，对他说：“我们 SMT 车间的上料错误问题一直比较多，最高一个月超过 15 起，最低一个月也有 9 起。

“上周因为用错白平衡电阻，造成车间大面积返工换贴片电阻，不仅浪费成本，而且质量风险极大。

“几千块灯板换电阻，不知道会产生多少虚焊。虽然我们延长老化时间，可以筛选一部分出来，但是这批货出去还是有风险的。”

“这是工艺的问题，不是我们车间搞错的。”朱冲说。

“我当然知道，但从过程管理的角度来看，它就是我们在SMT上料过程中产生的问题。”唐风说。

“你是否认可我的观点？”

“这点我认可。”朱冲说。

“那好，我计划对SMT上料过程立一个项目，推行‘一次做对’，你觉得怎么样？”唐风问。

“这个很好。”朱冲说。

“那么接下来就有一个问题，就是谁来牵头当这个项目组长，因为项目涉及工艺、设备、采购、制造、质量这五个部门。”唐风说。

“我知道您的意思，但我目前手头的工作太多，实在干不了这个组长。”朱冲说。

“但你是最合适的人选，上料出了问题，受害最大的也是你。”唐风继续劝说。

“唐总，我确实干不了。”朱冲推脱道。

唐风有些为难，这个项目组长如果朱冲不干，就只能由质量部来干。但这样效果会大打折扣，因为该项目最重要的是训练车间经理，让他们掌握“一次做对”的推进方法。

“这样吧，我知道你很忙，我给你派个项目秘书。”唐风说完，叫制程质量部的质量工程师覃容容过来。

“覃工，我计划在SMT车间成立一个上料‘一次做对’小组，由朱经理当组长，现在给你派个任务，你来当朱经理的秘书，协助他统计数据、发会议通知、整理会议纪要、全程跟进项目。”

见到唐风这样安排，朱冲说：“那好吧。”

在上料“一次做对”项目启动会上，唐风对所有与会的人员说：

“我们这里有生产、工艺、设备、采购、质量五个部门的人员，由朱经理担任项目组长。大家可能有疑问，为什么要让这么多部门参与这个项目？

“通过对上料过程的分析，我发现这个过程有很多输入因素。比如，设备部程序组提供的贴片程序，采购部提供的 LED 配置清单，工艺部光电组提供的白平衡电阻和打灯图。

“这些东西任何一个出错，上料就不可能做对，对吗？”

见大家都在点头，唐风继续说：“我要求每一个人都要把自己的工作一次性做对，不要给下游部门增添麻烦。

“因此，我们这个 SMT 上料‘一次做对’项目要分为几个小项目来做。

“比如，贴片程式要想做到不出错，需要研发、中试、文控、设备、工艺多个部门通力合作，这可以成立一个程式‘一次做对’小组，由设备组华天潮来主持。

“其他的，像白平衡电阻的选用、LED 灯的匹配，要想不出错，也需要有相对应的小组来进行研究。

“下面我说说项目目标。我对这个项目的要求是，在半年内实现上料零失误，这是中长期目标。短期目标是每个月相对上个月，上料错误率改进一半，比如说，上个月是 5%，那么这个月的目标就是 2.5%。”

会议开完后，唐风找来覃容容，对她说：“这个项目的技术难度不大，但是我最担心的是朱冲的态度，他这完全是被逼上梁山的。

“你要盯紧点，有异常及时向我汇报，因为我手头的项目太多，不可能每周都参加你们的项目例会。”

“好的。”覃容容说。

过了几周，唐风问覃容容：“你们上料‘一次做对’项目推行得怎么样了，每周有没有召开项目例会？”

“自从上次开了项目启动会后，只开过一次会议，工作推进得不理想。”覃容容回答。

“你这样不好，有问题你应该及时向我通报。”唐风说。

“你立马找朱冲过来，到我办公室，我当着你的面给他提要求。”

朱冲来到唐风的办公室，唐风对他说：“你的上料‘一次做对’项目有没有按我的要求去推进，推进过程中有没有困难？”

“不好意思，这两周都没开会，车间在搞整合，实在没空，您再给我点时间。”朱冲说。

“要多长时间？”唐风问。

“两周吧，两周后我一定按您的要求去推行。”朱冲说。

“那好，我给你两周，但是你得把项目计划在两周内提交给我。”唐风说。

“好的。”朱冲答应了。

看着朱冲的背影，唐风陷入了沉思。

当天下午，唐风接到公司总部的通知，因为新冠肺炎疫情的影响，公司的海外业务出现断崖式下跌。为此，公司决定，抽调平台部门的干部，前往中国业务区市场一线，参与公司渠道建设项目。唐风与朱冲都在其中。

唐风不得不把手头的工作放下，前往贵州市场，‘一次做对’项目的推进他交给谭宗南去办。

两周后，唐风提前从市场回来，他看了 SMT 上料的错误率，发现这段时间不仅情况没有改善，反而更差了。

他打电话给朱冲：“你的项目计划什么时候给我？”

朱冲回答：“唐总，我最近一直忙着拜访客户，实在抽不出时间来写，等我回来再说吧。”

五月中旬，朱冲终于回来了。唐风把他叫到办公室，对他说：“你这个上料‘一次做对’项目已经延迟了快两个月，现在你必须静下心，加快推进了，这周你一定要召开项目例会，我要参加。”

“好的。”朱冲说。

SMT 上料“一次做对”小组终于重新开了例会，不过不是由朱冲主持的，他让下面的一个设备工程师杨红光来主持。

开会时，朱冲也没有到场，他请假了，说车间有其他会议。

会上，针对在上料过程中出现的错误，唐风一个个地追问产生的原因，结果他发现车间根本就没有对这些问题进行过确认。

唐风强忍怒气开完这个会，他找来覃容容，问：“我看这个朱冲根本就不想干这个组长，你私下和他沟通过吗？”

“谈过，他就是不想干。”覃容容说。

“但是 SMT 是我们工厂最核心的加工过程，过去所有的大问题几乎都出现在这个车间，我们推行‘一次做对’项目，这个车间是必须要参与的。”

谈完后，唐风去找朱冲的上司——制造中心的总经理余聪明，把这段时间朱冲的表现告诉他，然后说：“老余，这个 SMT 上料‘一次做对’项目真的是让我操碎了心，我看朱冲这小子根本就不想干，但是我们要推行‘一次做对’，这个车间是绕不过去的，它是我们工厂加工制造的核心。”

余聪明说：“老唐，我们来打个配合，下周一开会时，你安排人把 SMT 车间贴片过程出现的错、漏、反问题的数量，以周为单位列出来，做个专题汇报，我来给他提要求 。”

周一下午，在惠州公司的管理例会上，质量部汇报上周的质量状况，与以往不同的，这次增加了一个专题：SMT 车间上料错、漏、反。

讲到这一页的时候，唐风开腔了：“朱冲，自从成立上料‘一次做对’项目组后，你们的上料差错率不但没有改进，反而还退步了。我给你定个目标，这个月的差错率是 3%，下个月降到 1.5% 以下，能不能做到？”

“可以做到。”在众目睽睽之下，朱冲不敢讨价还价。

这时余聪明发话了：“如果做不到，你带领整个 SMT 车间管理团队围着工业园跑一圈，边跑边喊口号。”

“口号的内容我已经帮你想好了。”唐风笑着说。

“‘我们 SMT 车间不诚信，说到做不到。’就要这样喊，我安排人给你们录像和拍照。”

“好的。”朱冲回答。

“还有，请将此项内容写入今天的会议纪要中，以方便追溯。”唐风对会议主持人李慧说。

第二天，唐风还专门找李慧确认了会议纪要，他通过企业微信把会议纪要发给朱冲。

SMT 上料“一次做对”项目组终于行动起来了！

两天后，唐风收到朱冲的邀请，参加项目周例会。

大家检讨了上一周的上料差错率数据和具体问题点。朱冲说：“首先，我做个检讨，前期我对这个项目不重视，导致项目进度延迟了两个月，目标达成情况也不好。从今天起，我会组织大家每周进行检讨，努力实施改进工作。下面请唐总给我们项目做指示。”

唐风说：“指示谈不上，我说说我的看法。

“第一，我们这个项目，到现在为止，并没有把前期 SMT 上料不良的问题点进行汇总、分析和定位，从而找出我们在 SMT 上料这个过程管理中存在的漏洞。

“朱冲前期做的项目推进计划是拍脑袋做的，对于如何实现目标，大家没有达成共识，这是最大的问题。我们没有时间等待员工把过去的错误再犯一次，然后再来分析。

“第二，我认为，本次会议做得比较好的地方，是我们终于针对上周的每个问题点，找当事员工进行了沟通，掌握了问题产生的原因。”

见大家都在点头，唐风继续说：“接下来的一周，请覃容容把今年 1 月份以来所有 SMT 上料过程中出现的错、漏、反问题进行汇总。

“比如，1—5 月份 SMT 上料总共出错了 60 多起，总共生产了 2000 个工单，上料错误率约为 3%。

“在这 60 多起错误里面，有多少起是由于输入因素造成的？比如设备部提供的贴片程序、采购部提供的灯管资料、工艺部光电组提供的白平衡电阻。

“有多少起是由于员工能力不足造成的？我指的能力不足，是员工不具备上岗所必需的能力，也就是在应知应会方面存在问题。

“有多少起是由于员工的态度造成的？所谓态度，指的是员工虽然知道该怎么做，也有能力做对，但是他做事粗心或者不按流程操作，最后导致错误的发生。

“还有，如果我们把 MES 系统认真用好，有多少起错误能够避免？

“这些功课必须在做项目计划前做好，否则，项目计划的可行性就会大打折扣。因此，我要求覃容容组织大家，把今年 1—5 月份的所有上料问题点进行汇总、分析和定位，输出相应的报告，下周例会上汇报。”

说完后，唐风离开了会议室，留下朱冲一干人在讨论。

一周后的项目例会，覃容容开始汇报。

“按唐总的要求，我们上周对今年 1—5 月份的所有上料问题点进行了汇总、分析和定位。

“在今年 1—5 月份，总共发生错、漏、反事故 67 件。其中，因工作态度导致的有 35 件，因设备程序错误导致的有 17 件，因人员能力不足导致的有 11 件，因作业指导不当导致的有 3 件，因白平衡电阻错误导致的有 1 件。

“为什么因工作态度导致的问题这么多？一个主要原因是员工换料时不按作业流程操作。我们要求员工在上料前先扫条码，系统通过后再接料。

“而实际上，很多员工为了图快，提前 2 小时将所有待上线的物料都扫了条码，在接料时就不扫了，也没有办法再扫，因为 MES 系统设置这个环节只扫一次。这样，MES 系统的防错功能就无法实现。”

说到这里，唐风插了一句：“系统再好，终究还要人来操作，如果员工没有‘一次做对’的意识，再好的设备也没有用。”

覃容容继续说："关于贴片程序错误这个问题，还比较复杂，产生错误的因素很多。

"有的是因为研发部的坐标文件出错，也有编程人员未按要求对照 BOM 进行自检，导致程序出错。

"还有，研发部提供的 BOM 出错，也会导致贴片程序做错。"

唐风对程序组的主管工程师华天潮说："华工，贴片程式制作是我们贴片上料过程的上游过程，你要组织所有工程师和技术员对这个过程进行分析，推动过程能力的提升。我给你的目标是贴片程式零错误。如果你的上游输入有问题，你要推动它改善，遇到困难，可以随时找我帮忙。"

唐风说完后，覃容容继续说："人员能力的问题，我举几个例子。

"MES 发出错料报警，结果员工不知道该如何处理。还有，SMT 站位少灯报警，员工也不知道如何处理。部分员工搞不清楚灯珠的贴装方向。

"以上这些，我认为都是因为能力不足造成的，我们对员工的上岗培训没有做到位。"

报告讲完后，覃容容说："我分析了上料过程的每个要素，对其中存在的主要问题点进行了汇总，列了一个清单，请各位责任人把问题领回去，在清单中列出对策，然后发给我，下周例会上讨论。"

朱冲说："我认可覃工讲的，我们 SMT 车间在这段时间的员工流动率很高，但好在这几天我终于把人员补齐了，后面这方面会改善。接下来，我会组织培训。"

唐风说："但是员工态度这个事，可不是简单的培训就能解决的。

"针对贴片中途换料这个细节，目前问题很多。要解决这些问题，我提几个建议。

"首先，我们要制订一个标准的上料流程。流程制订后，要组织员工严格按流程操作，一定要做到零错误。如果这一步成功了，可以把上料流程制成一个小卡片，贴在 SMT 贴片机器上，方便员工查阅。

“接下来，我们要组织全体上料员工进行培训，培训完后要考核，确保每位员工都理解这些要求。

“最后一步，组织大家公开承诺：一定要严格遵守这些要求！

“大家觉得怎么样？”唐风问。

“可以。”项目成员都表示同意。

“好的，请覃容容组织制订这个上料流程，完成后发给我看看。”

会议的最后，唐风告诉大家：“我们这个项目的核心是要提升上料过程管理的能力，这点大家一定要牢记。只有过程管理能力提升了，我们这些上料错误的问题才能彻底解决。

“通过对过去几个月数据的分析，我们确定的改进重点是上料员的工作态度、贴片程序、上料员的工作能力，这是目前过程能力提升的瓶颈。我会帮助大家去解决推进过程中存在的困难。”

三天后，唐风收到了覃容容发过来的上料作业流程。

唐风叫来覃容容，对她说：“写得不错，可以安排车间去试行，看看效果，没问题的话，进行培训和推广，一定要让员工承诺按这个要求做。

“而且一定要布置一个比较严肃和庄重的环境，让员工公开承诺，要有仪式感。我见过很多公司，管理者往往今天拿一张纸，要求员工在上面签字承诺，明天又拿一张纸，要求员工签字承诺另一件事。这种事情搞得太多，员工都不当回事了，这样的承诺没有意义。

“我比较喜欢西方人的婚礼，仪式很庄重，举办地点也很讲究，在教堂中举行，邀请双方的亲朋好友去现场做见证。

“婚礼由牧师主持，一定要夫妻双方进行公开承诺，无论顺境还是逆境，富裕或贫穷，健康或疾病，快乐或忧愁，你都将毫无保留地爱他 / 她，对他 / 她忠诚直到永远。

“推行‘一次做对’，一定要有仪式感，强调公开的承诺，挖掘员工内在的荣誉感，把它变成推动工作改进的动力，这也是它与其他质量改进工具的区别之一。

“过程管理的六大要素是互相关联的，我们要管理好员工的工作态度，首先要明确工作程序，做到有章可依，同时要培训员工，让他们清楚地了解作业流程和工作要求。

“如果员工还犯错，就纯粹是态度的问题了，处罚他们时，他们也无话可说。”

刚与覃容容谈完，唐风就收到了设备部程式组的华天潮发来的微信：“唐总，有个事要请教您，去年我们跟文控这边达成共识，会议记录都有签字，并发了邮件。

“共识的结果是，针对我们 SMT 程序组所需的各个产品坐标资料，我们只对接文控，不再直接找研发人员要资料。

“研发部发过来的资料由文控放在公共盘，我们申请账号权限可以下载，对于公共盘中没有坐标文件的产品，由文控去对接各个责任工程师。

“但现在我们经常找不到资料，对接文控方艳，方艳要求我们自己去找研发人员联系，我们去年达成的共识已经失效了，请帮忙看看，我们是不是今年需要重新再达成共识。”

唐风找来文控专员方艳，说：“华天潮刚刚向我反馈了一个问题，他说你没有按当时的共识去管控文件资料，导致他们产生困扰，所以，请你找华天潮去沟通下，谈不拢的话再找我协调。”

过了两天，华天潮又发微信给唐风：“唐总，我反馈的问题还是未能得到解决。”

唐风给他回了一条微信：“你与方艳一起到我办公室，来讨论一下这个事情。”

待双方把各自观点讲完后，唐风说：“这个问题我听明白了，自从去年我们对新产品的图纸归档流程进行优化后，新产品的资料就没有什么问题。目前是部分老产品的坐标资料不齐全，影响程序组的工作。

“这样，方艳在企业微信中拉一个群，让华工直接找研发资料组的同事要资料，然后你再将这些资料进行归档。发现一起就处理一起，过不了多久，这个问题就可以彻底解决了。”

“好的，就这样。”华、方两人都同意了。

唐风对华天潮说：“按公司流程，研发出来的新产品都要经过中试验证这一关，如果 BOM 和坐标文件有误，你要反馈给中试部黄云。如果遇到什么困难，可以随时来找我。”

两天后，华天潮又给唐风发微信：“唐总，我们的压力很大，每个月都有坐标异常的，这个月到今天 8 月 11 日，已经有 3 个产品坐标异常，也反馈给黄云经理，结果就是该出现的问题还是接着出现。”

唐风回复说：“关于研发坐标异常的情况，请你把问题调查清楚，写一个详细点的报告，我来找中试和研发。”

华天潮在报告中写道：“在研发线试产中，经常出现贴片程式坐标异常的情况，导致贴片程式不断修改，我们要反反复复做程式，有的坐标异常甚至发生在量产产品上，导致批次性不良产生。

“今年各部门都在做‘一次做对’项目，提高效率，提升质量，领导要求我们的工作一次性做对，不接受不良，不制造不良，不流出不良。

“据我们的数据统计，每个月都有坐标异常的情况，格式不标准的问题一直都存在。

“从今年 4 月份开始，我们这边就给出了标准的坐标格式，发给了中试部，这在企业微信中有记录。有标准，有要求，有共识记录，但现实情况就是每个月坐标异常的情况不断发生。希望领导推动各部门按标准流程来做，减少异常情况的发生，一次性做对，提升工作效率，提升质量。”

唐风把这个报告转发给中试部经理黄云，让他抽时间过来讨论。

黄云收到报告后立马过来了。

唐风说："你看过我发给你的报告了吗？"

"看过了。"黄云说。

"有什么想法？"唐风问。

"这些都是实际情况，目前研发部画 PCB 板的人员能力有些不足。"黄云回答。

唐风说："你打算怎么做？"

"研发部画板的人也不多，我已经把每位工程师的问题点统计出来，针对问题多的工程师，我会找他们的主管，督促他们改善。

"但是，这个改善是需要时间的。" 黄云说。

"可以给你时间，今年我们在研发这个环节，'一次做对'项目的数量比较少，如果有必要，可以立项来推动，你考虑下吧。"唐风说。

"好的。"黄云答应后离开了唐风的办公室。

华天潮负责的这个程式"一次做对"项目小组经过近 5 个月的努力，终于从 9 月份开始，连续 3 个月实现零错误。

贴片程式这个项目的成功，对 SMT 上料"一次做对"项目的帮助非常大，在 2020 年 12 月，车间仅出现一次上料错误，出错率几个月持续下降，整个团队铆足了劲，一定要实现上料零失误。

本章点评

● 如何解决项目组长的态度问题？

第一，耐心沟通，向其讲述项目的意义。

第二，与其领导沟通，通过其领导传达压力。

第三，帮助其解决困难，减少其顾虑。

第四，在公开场合逼迫其做出承诺，这是最重要的一点。

第十七章　驱车之道

如何从整体上驱动"一次做对"项目的落地

2019 年 3 月底，开完"一次做对"项目启动会后，在质量部的周例会上，唐风说："我们爱毕生公司第一期'一次做对'活动预计有 40 多个小项目，这么多项目，光靠我和谭工两个人来跟进，显然不现实。

"我大概能跟 5~6 个项目，谭工作为我的项目秘书，要负责所有项目的协调，能亲自跟的项目也就 1~2 个。也就是说，有将近 40 个项目需要派其他人跟进。我们部门现在总共有 21 个职员，主要是工程师或主管，我计划让每位职员跟进 1~2 个项目，部分检验组长也要跟进 1 个项目。

"这样做有三个好处。

"第一，确保每个项目有质量部的人员跟进，发现异常后可以立即报给我。

"第二，培养了一群项目管理师，提升了质量部的组织能力。

"第三，给大家一个学以致用的机会，大家可以把前期学到的零缺陷管理的理念和方法用于实际问题的解决，提升大家的个人能力。

"再好的方法和工具不与解决问题相结合，也不可能真正学到手。"

唐风讲完后，看了一下大家的反应。

"支持唐总。"下面的几个经理纷纷表态，其他与会人员都表示同意。

见此情况，唐风对谭宗南说：“你与其他几个经理把项目跟进的工作做一下分工，确保每个人都参加与他工作相关的项目。”

为了保证所有项目按计划推进，及时发现问题，唐风要求谭宗南每月组织项目进度检视会，由各个“一次做对”项目小组长向项目总监唐风汇报项目进度。

在五月份的项目检视会上，唐风发现，四楼箱体总装车间的首件“一次做对”项目业绩很差。

会后，他找来该项目的跟进责任人陈碧华，对她说：“这个项目是你跟进的，为什么效果这么差？”

“这个项目的组长是车间经理贺明辉，但是他从来没有亲自推动过该项目。实际上这个项目是由车间主管崔海涛主持的，这个月正好他被调走了，新来了一个主管赵海龙，两人刚刚交接完工作，这个项目在交接过程中就被落下了。”陈碧华说。

唐风说：“这样，你立马告诉贺明辉和赵海龙，这周必须召开项目周例会，贺明辉必须参加，把会议通知发给我，我也要参加。

“还有，你负责跟进的这个项目，推进不顺利，你应该主动来找我汇报，争取我的帮助，你要对项目的结果负责！”

陈碧华说：“好的，明天正好是项目周会，我邀请您参加。”

箱体总装首件“一次做对”项目周会在车间会议室召开，车间主管赵海龙作报告，唐风静静地听，等到赵海龙讲完了，唐风才开腔。

“请把报告往回翻。”

指着报告中的问题，唐风开始问：“这个 WN8.5 的铭牌错误，原因是什么？”

“是员工搞错了。”赵海龙回答。

“员工为什么搞错？是不知道怎么干，还是做事不认真，或者是上游的输入错误导致他犯了错？”唐风继续问。

“对不起，我没有了解，所以不知道。”面对唐风的提问，赵海龙有些狼狈，只得如实回答。

唐风指着赵海龙的PPT，继续问：“你们没有做过调查，那么报告中这些纠正措施是怎么写出来的呢？”

“是下面的组长们写的。”赵海龙回答。

唐风对车间经理贺明辉说：“你们这个小组的绩效没有达标的原因，我相信你看到了吧。”

贺明辉说：“唐总，这个事情我要做检讨，前期我没有亲自参与，让赵主管主持，今后我一定亲自参加，了解每个问题产生的原因。”

唐风说：“今天的会议，我建议不要继续开了，请贺经理下去，组织生产线的主管和组长把每个问题调查清楚，写个改进计划，连同今天的报告一起发给我，我要把二者对比一下，看看你们是不是真的把问题搞清楚了。”

会后，唐风对陈碧华说：“你负责跟进这个项目，必须对它的结果负责，以后在项目推进过程中有困难，一定要及时向我报告，我会帮助你解决问题。”

“好的。”陈碧华回答。

一个多月后，陈碧华又打电话给唐风：“唐总，箱体首检‘一次做对’项目的推进仍然有些问题，明天的例会，请您抽时间参加一下。”

会议由赵海龙主持，他把上周的几个问题先过了一遍，然后说：“今天这个会，我叫了工艺、质量部的同事，还专门请唐总过来，就是要帮助我们解决一个疑难问题。

“自从上次请唐总过来开会后，我们的首检一次合格率得到了大幅提升，从85%左右达到95%左右。现在遇到了一个瓶颈，我们发现最近一个月所有的首检不合格都是非标项目出错。”

说完，赵海龙打开了一个项目的订单需求确认表，开始吐苦水：“这个项目安装地点在海边，需求表上注明灯板和接收卡要喷三防漆，但接收卡是外购件，我们一直不喷三防漆的，而且喷了还可能有其他问题。后来，我找售前工程师确认，他告诉我接收卡可以不喷。

“这个单在送检的时候，质量判为不合格，我觉得很冤枉，我到底该听谁的？而且，这个订单需求确认表里有这么多信息，我们生产线上一个普通的工人如何能识别这么多要求？”

“你们车间不理解‘订单需求确认表’，那是你们自己要解决的问题，不能以此作为借口。”在场的质量、工艺人员针对赵海龙的意见立即进行反驳，双方在会议室中争吵起来。

见此情况，唐风说：“大家少安毋躁，我们的目标是解决问题，声音大没有用。”

他问生产工艺部经理汪洪文：“汪经理，你如何看待这个事？”

汪洪文说：“针对非标项目的执行，我们是有流程的，我们工艺工程师会识别‘订单需求确认表’中的要求，输出一个作业流程卡，会在每道作业工序中将非标的要求列出来，车间只要按流程卡作业就行了。”

唐风说：“按你这样说，车间的作业就很简单了，他们今后就不再去看‘订单需求确认表’了，只按你们工艺部的作业流程卡作业就行了。作业流程卡错，由工艺部负责，未按流程卡的要求做到位，由车间负责！”

“好，就这样。”贺明辉说。

“但质量部不能这样做，我们要防止工艺人员出错，未能将‘订单需求确认表’中的非标要求全部转化到作业流程卡中，我们在检验时必须按‘订单需求确认表’逐项检验。”唐风对陈碧华说。

接着，贺明辉又提出了另一个难题，就是有些客户要求产品上不能有爱毕生公司的LOGO，弄得车间经常要返工。

唐风说：“关于中性产品标识一直是一个老大难的问题，到底是在成品外壳上实现中性标识，还是从里到外都要实现中性标识，因为定义一直不清楚，所以造成车间经常返工。

“这个问题请汪经理出面，找产品部和售前服务部开个专题会，把中性产品的事梳理清楚。”说完后，唐风离开了会议室。

2020年7月，唐风对谭宗南说：“我们‘一次做对’项目已开展了三个多月，大部分项目都已经走上了轨道，你作为我的助手，这个时候要考虑系统性的项目跟进了。

“本周，你安排质量部的项目跟进人给我做一次汇报，汇报项目的规划思路，介绍目前存在的问题，以及项目的闪光点，进行经验交流。这样，我们才可以从整体上把握项目的进度。”

第一个汇报的是备品包装入库项目，这个项目由PQE工程师王浩然跟进。

他打开PPT，开始汇报：“按唐总的思路，备品客诉是小概率的事件，因此，我们这个项目的本质是提升备品包装过程的能力。

“因此，我们对内统计了两个数据，一个是备品包装生产自检异常率，另一个是备品送检异常率。对外，我们统计备品产生的客诉单数。通过统计这三个指标，我们来衡量这个过程的能力是不是得到了提高。

“从数据统计来看，结果还是不错的，备品客诉单数在上半年只有一单，损失不到100元，相对于去年全年12万元的损失，降幅很大。

“另外，生产自检异常率和送检异常率都得到了大幅改善。”

他汇报完后，唐风开始问：“如何评价这个项目是否实现了目标？”

王浩然回答：“通过看数据反映出的结果是否达标。”

唐风说：“这个结果当然很重要，但不是唯一的评价指标。原因很简单，这个结果只是一段时间内的结果，我们要的是‘长治久安’。

“这就要评估备品包装这个过程的管理能力，看它有没有得到真正的提高。”

停了一下，唐风接着说：“评估过程管理的能力，主要看项目是否输出了过程管理文档，而且证明这些文档是有用的，能解决问题。

“比如，针对备品包装人员的能力，我们在项目推进过程中是否对人员的能力进行了识别，并因此制定了上岗培训和考核办法，而且进一步验证了这些办法是有效的。

“同样，对于备品包装作业流程是否进行了优化，并评估了它的有效性。这些都是项目的输出物，它们可以保证我们这个过程能持续、稳定地输出。

“还有一点，也是最核心的因素，就是这个备品包装的组长，他的能力和意识是否真正得到了提升。”

见王浩然在点头，唐风继续说：“我们这个项目美中不足的是没有实现客诉为零的目标，我针对那次客诉做过调查，发现当天有一个急单要出货，正好那段时间公司因为新冠肺炎疫情原因，我们质量部没有安排 IPQC 值班。

“于是生产线怀着侥幸心理，没有按流程送检，直接把备品交给物流发货，最终的结果就是漏发了一根线。针对这种特殊的情况，如果我们能提前进行检讨，事先针对这种急单的情况制订相应对策，也许客诉就不会发生。就是因为风险防范的工作做不到位，才导致这次客诉。

“因此，你这个项目后续要做好两点工作。

“第一，要输出过程管理文档，也就是将前期行之有效的方法进行标准化、文档化。

“第二，要识别过程风险，你可以组织备品包装人员、备品检验人员和车间主管，大家一起来讨论，找出可能导致客诉和异常发生的主要情况，事先制订对策。

“大家在做‘一次做对’项目时，要学会运用我培训过的六步法。

“明确要求、识别差距、预告防范、心行到位、衡量分析、持续改进。”

第二个汇报的是质量部的内部项目，是由DQA负责的新产品评审“一次做对”，听完汇报后，唐风对DQA经理徐铮说：“你们对这个项目的理解有些问题，方向出现了偏差。

“首先，你们要明确，新产品评审这个过程的输出是什么？

“我的理解就是评审结论，我们对这个评审结论的要求只有一个，就是正确。也就是说，如果这个新产品是不合格的，不能进入量产，那么我们评审的结论应该是不合格。

“相反，如果这个新产品是合格的，可以进入批量生产，那么我们评审的结论应该是合格。

“我们不能把合格的产品评审为不合格，也不能把不合格的产品评审为合格。

“因此，我们应该以此为基点，搜集过去我们评审错误的案例，分析其原因，优化我们的评审过程，提升我们发现问题、准确判断的能力。

“这是我们这个项目的目标。”

“好的，我们按您的思路重新进行调整，修改我们的项目计划。”徐铮说。

从此以后，每个月唐风都让谭宗南在质量部内部组织一次项目汇报会议，由各个项目跟进人汇报他负责跟进的项目进度，唐风发现问题及时去处理，确保每个项目都按计划推进。

本章点评

● 如何从整体上驱动“一次做对”项目的落地？

第一，任命并培养一群项目推进师，发动团队的力量，避免单打独斗。

第二，定期地检视，发现问题，帮助项目成员及时解决问题。

第三，定期组织项目交流会，分享项目推进经验。

第四，及时向领导汇报，争取领导的支持。

第十八章　完美的连接

如何让“一次做对”活动不间断地延续

2020 年 10 月中旬，爱毕生公司的“一次做对”活动已开展了 6 个多月，多数项目已进入了收尾阶段。

在惠州工厂的管理周例会上，制造中心总经理余聪明对唐风说：“我们前期工艺部主持的质量改进项目，大多数已可结项，我建议，由质量部和工艺部针对制造和客诉端的难点问题进行沟通，提出下一阶段的重点改进项目。”

散会后，余聪明私下对唐风说：“我们好不容易把这些工艺工程师的改善热情激发出来，可千万不要让他们再冷下去。”

当天下午，唐风找来下属经理们，大家一起讨论“一次做对”二期项目的规划。

唐风说：“今天余总对我说，通过我们半年多的努力，终于把工艺人员的改善热情给激发出来了，不要让这股热情冷却下来。前期工艺主持的多个项目已快结项了，这个时候大家千万要趁热打铁，给他们提出新的改进要求。因此，我要求大家搜集工艺难点，形成问题清单，加紧新项目立项。”

产品质量管理部经理徐铮说：“我组织对前期的客诉问题进行了汇总，找到几个疑难问题，给大家通报下。

“第一个是模组底色不一致的问题，这是我们这个行业的痛点。”

“不管我们如何严格要求 PCB 供应商，每一批交来的板子总是会出现颜色差异，导致生产出的显示屏模组，组装后底色不一致。

“这个问题在海外市场并不是大事，因为外国客户看重的是LED显示屏的显示效果和产品的稳定性。

“但中国客户对产品外观要求更高，一块屏上有几块模组底色不一致，往往就会招来客户的投诉。”

唐风说：“这个显示屏的底色不一致问题，是显示屏行业的痛点，确实值得立项研究，还有其他的疑难问题吗？”

徐铮说：“第二个疑难杂症是模组自燃的问题，今年市场上出现了好几起。这个问题让我们很头痛，因为都是单个模组的小概率事件，每次出了问题，我们都很难找到根本原因，进而彻底解决。”

唐风说：“这个也值得立项研究。”

徐铮说：“还有一个问题，就是显示屏安装的事情。许多项目在出货后由客户安装，但是客户缺乏相关的知识，导致安装时管控不到位，损坏了显示屏，最后又掉过头来说我公司的产品存在质量问题。

“我举一个案例，上个月我收到海南的一个客户投诉，他反馈的是在某个机场项目中，我公司的显示屏在点亮后出现大面积死灯的现象。

“经过调查发现，他们的安装队完成显示屏安装后，两个多月后才点屏。要知道，LED灯有个特性，就是容易受潮，所以安装后一定要定时点亮除湿。

“最后，我们不得不派出大量维修人员在现场对不良模组进行维修。我们为此付出巨大成本，客户还不满意。

“到今年为止，这类问题已出现过多次。”

唐风说：“这个问题的本质，是我公司在显示屏安装这个过程的管理上出现了问题。虽然是客户安装，但出了问题我们还得兜底，所以，我们必须把这个安装过程监控起来。

“现在的通信手段已经很丰富了，针对由客户安装的项目，我们要建立一整套管理制度，把我公司的售后人员与客户的安装人员连接起来，把产品的安装要求明确传达给客户的安装人员，并且监视产品安装结果。

“我认为这个可以立项，由徐铮搜集所有客户安装不当的案例，推动售后部门立项。”

说到这里，唐风看了所有人一眼，说：“大家还有别的意见吗？”

制程质量部经理王浪说：“我这边也有些项目要立。”

“第一个是焊接项目的继续推进。今年我们对 1415 这款灯进行了研究并取得了突破，明年对于其他类型的 LED 灯的焊接效果需要继续研究。

“第二是灯的推力研究。目前的焊接工艺需要做哪些改变，才能进一步提高推力，这个需要单独立项。

“第三个是模块化问题。这个也是 LED 显示屏行业的痛点。显示屏为什么在安装后会出现模块化的问题，到底与哪些因素有关？

“这些问题需要深入探讨。”

等每个人都发表完意见，唐风说：“刚刚听了大家的发言，我觉得明年‘一次做对’项目可以从以下几个方面来开展。

“第一是 2020 年项目的升级版。

“比如，今年我们有 6 个下单过程优化项目，目标是要降低退单率，消除由于下单错误带来的客诉。今年的退单率基本上都达到了目标，但是由于下单错误导致的客诉仍然有好几起。明年可以把退单率和改进目标再提升，同时要求消灭下单错误导致的客诉。另外，今年我们研究了 1415 这款灯的阴阳色产生机理，明年研究其他类型的灯。

“第二，显示屏产品的痛点和软肋。

“在我们这个行业中，产品有一些疑难杂症，如模组偏色、模块化、自燃、掉灯等，每家公司都面临这些困扰。我们要组织项目组继续研究，找出其产生的机理，进而找到彻底解决问题的办法。

“第三，从全产业链质量管理这个角度来挖掘改进项目。

“尤其是LED灯、PCB这两种原材料，来料不良问题多，根本原因还是供应商的能力不足，一定要提高供应商的质量管理水平，才能彻底解决这个问题。

“第四，过程能力的提升。

“这个可以通过统计过程绩效找到能力比较低的业务过程，并进行立项。比如，我前期参加公司的会议时，销售管理部计划明年提高合同质量，这些也是应该立项改进的。

“第五，工作质量的提升。

“比如，我们的客户要求我公司推行三化一稳定，要求人员专业化、关键岗位人员稳定。这些是工作质量，我们可以统计数据，立项优化。”

说完后，唐风对谭宗南说：“我计划在11月底召开‘一次做对’项目总结大会，在此之前，你赶紧组织各个子项目的组长，对有条件结项的项目进行总结，输出总结报告，我们一起分批评审。

“所有项目评审结束后，我们得组织评比，选出优秀项目，在总结会上公开表彰，这是克劳士比质量改进十四步中的倒数第三步。”

从10月中到11月底，唐风与谭宗南对51个子项目开始进行评审。

每个项目唐风都参加评审，他告诉谭宗南：“评审这个环节很重要，因为很多项目是我直接指导实施的，项目组长按我的要求去做，最后达到了目标，但是为什么要这样做项目，他不一定完全清楚。

“所以，借着评审这个机会，我要考核一下各个组长的理论水平，帮助他们总结经验，这对我们下一期‘一次做对’项目的推进意义重大！”

这天，谭宗南安排了三个评审项目，分别是研发一部主持的结构开模“一次做对”项目，设备部主持的自动打螺丝“一次做对”

项目和制造部主持的 SMT 程式“一次做对”项目。

第一个汇报的是结构开模“一次做对”项目，由研发一部的经理范小波汇报。

他说：“我先介绍一下项目背景，前期我公司出现过多次模具报废的情况。

“据统计，在 2018 年 10 月到 2019 年 10 月这段时间，我公司结构五金件开模 197 项，塑胶件开模 110 项，出现模具报废 6 起，损失金额达 15 万元以上。

“一套模具少则几千元，多则几十万元，模具作废或有瑕疵会造成开发费用的浪费和开发项目的延期，严重时甚至影响订单的交付。

“因此，需要详细统计开模模具的情况，规范模具设计规范，明确注意事项，从源头改善，争取开模‘一次做对’，做到模具报废为零。

“下面我汇报一下项目成果。2020 年以来共完成开模 118 项，开模报废零起，达到目标值。这个成果不是靠运气实现的，那么，是如何做到的呢？”他开始解释。

“在‘一次做对’项目组的指导下，我们项目小组采取的策略是优化开模过程。

“具体来说，有三步。

“第一步，对前期的问题进行了分析和定位。

“我们把前期所有模具报废问题进行了分析和汇总，发现主要有四个方面的原因导致模具报废。

“第一个原因是产品设计本身有缺陷。由于设计人员本身的技术能力不够，或者在设计时粗心大意、考虑不周，而导致产品开模作废。

“第二个原因是开模图纸不规范。发给采购的开模图纸不规范，让供应商的工程师在审图或做模具图的时候理解错误，从而最终导致模具作废。

“第三个原因是产品需求评估不准确。主要是前期立项太随意，产品需求评估不准确，或者是产品的需求本身不明确，规划人员与设计人员的理解出现偏差。

“第四个原因是研发部与供应商或采购部沟通不当。设计者把图纸提供给供应商后，有时需要跟供应商电话或微信沟通，有时让采购部传达要求，在这个过程中出现沟通不畅、信息缺失，从而出现问题。

“第二步，梳理开模过程图。”

范小波一边说着一边打开下一张PPT介绍开模作业过程，如下图。

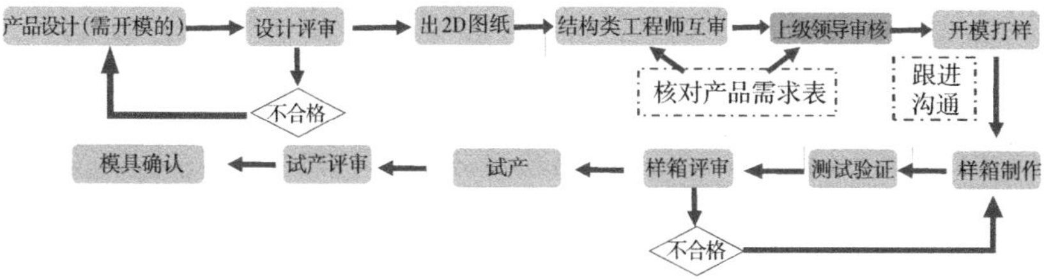

“请大家看看这个图，这是开模作业的全过程，我们要研究的核心是开模打样这个过程。

“第三步，明确过程六大要素的要求并进行控制。

“这个过程的输出物有三样：图纸、样品和零件承认书。

“我们先明确了输出物和要求。”

说完，范小波打开下一张PPT，如下图。

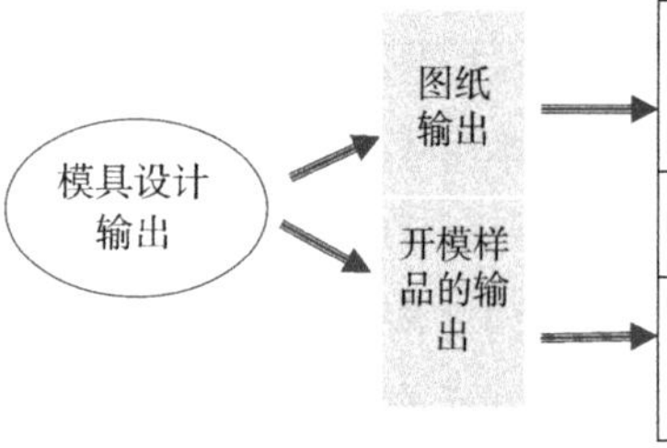

输出	客户	客户对输出物的要求
图纸	采购	及时、正确
	IQC	尺寸完整、技术要求明确、及时
	供应商	尺寸完整、技术要求明确、及时
样品	品质	及时、标签填写完整、与图纸相符
	供应商	及时、标签填写完整、与图纸相符
零件承认书	品质	及时、内容完整、测试报告OK、数据与图纸相符
	供应商	及时、内容完整、测试报告OK、数据与图纸相符

“基于这个输出的要求，我们对过程的每个要素都进行了优化。”

范小波打开下一张PPT，继续说：“这张图呈现了我们的所有工作。”

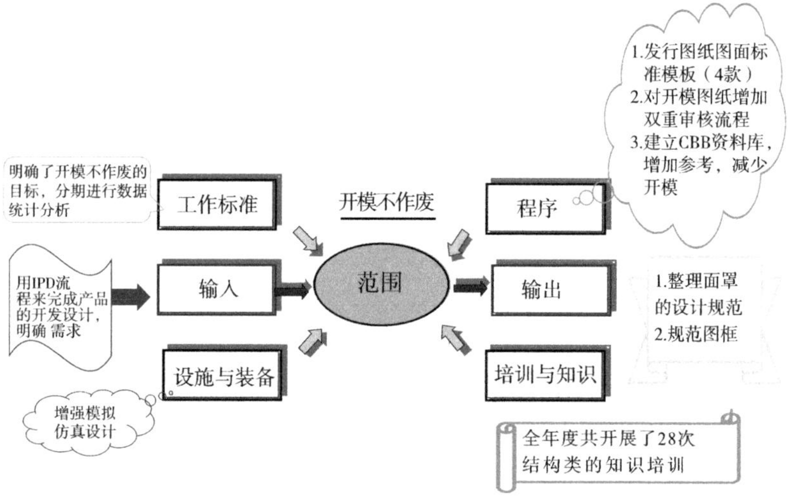

“在输入环节，我们做了几点优化。

“第一，所有的设计图纸必须要经过双重评审才能出图开模。

“第二，所有的设计细节需要符合我公司《结构设计规范》和《机械设计手册》的要求。

“还有，配合公司IPD(集成开发流程)的推进，我们产品开发立项严格按流程执行，立项前期进行调研、市场分析，确保需求评估正确。”

接下来，他又讲解了其他几个要素的优化，最后说：“在我们这个项目中，我有几点心得。

“第一，放弃恐惧，立即行动。刚开始时，我们项目小组认为目标定得过高，是不可能达成的，出现了排斥反应。

“但在‘一次做对’项目组的指导下，我们逐一采取措施，步步巩固，最终的结果还是很不错的，顺利实现目标值。

“‘起而行动，方能平定心中的惶恐，成功不是等待，我现在就付诸行动。’阳光格言中的这段话正好反映了我们项目小组所有人的心情。

“第二，细节决定成败。在结构开模这个过程中，需要优化的细节有很多，任何一个地方做不到位，都可能导致模具报废。”

最后，范小波说：“以上就是我们结构开模项目组的总结，请唐总和谭工点评。”

唐风说：“感谢范工，你们这个项目成绩非常好，从你的汇报中，我们可以发现，你对零缺陷过程方法的理解已经比较到位。

“在此，我给你提一个要求：明年我们‘一次做对’项目二期会继续开展，我会给研发部的同事们做培训，到时请你配合我，把你的项目经历给大家分享。”

第二个汇报的项目是设备部主持的自动打螺丝“一次做对”项目，由设备部经理郭靖汇报。

他把所做的工作列了一个清单，给唐风和谭宗南进行了介绍。在汇报的最后，他说：“我们这个项目是按人、机、料、法、环的思路，全方位地做了优化。

“重点有两个，一是统计了螺丝的来料不良率，并推动供应商改善来料质量。

“二是找到了螺丝损坏率高的另一个原因，就是螺丝规格变更后没有及时更换批头。

“以上就是我们项目组的汇报，请唐总、谭工点评。”

唐风说：“郭经理，从结果来看，你这个项目达成了目标。”

“但是，有一点，我认为还没有达到目标，就是在对过程管理的理解上，我有些异议。20 年前我刚入质量管理这一行，参加培训时，培训老师告诉我们，管过程就是要从人、机、料、法、环入手。你刚才汇报的也是这个思路。

“刚才你讲到，造成螺丝损坏率高的一个重要原因，是螺丝规格变更后没有及时更换批头，你们现在把它给换了。

“从过程管理的角度来看，我们这个过程输出的是一个半成品模组，要保证这个输出物合格，这个螺丝机上的批头要满足什么条件？”

郭靖回答：“批头要与螺丝相匹配。”

“如何能保证这一点？”唐风问。“要知道，我公司的螺丝规格时有变更。”

郭靖回答：“唐总，我明白你的意思，针对螺丝机的管理，我们要有相应的规范，确保设备能满足过程的要求。”

唐风说：“人、机、料、法、环的过程管理模式是已故院士刘源张提出来的。

“我问你一个问题，在自动打螺丝这个过程中主要有两个岗位，一个是操作员，一个是设备调校员。我们对这两个岗位的要求是不一样的，是吗？”

郭靖回答：“是的。”

唐风说：“那么，什么样的人员才能满足我们这两个岗位的要求？这里面包括知识、技能、经验、工作态度四个要素，你在做项目的时候明确了吗？”

郭靖回答：“这个真的没有。”

唐风说：“这就是问题的关键。你在做这个项目的时候，从人、机、料、法、环入手做了不少工作，但是对于每个要素，到底要达到什么要求，才能保证不出问题呢？

“在这一点上，我看你没有清醒的认识。如果不把这些要素识别清楚，并管理到位，你能保证打螺丝这个过程永远不出问题？

“年初我给你们各个项目小组长培训了零缺陷过程管理方法，但是你在做项目时并没有有意识地使用。

“美国质量大师克劳士比强调，在明确输出要求的基础上，识别输入、能力、态度、设备设施、作业程序五大要素的要求，并制订相对应的管理办法，确保这些要素能满足过程的要求。

“我认为，这种方法是把要求搞得清清楚楚，然后努力做到。”

郭靖回答：“我明白了，你这几句话对我触动很大，我要回去补课，按你的这个思路把未做的工作完成。”

第三个汇报的是制造部主持的 SMT 程式“一次做对”项目，由车间副经理洪习官汇报。

“大家好，我先汇报一下项目背景。

“2019 年程式错误共发生 32 次，其中导致质量异常 9 次，错误率为 0.19%，对产品质量及生产效率产生巨大影响。

“为减少质量损失、提升效率，在整个公司‘一次做对’文化背景下，程式‘一次做对’项目立项开展，由程式组工程师华天潮负责推进。

“先看看项目成果，我们这个项目从 4 月份开始运作，9 月份开始出成果，到今天已经近 4 个月，没有出现过一次程式错误，真正做到了零缺陷。

“我们是怎么做到的呢？主要有三步。

“第一步是找主因。

“通过对过往程式错误的案例进行分析汇总，我们发现程式制作这个过程有三大重点问题。

“一是输入问题多，主要体现在 BOM、CAD、GEEBER 文件资料的不准确，或者是格式错误。

“二是我们用的编辑软件不能实现纠错。

“三是程式上线流程存在漏洞，导致程式错误的问题不能在上线前被发现。

“第二步是促改善。

“针对 BOM 等文件错误的问题，我们与质量部文控专员、中试部等人召开了专题会议，制定了针对文件错误的管控办法，输出了《标准 BOM 格式》《标准坐标格式》等文件。

“只要程式组发现有文件错误，就会把问题反馈给中试部和文控专员。

“由中试工程师找开发工程师确认问题并给出解决问题的时限，然后中试工程师制定台账，到期后跟进结果。

“通过这样一个运作机制，BOM 错误的问题彻底得到根除。

“针对白平衡电阻错误的问题，工艺部组织了白平衡‘一次做对’小组，通过增加检验、确认等动作，这个问题已彻底解决。

“生产计划变动频繁会导致程式组疲于奔命，进而产生程式错误。

“针对这个问题，我们与计划部进行了多次沟通，达成了共识，确保工单生产计划至少提前一天下发车间，给程式组留出足够的时间来制作程式。

“以上这些措施是从输入这个要素来实施改善的。

“针对我们的编程人员的误操作，我们联络 IT 部门，开发了一个自检工具软件，在程式完成后进行自检，输出程式检测对比表，把已做好的程式数据与 BOM 要求数据进行比对，找出差异，发现问题。

“这是从设备设施这个要素来实施改善的。

“第三步是定标准。

“为了巩固我们的改善成果，确保‘长治久安’，我们制作了三份作业文件。

“分别是‘PCBA 贴片程序上线流程’‘SMT 首件检验作业指

导书’‘SMT 程序操作作业指导书’。”

唐风说：“你们这个项目做得不错，说说你的体会。”

洪习官说：“体会主要有两点。

“第一点，我对我的工作输出负责任。

“以前，在出现程式错误的时候，质量部找到我，我心里总是有些不以为然，因为 90% 以上的问题都是前端研发等部门导致的。

“我认为质量部应该去找这些部门，让他们想办法改善。

“通过这个项目，我深刻认识到，SMT 程式是我们程式组输出的，保证它不出错是我们程式组的责任。基于这一点，我们应该主动找研发、计划等部门，推动他们去改善，控制好程式制作端的输入。

“第二点，改善永不止步。

“我们把程式错误的问题彻底解决了，接下来要改善程式制作的周期和效率。”

经过一个多月的评审，终于在 2020 年 11 月底，51 个“一次做对”项目全部结项。

唐风针对不同的项目成果，选择 10 个项目进行表彰，发放奖金，对其他未得奖项目发放活动经费，供小组成员组织团建活动。

同时，他设置了一个优秀组织奖，专门颁给制造中心总经理余聪明。

在奖杯、奖状证书全部到位后，唐风出面邀请公司的高层领导前来惠州工厂，参加“一次做对”项目总结大会。

在总结大会上，项目组长唐风第一个上台汇报。

“各位领导，各位同事，感谢大家的支持，我们爱毕生公司‘一次做对’质量文化变革第一期项目顺利结项。

“我从以下五个方面来进行汇报。

“第一是项目的成效。

“我们总共实施了 51 个改进项目，有 400 多人参加，输出 6 份专利、175 份过程管理规范，极大地提高了我公司的过程管理能力。

“我公司的质量损失费用率在2020年大幅下降，在2019年的基础上下降53%，这些项目功不可没。

“当然，最主要的成果还将在未来的两到三年内体现。

“第二是项目推进的背景。

“2019年我公司直接的质量损失达到2600万元人民币，问题是多方面的，涉及来料、焊接、下单、结构设计、光电设计等一系列过程。

“因此，在做项目策划时，我们对以往的问题进行了过程定位，基于过程定位选择改进项目，做到有的放矢。

“第三是项目推进的历程。

“我们这个项目原计划在春节后开始。因为新冠肺炎疫情的影响，推迟到4月份，才完成所有的项目立项。

“经过半年的努力，在10月份，开始对各个子项目进行结项评审，确保每个项目都达成目标。

“第四是项目推进的布局。

“在这次‘一次做对’推进项目中，制造中心的参与力度最大，在此提出表扬。

“主持项目最多的是工艺部，其次是质量部和制造部。

“第五，我给大家汇报一下典型项目的绩效。”

唐风汇报完后，接下来是项目表彰，最后公司各个领导发言，所有领导一致认为，“一次做对”项目应该持续推进。

最后由唐风汇报下一期的项目规划，汇报完后，大家合影留念，总结会议顺利结束。

会后，唐风告诉谭宗南：“接下来，我们要在2021年元月底完成两件事情。

“第一，组织大面积的研讨和培训。除了由我来培训‘一次做对’的理论知识外，还要由今年有突出表现的项目组长来分享心得。

“比如，今年研发部有两个项目做得很好，可以安排这两个项目组长在研发体系内进行分享。

“相对我的培训，他们的分享更有说服力、更接地气。

“第二，搜集项目，任命第二期项目组的成员，提交公司任命。”

本章点评

● 如何让“ 次做对”活动不间断地延续?

首先，挖掘前期的优秀项目，组织分享和培训。

其次，从问题入手，从过程入手，先解决产品质量的问题，后提升过程的绩效，从产品质量转向工作质量。

赋能篇

打造质量精英团队

第十九章　质量异常纠正系统

如何构建一个有效的质量纠正系统

2020 年 10 月中旬的一个下午，唐风在办公室中接到一个朋友的电话。

对方问："最近忙吗？"

唐风开玩笑地说："不忙，事情不多，现在一周只有一两次异常，而且也不是大问题，由下面的人处理了，根本用不着我出手，按现在这种状态，我都可以早点退休了。"

对方有些惊奇："看来你这个质量总监干得不错，都快把自己弄失业了。"

放下电话后，往事一幕幕在唐风的脑海中回现。

2018 年年底进入爱毕生公司后，唐风很快明白，为什么上司 Rose 说质量部解决问题的能力很弱，因为质量部的人才严重不足。

质量部有 90 多人，其中，有 20 多个工程师和一线主管，其他是 70 多个检验员，居然没有一个中层干部。

20 多个工程师直接向他汇报工作，2019 年 1 月份，在给这些职员制订一季度的绩效目标时，唐风头都大了。

于是，唐风一方面组织处理客户投诉和生产线异常的问题，另一方面催促人力资源部加快干部的招聘工作。

经过两个多月的努力，终于在 3 月份把 DQA 经理徐铮、制程质量经理王浪招了进来，又从内部提拔了邓江和谭宗南，负责物料质量部和质量体系部。

这样，整个质量部的管理班子终于完善了，唐风也从具体事务中解脱出来。

这天，王浪走进唐风的办公室，说："唐总，我来公司一个多月了，有一件事需要与您沟通，就是我们制程质量部的组织结构需要尽快调整。"

唐风说："说说你的想法。"

王浪说："目前制程质量部下面有一个检验科，由覃容容负责管理各个车间的 IPQC\FQC 检验员，另外有两个 PQE 工程师王浩然和钱松，负责质量控制计划和产品检验标准的制定，以及车间异常的处理。

"这样的做法就是，一方负责管人，另一方负责管事，出了客诉我都找不到准确的责任人。"

唐风说："你打算怎么做？"

王浪说："我计划把三个人的分工进行调整，每个人负责管一段过程，管事并管人。

"覃容容负责 SMT 贴片生产过程，钱松负责光源全生产过程，以及直插灯产品从模组到箱体的全过程，而王浩然负责贴片灯产品从模组生产到箱体入库的全过程。

"每个人带一些检验员，既是质量工程师又是主管。"

唐风说："这个想法不错，我支持。另外，还有一个事情，车间向我反馈几次了，我们的显示屏在入库之前 FQC 先检验一遍，接下来 OQC 还要检验一遍，是这样的吗？"

王浪说："是这样的，因为按公司的要求，OQC 是代表客户来验货的，所以 FQC 检完后，他们还要再检一遍。"

唐风说："这样做，你这个部门就经常左右互搏，OQC 和 FQC 会打架，因为二者的检验标准不一样。"

王浪说："的确是这样的，这种模式已经运作了好几年，我也觉得有问题。"

唐风说："这种方式是不合理的，我们的标准应该只有一个，那就是满足客户要求。

"你去组织 FQC 和 OQC 做一个交流，把两者的标准统一起来，然后取消 OQC 在入库前的抽检，他们的主要职责是产品出厂时的符合性检验和抽检。

"但是从此以后，FQC 要对其检验的结果负责，如果因为漏检产生了客诉，他们要'挨板子'。"

王浪说："好，这样职责分明，更有利于检出问题，我们还可以节约四五个人力。"

唐风说："还有两件事，我需要与你讨论。

"第一件事，就是这三个 PQE 工程师的能力，他们处理异常的能力还需要提升。前期我反复给他们讲解了过程方法，要求处理异常时做到七有。即有原因分析、有临时对策、有过程定位、有纠正措施、有预防措施、有责任人、有完成时间。但是，他们做得还不尽人意，需要你不断地督促和严格要求。"

王浪说："好的。"

唐风说："还有一件事，我们的制程纠正预防电子流需要优化。按流程，生产线发生异常后，车间人员或 QC 需要提交异常电子流给 PQE 工程师确认。一旦异常成立，需要由工艺工程师对问题进行分析和定位，提出临时对策。"

王浪说："是的，目前就是这样运作的。"

唐风说："但是工艺工程师没有过程管理的概念，他们对问题进行定位时从来不会站在过程的角度，往往是就事论事，很难找到问题产生的根源。"

王浪说："目前的情况确实就是这样。"

唐风说："你去给工艺工程部做个培训，把我们处理异常的'七有'要求与他们达成共识。

"另外，我们的制程纠正预防电子流也要进行优化，增加过程定位这个环节。

“如果是供应商来料导致的异常，就统一定义为来料不良，由SQE发出SCAR（供应商纠正预防报告），要求供应商回复。然后把供应商回复的报告作为附件插入电子流，经过审批后才能关闭。”

王浪说：“好的。”

2020年4月底，在质量部的干部会议上，唐风说：“最近，针对我公司的质量异常纠正系统，我仔细做了思考。

“我认为，它主要分为四大部分：产品线质量例会制度、客诉问题回溯制度、制程异常处理电子流系统、来料纠正与预防管理。核心只有一个，就是通过问题分析，识别出产生问题和漏出问题的业务过程，制订过程能力提升计划。

“通过一年多的努力，后面三个制度已经能够正常运作且效果良好。今年，我打算导入产品线质量管理这种制度。”

唐风说：“我们目前的质量管理分工存在一个问题，就是DQA只负责新产品的研发质量，制程质量部负责生产质量，市场质量部负责处理客诉，每个部门只站在自己的角度来看问题。

“我们缺乏一个部门，站在产品生命周期这个角度来全方位地搜集数据，召开专题会议，检讨产品质量状况，实施改进。

“在我的老东家EE公司，产品线质量例会由产品线总监发起，由产品线质量经理主持，以产品实现为主线，召集与本产品线所有相关的部门，包括质量部、产品部、研发部、中试部、制造部、工艺部等，对本产品线的质量状况进行检讨，从产品全生命周期的角度来看待问题、解决问题，效果非常好。

“产品线质量例会制度，在其他行业中，是解决产品质量问题的有效方法。

“在这种制度下，我们可以与该产品线相关的主要人员坐在一起讨论问题，快速形成解决问题的方案。

“因为产品质量问题有时与成本、交付有关，甚至冲突，需要统筹考虑，这就需要整个团队一起坐下来讨论。

“实施这种制度的前提是要有一个产品线质量经理，负责收集该产品线在研发、中试、生产、客户端的质量数据和问题点，定期组织会议，检讨问题，做出决策。

“我认为，我们公司也要走这条路。

“因此，我决定，将我们DQA部和市场质量部两个部门进行合并，成立产品线质量管理部，将我们的DQA和客诉工程师培养成为产品线质量代表。”

DQA经理徐铮说：“我了解您的意思，但是目前的人员能力与您的要求相差甚远。DQA工程师不了解客诉问题的处理流程，也不了解产品的具体应用环境；客诉工程师却不了解产品是如何研发出来的，也不了解产品是如何制造出来的。”

唐风说：“没有关系，我们可以先定义好产品质量工程师的能力模型，基于此标准，检视我们目前人员的能力差距。

“我再强调一遍，产品质量工程师的主要职责主要有以下几个方面。

“第一，参与客诉处理，并将客诉反馈到研发端，寻求在研发前端解决问题。第二，参与新产品质量目标的制订和策划，代表质量部参与新产品在研发各个阶段的评审。第三，收集每款产品在研发、中试、量产、客户应用各个阶段的质量数据，召开产品线质量例会，并跟进改进措施的落实，目标是实现产品全生命周期的质量管理。

“当然，要实现这种转变，我们得把DQA目前的一些职能，如ECN管理、样品和承认书的管理、新产品试产统筹等转移给研发部和中试部，这个我可以找相关部门的主管去协调。”

“总之一句话，我们不要去抢业务部门的工作，我们的重点是做好产品全生命周期的质量管理。”

徐铮回答：“好的，我去准备产品线质量例会。”

三个月后，即 2020 年 7 月，爱毕生公司的第一场产品线质量例会终于召开了，在广告产品线上进行试点。

会议由徐铮主持，产品线总监、产品部、研发部、中试部、制造部、工艺部相关人员悉数到场。

会议先展现了广告线 2020 年 1—6 月份的质量数据，包括客诉单数、客诉率、主力产品的量产直通率、新产品转产评审合格率等，还回顾了上半年的市场重大问题。

会议快结束时，唐风发言："产品线质量例会制度在许多行业中被证明是行之有效的，公司今年成立了产品线，我们质量管理要按产品线进行运作，今天只是一个开头，以后这个会议将例行召开，我要求大家参与。

"另外，在我们这个会议上，原则上不讨论具体的问题点，具体问题产生的原因和解决方案应该在会前面对面沟通，会上我们除了检视质量数据外，重要的是达成共识，各部门把任务领回去。

"下次会议前，我要求大家主动把完成情况反馈给产品线质量代表，会议的第一项议题就是检视上个月共识行动的落实情况。"

开完会，在唐风的办公室，他对徐铮说："我们筹划几个月的产品线质量例会终于跨出了第一步，这是质量异常纠正系统的重要一环。

"我们接下来的重点，就是按我们制定的产品线质量代表的任职资格标准进行能力培养。"

2020 年 9 月底，唐风让徐铮组织了第一次产品线质量代表学习汇报会。

第一个汇报的是程剑锋，他汇报完后，唐风问："你知道暗亮毛毛虫和串亮毛毛虫的产生机理有何差别吗？"

程剑锋回答："'暗亮毛毛虫'是可以用软件来消除的，'串亮毛毛虫'不可以用软件来消除。"

唐风说："不是这样的，你回答的仅仅是现象，不是机理。

“一个 LED 灯实际上是由红、绿、蓝三个发光二极管组成的，一个二极管的正负极之间，由于金迁移或者是银迁移等原因，导致正负极之间漏电，这就是‘暗亮毛毛虫’产生的机理，相当于在正负极之间串联了一个电阻。

“而‘串亮毛毛虫’指的是三个发光二极管之间互相漏电。”

在听完各个工程师的汇报后，唐风说：“我们的目标是要把 DQA 和客诉工程师进行整合，培养出产品线质量代表，从产品全生命周期这个角度来实施质量管理。

“但是，现在大家的能力是不足的，客诉工程师不了解产品特性，也不了解产品的开发流程。DQA 工程师恰恰相反，不了解客诉流程。

“为了使大家有个明确的学习目标，我已请徐经理制定一个产品线质量代表的任职资格表，界定了能力要求。我要求你们按照这份任职资格清单进行学习，然后针对每个知识点和能力点提交 PPT，在部门例会上给大家汇报，让大家来评审，确认你是否真正掌握了这个知识点。

“更重要的是，大家在做这个事情的过程中可以输出相对应的文档，这就是未来产品线质量代表的培训教材。”

会后，唐风对徐铮说：“把 DQA 和客诉工程师整合成为产品质量代表，我们今年 4 月份就达成共识，但是到现在，这几个人的能力仍然达不到要求，你的工作滞后了。

“当然，我也应该向内看，我认为前期对你的要求太低了。

“你以后要给这三名产品线质量代表制订周计划，每周要开一次总结会，让他们几个人汇报本周进展和下周的学习计划。”

这天，唐风与徐铮又谈起客诉处理的事情。

唐风说：“客诉问题是我们质量部推动内部管理优化的一大抓手，我们一定不能浪费它。

“我之前在部门内反复强调过，不管是客户投诉还是生产线异常，只要是公司内部的失误，我们一定要将它定位到业务过程，从提升业务过程的能力这个角度来解决问题。

“这个月初，有一个户外显示屏重大项目，客户是广州的一家房地产商，我发现这个项目的箱体来料居然出现了7批不合格，合格率仅为82%。要知道，自从去年我们把赛艺能的箱体质量搞上去后，箱体来料就很少出现批次性不良的问题。

“于是我让邓江把供应商请了过来，了解产生问题的原因。在会上，我才发现，不良品是供应商生产的，但产生这个问题的根本原因还是我们公司。”

徐铮有些好奇，问：“为什么供应商的作业不良，原因要归咎到我们公司？”

唐风说：“我把这个问题给你分析一下。

“这家供应商与我公司合作多年，其质量管理能力是很不错的，平时很少出问题。

“出问题的是个客户非标定制项目，按计划，在9月8日前，我公司订单设计组就应该完成非标BOM和图纸，然后由采购部把箱体原材料订单下出去。

“结果，由于内部管理失误，非标图纸晚了三天，直到9月11日才出来。客户的交期不能改变，所以采购部只能把供应商的生产周期由正常的19天改为14天，逼着供应商在25日交货。

“‘萝卜快了不洗泥。’这样做的结果，就是供应商没有办法按正常流程生产，部分质量检验环节被取消。”

停了一下，唐风继续说：“作为质量部门，我们一定要从产品实现的全过程来看待产品质量问题。这样，我们才能抓住根本，彻底解决问题。

“产品质量问题，从本质上来说，是一个综合管理问题，我们要有清醒的认识，出了问题要从管理这个角度去看，寻找管理漏洞，这也是客诉问题回溯机制的真正作用。

“产品线质量代表是实施产品全生命周期质量管理的主担当。”

2020 年 10 月，在惠州工厂的管理周会上，唐风说：“我们制程质量部要每周召开一个例会，不仅要讨论本周制程上的质量异常问题，而且要讨论产品不能及时入库的问题。

“产品不能按时入库，看起来与质量管理扯不上关系，实则关系重大，因为两者的本质都是一样的，都是管理问题，都要寻找根本原因。

“质量和交付往往是事物的两个面，我们不要人为地把它们孤立开。不管是制程中出现质量异常，还是不能及时入库，其背后的原因都是一个，就是某些过程的管理出现了问题。

“比如说，某台生产设备今天突然出了故障，导致生产延迟。如果你仅仅是将其修好，让它继续生产，而不寻找故障背后的根本原因，那么，明天可能出现的问题就是这台设备生产出来的产品质量不合格，就是质量异常了。

“我们的制程异常电子流管理系统应该考虑把生产过程中的所有异常全部放进去，进行分析和跟进。”

对于供应商来料不良的问题，唐风也持有同样的观点。这天，他指着供应商发过来的一个 8D 报告，对物料质量部的主管邓江说：“每一个批次性来料不良问题，其直接的原因都是供应商某些过程的管理出了问题。

“当然，更深层次的问题是供应商质量管理的能力不足，其管理层对质量的认识不够。

“因此，对于供应商的来料不良，我们一定要让其进行过程定位，找到其产生问题和漏出问题的业务过程，想办法提升其过程管理能力。

“对于部分重要的供应商，我们要去现场，与其最高管理者进行沟通，帮助其提升对质量的认识。”

本章点评

● 如何构建一个有效的质量纠正系统?

分工合理、职责明确的团队，清晰的工作要求，IT 系统的建设，以及质量工程师较高的个人能力，几大要素的综合运用，才能构建出一个有效的纠错系统。

第二十章　项目管理师

如何提升质量项目管理的能力

2020年12月2日，星期二，唐风把手下的产品质量管理部经理徐铮叫到办公室，与他讨论模组烧毁的问题。

唐风说："在我的印象中，今年市场上已经出现了好几起模组烧毁的客诉。虽然都是单个模组烧毁的零星事件，但对公司的品牌却有极大的破坏。"

徐铮说："是啊，在我们LED显示屏行业，模组烧毁的事件是比较多的，严重的甚至把整个显示屏烧掉。但是每个问题产生的原因又不一样，而且分析起来难度也很大，这真是一块'硬骨头'。"

唐风点了点头，说："我们'一次做对'项目已正式开展了一年，许多以前的疑难问题通过分析，找到原因后得到了解决。我相信只要我们有足够的决心，烧模组这个问题，我们也能找到解决的办法。

"针对这个问题，我想成立一个专项攻关小组，研究不同系列的产品模组烧毁的机理。今天找你来，就是想和你讨论一下立项的事情。"

徐铮说："我也正有此意，前期在一个客户处，有一块屏在三年内连续出现两次模组烧毁的现象。

"我们组织研发部、工艺部，经过两个多月的分析，才把原因找到。客户对我们意见很大，售后部门也颇多微词。"

唐风说："我还记得，在我们生产线上，今年也出现过多起模组烧毁的现象，你让制程质量部把问题也汇总一下，结合市场上的烧模组问题，我们推动在公司内立项，放入明年的‘一次做对’项目中管理。”

一周后，由徐铮召集的模组烧毁专题会议在惠州工厂召开，技术中心、研发部、工艺部、质量部各个部门派代表参加。

会上，徐铮说：“在 2020 年，总共发生 28 起烧模组的事故，其中，有客诉 14 起，在制程中的有 14 起。下面针对每一起事故的调查结果，让我来给大家汇报。”

徐铮讲完后，与会人员都发表了自己的看法，讨论问题发生的原因。

这时，唐风站起来，打断了大家的讨论，对大家说：“我们今天这个会议的主题不是让大家来讨论问题产生的原因的。从我掌握的信息来看，这个问题极为复杂，是我们 LED 显示屏行业的软肋。因为每一起事故都是单个模组零星失效，失效的原因也五花八门。这就要求我们要对此现象进行研究，找到每一种模组产生自燃的机理，制订有针对性的预防对策。

“不知大家对此有何看法？”

说完后，唐风扫视全场，看到与会人员纷纷点头，又接着说：“我打算在公司内成立专题项目组，研究模组自燃的机理，找到解决方案。大家说，这个项目是否值得我们花精力去立项研究？”

来自技术中心和技术支持部的代表说：“模组自燃在行业内是个通病，但我公司的产品号称是业界最安全的 LED 显示屏，我们就应该彻底解决这个问题。”

大家纷纷回应：“对，解决这个问题对我公司的品牌有很大的提升。”

见此情况，唐风说：“那今天会议的第一个共识就达成了，这个项目值得做！”

顿了一下，唐风又说：“接下来要讨论第二个问题，这个项目谁负责牵头？”

针对这个问题，大家讨论了很久，难以达成一致意见，于是唐风说："我一向提倡从源头来解决问题，事实上，要解决模组烧毁的问题，从产品电路设计和器件选型开始就要考虑这个要素。

"比如，在电路中增加一些零欧姆的限流电阻，当电流突然增大时，电阻烧毁，自动切断电源，避免模组进一步燃烧。就像保险丝一样，在关键时候起到保护作用，模组可以不工作，但是不能烧毁。

"因此，我的建议是，这个项目由研发管理部牵头，研发一部、二部、三部作为主要参与力量，一起进行技术攻关。"

研发管理部的代表站起来说："要做这个项目，需要协调的部门很多，我怕我们没有这个能力。"

最后，经过大家讨论，本项目分为两个阶段。

第一阶段由质量部下属产品质量管理部徐铮牵头，负责组织大家研究模组燃烧机理，输出相应的分析报告。

第二阶段由研发二部主导，制订问题的解决方案并统计实施效果。这样做的原因是，目前发生模组燃烧的产品基本是由研发二部设计的。

唐风说："按这个方案，我们项目第一阶段的目标就是基于目前搜集到的问题和数据，输出模组燃烧的分析报告。

"第二阶段就是制订解决方案，并统计改善结果，目标就是彻底消除模组自燃。"

"好！"与会人员一致同意。

第二天，在唐风的办公室中，唐风对徐铮说："昨天我为什么在会上要打断你的话，你想过吗？"

"没有。"徐铮说。

"这就是我今天要与你谈的内容。"唐风说。

"昨天这个会，本质是个动员会，在这个会上，最重要的是三件事。

"第一是要达成共识，这个项目值不值得立项？

“第二是谁负责牵头？

“第三是确定项目目标和完成期限。”

徐铮点了点头：“是的。”

唐风说：“我看你一开始就陷入了细节问题的讨论，这不是我们做质量项目的正确思路。

“其实，我们今年的质量项目都是按照同一个套路来做的。

“第一步是项目背景识别。在昨天这个项目中，我让你统计了今年全年的模组自燃事故，以及客户因此对我们公司的抱怨。这些数据和问题要尽可能详细，否则可能无法立项。这一步的输出是要达成共识：要不要立项？

“第二步是项目团队的成立，最重要的是确定项目组长。昨天我们把模组自燃这个项目分为两个阶段，由你和研发二部的杨工分别担任项目组长。其实，从内心深处来说，我不希望我们质量部的人担任项目组长。原因很简单，质量是做出来的，是设计和生产出来的。质量有问题，最好的方案是由制造质量问题的部门来牵头改进。

“第三步是确定项目目标。昨天我们这个项目制订了分阶段的目标，而且这个目标必须是可以衡量的。

“第四步，做要因分析。接下来，你要找售后部、研发部、工艺部、SQE 部等部门，针对每一起事故进行原因分析，举一反三，找到其背后的原因。

“第五步是制订对策。比如，昨天在会上，邓江反馈了一个重要信息，就是我们在模组上用到的插座存在多家供应商，每家供应商给出的公差标准是不一样的。这样的话，A 家的公座与 B 家的母座用在一起就会不匹配，造成接触不良，就有可能在通电过程中温升过高，产生自燃现象。因此，我们可能要召集各家供应商来讨论插座的公差，确保能互相匹配。

“第六步是对策实施。原因分析清楚了，也有了对策，能否见效就要看实施了。

“第七步是效果确认。在模组自燃这个项目中，改善后效果是否达标，要通过数据来判定，但这个数据统计的时间会比较长。因为模组自燃本身是个小概率的事件，我们每年生产的模组超过一百万个，产生自燃的才20多个。要拿到足够的数据，才能做出准确的判断，确定这个问题是不是真的解决了。

“第八步是持续改进。这个比较好理解，随着公司的要求不断提高，现状就不能满足要求，问题也就产生了，所以需要持续改进。

“最后一步是项目总结，分析项目成功的原因，将它推广到其他项目中。

“我们今年发起‘一次做对’，总共做了50多个改进项目，我认为最成功的一点，就是我们终于培养出来一批项目管理师。一个有足够能力和意愿的项目组长，是项目能否成功的核心要素。

“为什么克劳士比质量文化建设项目的十四个步骤要分为两个阶段来开展？项目管理能力是其中的一个制约因素，合格的项目管理人员的数量是做质量改进项目时必须要考虑的问题。

“这也是我今天找你沟通的根本原因，希望能对你在后面的质量项目管理方面有所帮助。”

本章点评

● 如何提升质量项目管理的能力？

培养出足够多的项目管理师，从立项开始，把质量改进的全过程管理到位。

第二十一章　各司其职

如何把质量目标分解到团队和个人

2020 年 7 月 3 日，爱毕生公司人力资源部组织各一级部门对上半年的绩效进行回顾。

唐风看了质量部的几个指标，结果是喜忧参半，其中质量损失费用率和来料上线不良率完成得很好，而其他几个指标则完成得不太好。尤其是订单投诉率，前 5 个月完成得很好，6 月份完成得很差，导致上半年整体不达标。

他找来手下四个经理，一起来检讨目标达成情况。看完指标，唐风说："我来爱毕生公司一年多了，总体来说，我认为公司多数员工对质量还是比较重视的，但是距离'一次做对'的标准还有相当大的差距。

"这几天，我把这个问题仔细考虑了一下，有一些想法要与你们讨论。

"我们质量部的核心 KPI（关键绩效指标）有两个，一个是质量损失费用率，另一个是订单投诉率。

"在去年定 KPI 时，我把质量损失费用率这个指标进行了分解，由各个业务体系承担各自产生的质量损失。

"比如，我把研发造成的质量损失分解出来，作为研发部的考核指标。把来料造成的质量损失作为采购部的考核指标，把生产和工艺造成的质量损失作为制造中心的考核指标。

"但是，另外一个指标——订单投诉率，就没有进行分解，导致我们这方面的工作推进就比较被动，只有我们质量部承担压力，别的部门压力不大。这一点必须改变，今年 12 月份公司还会组织制订 KPI，我要让其他部门也担负这个指标。

“另外，如果质量指标只考核到一级部门的总监层面，没有分解到经理、主管和工程师这个层面，对质量责任的落地也是不利的，明年一定要做一些调整。

“比如，我们 SMT 车间经理朱冲的质量意识比较差，我看了他的考核指标。他的主要指标是进度和费用，质量指标在他的绩效考核中占比很低，所以他对质量的关注度很低。

“我认为，对质量意识影响最大的应该是机制，包括奖罚、薪酬、晋升等，一定要将考核进行到底。因此，请谭工找人力资源部，将公司各个体系的经理和主管这个层面所有人员的 KPI 都要过来，我们做个研究，明年要增加质量考核的内容。”

谭宗南点头说：“好的。”

唐风接着又说：“对于我们部门的职责分工，我发现也有一个问题。

“徐铮是负责研发质量管理的，王浪负责工厂的制程质量管理，邓江负责供应商质量管理，谭宗南负责体系策划和内外部审核。

“在销售下单这个过程，我们没有人去负责，但是这个环节产生的问题还不少。去年，由于销售人员下单错误，产生的直接经济损失是 120 多万元。

“但是，由于我们公司的规模还不大，我们没有成立市场质量部来管理销售下单的质量。

“所以今天找大家过来开会，主要是要解决两个问题。

“第一，我们内部的分工再调整一下，确保质量责任分解无死角。

“第二，如何把质量责任分摊到公司每一个主管和员工身上，让他们重视质量，努力把工作一次性做对。

“针对第一个问题，关于销售下单这个过程，我们部门谁负责比较好？”

徐铮说：“在订单评审流程中，我们制程质量部有专人参与，对于不符合要求的订单有权利退回。因此，我建议由制程质量部承担这一块的工作，推动销售下单过程的绩效改进。”

制程质量经理王浪说：“我认可徐经理的说法，在目前的情形下，的确由我们制程质量部去推动下单优化的工作比较合适。”

“好，那就这么定了，王浪的考核指标要包含下单过程的质量改进数据。”唐风说。

“下面我们讨论一下，如何把质量指标分解到每一位经理、主管和工程师。质量是做出来的，质量责任必须要分解到各个业务部门头上，落到每一个员工的绩效中。

“我们公司的人员管理是按两条线来实施的，经理及以上职别的人员按干部的方式来做绩效管理，每季度实施KPI（关键绩效指标）考核。

“因此，对于这部分人员，我们把我们质量部的两个主要指标——质量损失费用率和订单投诉率，分解到每一个经理和总监的考核指标中。

“目前，无论是客诉，还是内部返工报废，我们质量部都做了过程定位和部门定位，这些问题和损失数据都可以定位到每个二级部门的，是吗？”

唐风问徐铮和王浪。

二人回答：“目前已经可以做到了。”

“好，那就按这种思路，由徐铮把客诉产生的质量损失费用率和订单投诉率分解到每个二级部门经理的头上，从现在开始统计，到11月份我们汇总。”唐风说。

“基于这个数据，等到12月份，公司组织制订2021年绩效目标时，我会与组织发展部讨论，为每位二级部门的经理制订质量方面的改进目标。”

这时，王浪发问："除了总监和经理这个层面，其他的工程师、主管和普通员工，他们有些人有 KPI，有的没有，而且他们的质量目标可能不好定。如何让他们承担质量责任呢？"

唐风说："这个事情我早已想清楚了，这部分人也是有考核的，如果某位员工的工作不力，产生了客诉和重大生产线异常问题，我们可以通过关键事件来考核他们。

"我认为，最重要的是，我们质量部要把每个客诉和生产线异常问题做好责任定位，取得当事员工的同意。如果当事员工不认可我们的意见，可以找他们的主管来一起定责，如果仍然不能达成一致意见，上报公司人力资源部处理。我们每个月把责任调查结果发给人力资源部，抄送给当事人的主管，要求其在做绩效考核时参考。对于考核结果，我们可以跟进，看人力资源部是否落实。

"这个方案怎么样？"

"可以。"几个经理都赞成。

"好，下周我去总部开会，我专门去找一下人力资源部，与他们讨论这种考核方案。"

2020 年 12 月 24 日，唐风到总部开会，他特地找到绩效发展主管刘莎莎，针对公司绩效管理中存在的问题进行沟通。

唐风说："公司今年推行强制绩效比例，每个部门每个季度给员工打绩效考核，必须要有 10% 的员工打成 C 或 D。

"C 是须改进，D 是不合格。"

刘莎莎说："强制比例是公司领导要求做的，我们也认为有必要做，否则就会变成'大锅饭'了。"

唐风说："我支持做绩效考核，但不赞成今年的这种做法，我给你们提两个建议。

"第一，不要在每个季度的考核中强制比例。

"原因很简单，我们公司的规模还不够大，而强制比例的理论基础是正态分布。如果同一个岗位的人数足够多，强制比例是适用的，因为总有一部分人的绩效表现达不到要求。我们现在同一个岗位上往往只有四五名员工，不满足正态分布的条件，实施强制比例是不科学的。因此，我建议，以一年为一个周期，实施绩效强制比例，效果也许会好些。

“第二，从成本、质量、交付、营销等多个维度寻找典型的负面或正面事件，作为强制比例的依据之一。

“这样，员工更易接受，我们作为管理者，工作也更好做。

“比如，对每个客诉我们都做了原因分析和过程定位、责任定位。我们可以每个月输出客诉责任清单，提供给人力资源部和责任部门，作为绩效考核的依据之一。同样，对于影响交付的重大案例，计划部门也可以输出责任人，提交人力资源部组织考核。”

刘莎莎说：“好的，您的意见我们会认真考虑，让绩效考核真正起到促进绩效的作用。”

转眼到了 12 月底，由公司组织发展部牵头制订下一年度的指标和目标。

公司的年度目标评审会由唐风的上司 Rose 主持，谈到质量目标的分解时，与会的各个部门总监意见纷纷，无法达成一致。

唐风快速地整理一下自己的思路，开始发表意见：“公司给我们质量部定了两个最主要的指标，一个是质量损失费用率，另一个是订单投诉率。

“目前的质量损失费用率只包括内部损失和外部损失两项，不包含预防成本和鉴定成本。

“刚才 Rose 说要增加后面两项，我不认可这个观点。主要原因是，这两项基本上都是质量部的费用，而这些费用我们都是按照年度预算来执行的。如果考核我们质量部可能会带来负面影响。我为了达到目标，可能会牺牲一些投入，比如人员招聘，这对质量部未来的团队建设有不良影响。”

Rose 说：“那好吧，质量损失费用率还是按以前的方案来考核，但是对这个指标的分解要做些优化。”

“像计划部、物流部这样的部门，因为工作失误会产生客诉和质量损失，但不是主要矛盾，今年建议不要给他们设置质量损失费用率这个指标了，可以改为关键事件考核法。”

唐风说：“我赞成您的意见。

“像物流部，今年由于承运商的作业不当造成了6起客诉，损失费用10多万元，用质量损失费用率来考核，似乎意义不大。

“但是也不能不考核，如果不考核，物流运输造成的客诉似乎没人负责。因此，我建议用加减分来考核。

“比如，今年我们质量损失费用率的下降目标是50%，基于此，我给物流部定个目标——物流客诉次数低于3次。超过3次，每起物流客诉扣1分。”

Rose说：“这样很好，可以避免设置太多的KPI。”

唐风说：“计划部、销售部等部门都可以用这种方式考核，我接下来会与各个部门的领导沟通，去逐个给他们定目标，并明确考核制度。

“质量部承接公司的质量目标，然后必须把这个目标分解到各个责任部门，由质量部输出数据来考核各个业务部门，确保人人担责。”

本章点评

● 如何把质量目标分解到团队和个人？

质量目标的正确分解对于全员质量管理能否成功推进有很大的意义。

在质量部内部，基于产品实现的过程，要进行责任分解。

对其他部门，正确的逻辑应该是，公司用质量损失费用率、客诉率等指标考核质量部，质量部把这些指标进行分解，考核各个业务部门。

具体实施时，对质量影响大的主要部门，如研发部、制造部、采购部等，直接对其设置质量 KPI。

对质量有影响但较轻微的次要部门，如计划部、物流部等，不设置专门的质量 KPI，但要设置加减分项来考核，达到目标不扣分，超标则按次数或比率来扣分。

第二十二章　供应商审核

如何快速、准确地选择合适的供应商

2020年7月中旬，应采购部的要求，唐风与手下的物料质量主管邓江一起去东莞，对一家叫美源的电源厂家进行现场审核。

唐风说："我们现在从工厂出发，到达这家公司时，肯定已经中午十一点半了，审核后还要赶回惠州。你想过没有，我们在现场审核的时间不到四个小时，是不是太仓促了！"

停了一下，唐风继续说："大公司对一家供应商的现场审核往往需要三到四天的时间，而且由一个多人参加的团队实施。一家供应商审核往往要花费约15个人天。"

邓江说："是的，大一点的客户到我们公司审核，往往是四五个人审三天。"

唐风说："而我们这样一个中小型企业肯定没有这么多资源，一般是一个三到四人的团队，像今天这样，在供应商现场审核半天左右，就要给出结论，判断这家供应商能不能用。

"而大公司因为资源充足，往往针对同一类型物料的供应商制订一个有针对性的现场检查表，实施审核并打分。

"要做好这个现场检查表，不仅需要投入人力，而且需要专业能力，要对这些厂家的产品实现过程非常了解，才能做出有针对性的检查表。

"所有这些，中小企业都无法做到。

"另外，不同的产品，对质量管理能力的要求也是不一样的。

比如，一个生产包材的供应商，即使质量管理能力弱，可能也不会出大问题。

“相反，如果一家生产复杂产品的厂家，比如我以前的老东家EE公司，生产大功率的UPS(不间断电源系统)、风能变流器等电源类产品，一台机器上有上万个零部件，装配生产复杂，如果质量管理能力弱，那就是灾难。

“因此，用同一标准给不同的供应商打分，来判断这家企业是不是符合要求，似乎也不合理。

“最后的结果就是，无论什么样的供应商，只要能通过审核，意味着成本一定很高。这似乎对公司也不是好事。”

的确，对于如何正确选择和评价新引入的供应商的问题，唐风思考了很多年，一直没有明确的结论。

“如何快速发现待审核供应商的核心问题？”唐风开始思考这个问题。

“既然质量问题的本质是管理问题，那么供应商生产现场的问题就一定是表面问题，真正的问题出在他们公司的管理层身上。”

“管理层是如何理解质量，如何管理质量的，坚持什么样的质量原则，才是我们要审核和考查的重点。”

想到这里，唐风似乎有点明白了。

进入供应商美源的会议室，双方见面互相介绍后，审核进入正题。

首先由爱毕生采购部的人员明确了本次审核的要求，接着，唐风提了个问题：“不知道今天贵公司的最高管理者是否在公司，我想抽半个小时与他沟通一下，了解他是如何管理质量的。”

对方的销售总监回答说：“不好意思，我们总经理今天有事回老家了，不在公司。”

唐风说：“那就请贵公司其他同事给我介绍贵公司的质量目标，包括以下一些内容。比如，为什么要这样设置质量目标，每个月基于这些目标开展了哪些工作，行吗？”

“这个没问题。”对方答应了。

唐风接着说：“另外，请你们准备今年五、六月份的质量月报，我要看一看。

“还有，贵公司前期已送了两款产品给我公司测试，后续的合作也是从这两款产品开始的，请将这两款产品研发过程中的所有文档拿过来，包括产品立项、研发评审、研发测试、中试验证、量产评审等记录，我都要看看。”

唐风在电源行业工作了20多年，据他的经验，电源产品的质量异常，有70%以上来源于研发，研发过程的管理至关重要。

下午上班后，一行人开始审核。

唐风来到波峰焊后面的AOI（自动光学检测）外观检验站，他发现正在生产的产品直通率只有93%，便找来美源的质量负责人，问：“你能告诉我，现在这个直通率是正常的吗？”

对方一下子愣住了，不知道如何回答，就找来一个检验员，用唐风的问题去问他，结果这个检验员也不知道如何回答。

于是，美源的质量负责人只得老实告诉唐风：“我们没有制订相应的管理规范。”

花了一个多小时，唐风粗略地看完现场，回到会议室，说：“请把贵公司的年度质量目标投到屏幕上，我要看看贵公司的质量目标是如何设置的。”

看完后，他接着说：“贵公司的质量目标有两个，一个是客户满意度，另一个是出货抽检批退率。

“我认为这两个指标的设置有问题。

“先看客户满意度这个指标。据我所知，这个指标的准确统计有难度，你不能每个月都要求你的客户给你打考评。最多一年做一次。

“还有，有些客户与贵公司关系好，可能打的分会高一些，有的关系一般，可能打分会低一些。不是每个客户都有科学的供应商评价体系。

“因此，客户满意度这个指标肯定不能每个月检讨，其对于推动质量改进的作用有限。

“再看出货抽检批退率这个指标。

“如果抽检的产品没有外壳，一般批退率会比较高，因为外观问题一般比较多。如果当月的产品大多数有外壳，那么出货抽检批退率一般会比较低。这样一来，这个指标就很难准确衡量公司的真实质量状况。

“贵公司有多条产品线，比如路灯驱动电源、TV 电源、显示屏电源等，你们可以结合不同产品线的质量要求制订合理的质量目标。最关键的是，质量目标一定要能够准确地反映出公司的质量状况，否则没有意义。

“从质量目标的设置来看，我认为贵公司的质量管理存在比较大的问题。”

接着，唐风看了他们提供的五、六月份的质量月报，看完后，他开始发表自己的观点：你们针对每个问题的改进对策都没有责任人和完成时间，这就很难跟进落实。”

接下来，唐风查看了两款产品的开发文档。这两款电源是美源公司计划给爱毕生公司供货的产品，文档内容比较详细具体。他没有发现什么问题，也许这就是这家电源厂的生存秘诀吧，对于研发这样一个关键过程，他们管得还算不错。

在回公司的路上，唐风与邓江交流今天的审核心得：“我发现之前我们的审核都有一个误区，就是绝大多数时间在看供应商现场，很少花时间对其最高管理者进行审核。

“实际上，一家公司产品质量的好坏，领导者是关键因素，他对质量的认识，对质量目标的设置和执行，对质量责任的分解等做法，对产品质量的影响非常大。

“在 ISO9000 的质量管理八项原则中，我认为最重要的一项就是领导作用，现在叫领导力。

“因此，我们审核供应商应该先审核他的最高领导，审核他对质量的认识，他为什么要设置那样的质量目标，他的公司是如何达成质量目标的、质量责任是如何分解的，对于质量文化的建设他做了什么？

“还有，就是每个月的质量改进行动，他起到了什么作用，他如何保证行动能落到实处？

“这些审核完成后，再去现场，目的是寻找证据，来证明他们领导层的规划是否有效落地，过程管理是否做到位。

“从今天美源这家电源供应商的现场情况来看，过程管理漏洞有很多。从质量目标的设置来看，它的高层管理者对质量的理解非常肤浅。现场发现的问题也支持了我的看法。

“以后对新供应商的认证审核必须要求其最高管理者到场，否则我们质量部不要参加。”唐风说。

“好的，我立马给采购部相关人员提要求。”邓江回答。

话锋一转，邓江接着又说：

“很多小供应商，他的老板虽然对质量管理不太了解，但是他们有一些做事原则对产品质量的影响也很大。

“比如，我们的塑胶套件供应商金来盛，他们的代老板对质量管理不太懂，但是这么多年，也没出过大的质量问题。

“我认为，主要原因是他坚持两个原则，一是不换原材料，二是不加水口料。

“在注塑这个行业，很多公司为了降低成本，擅自更换其他品牌的原材料，同时将水口料放进去一起注塑，结果产品进入市场后出问题，这种现象比较普遍。

“以前我们有一家供应商就是因为这个事情，导致我公司的产品出了批次性质量事故，最后被我公司中止合作并赔偿了损失。

“代老板对注塑产品关键过程的管理有一套，以前喷油这个环节是外发的，总是搞不好，造成色差，后来他们投资设备，自己喷，虽然成本高点，但问题终于解决了。”

唐风说：“不变原材料、不加水口料、自己做喷油来管好关键过程，这都是对质量管理有一定理解的表现。

“这是朴素的质量观。

“下周又有一家做塑胶套件的供应商，采购部安排要做现场审核，我可能没时间去，你去审核时，要重点审核他的老板或者总经理，问他是如何管质量的。

“包括质量目标的设置，是否可以准确衡量质量状况，是否有挑战性。围绕质量目标，他做了哪些工作？多长时间检讨一次？针对关键的过程，他是如何管理的？

“这些问题你一定要当面问他。审完后，你把审核的结果向我汇报。”

几天后，唐风问邓江：“这个供应商你审核后，结果怎么样？”

邓江说：“根本不行，这家公司规模很小，而且那个老板以前是做技术出身的，对质量管理一窍不通。我认为质量风险很大，我给出结论是审核不通过。”

“好的，以后关键物料的供应商审核，我与你一起去。”唐风说。

机会很快就来了，这天，交付体系副总裁赵开对唐风说：“公司今年调整了战略，重点发展渠道产品，这就意味着我们的产品结构将出现巨大变化。

“以前我公司主要做工程项目，所以单个订单的量不会太大，而渠道产品则完全不同，它完全采用备货模式，以产定销，单个工单的产量巨大。

“这就带来了另外一个问题，就是产品质量的风险也在大幅增加。如果有一批货出现批次性质量问题，对于公司来说，就是灾难！

“因此，唐总，我给你提个问题——如何保证渠道产品不出现批次性质量事故？”

唐风想了一下，说："说起来当然很简单，就是研发不留隐患，生产'一次做对'，来料没有批次性不良问题。

"为什么这么说呢？

"因为渠道产品的开发已经完成，全部进入了量产阶段，从现在的情况来看，没有研发隐患。因此，要保证市场上不出现批次性不良问题，关键在于供应链的生产和来料。

"针对生产过程的质量控制，前期由制程质量部牵头，组织工艺部、生产部、设备部等部门，针对每款渠道产品的关键过程进行风险识别，后续需要做的是预防措施的落实。

"从现在的情况来看，来料质量的控制极为关键。"

赵开点了点头，说："我很认可你的观点，接下来，你们制造部、采购部、质量部三个部门的总监碰个头，每人去走访几家关键供应商，督促供应商拿出质量改进计划，务必要做到批次性质量事故为零！"

与赵开谈完后，唐风找到采购总监王峰和制造中心总经理余聪明，传达了赵开的要求后，三人决定分头实施供应商走访计划。

这天，唐风对邓江说："LED 灯的主力供应商走访工作已完成，接下来要完成的是塑胶套件和电源供应商走访。

"如何实施这个走访？我的要求有两点。

"第一，必须由采购部的人员陪同，他们是负责供应商采购份额分配和价格谈判的，对于供应商有生杀大权，有他们在场，我说话才更有分量。对供应商来料质量影响最大的不是质量部，而是采购部！

"第二，必须要与供应商的主要负责人约好，到时与我面对面沟通。质量问题的本质是管理问题，其领导对质量的理解和具体做法至关重要，与他们的业务员及普通质量人员谈得再好也没有意义，因为他们不能决定供应商的质量。"

唐风一行人当天走访了三家供应商，第一家生产钣金件，后面两家生产塑胶套件。

在晚上回惠州的路上，唐风对全车人说："今天我们走访了三家供应商，从质量管理成熟度来看，他们都属于同一档次。

"三家公司都没有明确的质量目标，为了应付客户审核，他们都临时准备了质量月报。他们的质量月报有一个共同特点，就是罗列了一大堆的问题，但是没有有效的改进计划和行动结果。"

"是的，尤其是第一家钣金件供应商，现场非常乱，一看就知道管理水平很低。"同行的采购主管安琪说。

唐风对安琪说："12 年前，我第一次接触了美国质量大师克劳士比的质量管理成熟度模型，开始一直不知道这个模型有什么用，经过这么多年的研究，现在终于搞明白了。

"从质量管理成熟度来看，可以把企业分为五个等级，最差的得 1 分，最高的得 5 分。

"得 1 分的企业最大的特征是没有质量目标。

"得 2 分的企业有质量目标，但是不知道如何达成目标，主要还是依赖检验。

"得 3 分的企业不但有目标，而且它的管理层对于如何达成目标取得了共识，并且找到了根本问题，已经开始付诸行动。

"得 4 分的企业有一个典型特征，就是全员已经开始行动，预防问题的产生。

"得 5 分的企业是全体员工都能实现'一次做对'，问题往往在初期就能被发现。

"今天我们走访的三家供应商都只能得 1 分，他们都有一个共同特点，就是没有质量目标。通过与这几家企业的老板交谈，我发现他们对质量的态度都是一样的，就是只要不出大问题，就不会去关注质量。老板心中没有质量目标，当然也不会有动力去推动改善，质量做成什么样都无所谓。这样的企业怎么可能把质量做好？"

这时，邓江开口了："但目前现状就是这样，我们能找到的钣金和套件供应商基本上都是这个水平。"

唐风说："你说的是事实，这几家供应商的使用策略需要我们质量部与采购部沟通一下。

"能力弱的供应商，我们应该让他们生产一些简单的产品，而且种类不能太多。打个比方，一个15岁的孩子，让他挑20公斤的重物，可能比较轻松，不会摔跤。如果让他挑40公斤的重物，则可能会摔倒。

"今天上午这家钣金厂，从它的现场管理来看，其管理水平很低。"

"前期它给我们做了一次打样，送回来的样品经过IQC检验，有很多问题点。"邓江说。

"对于这样一家供应商，我的建议是给他们做品种单一、结构简单、方案成熟的产品，也就是我们的渠道产品。"唐风说。

"另外，今天在现场，我给他们的老板只提了两点要求。

"第一，我要求他们公司做数据统计，无论是客户投诉率，还是内部加工不良率，所有内外部的质量数据都要进行统计。一定要有数据统计，要有目标，有改进行动。

"第二，我让我们SQE把其他供应商在这款产品上犯过的错、出过的问题列个清单发给他们，要求他们不要再犯这些错误。

"总之一句话，供应商的能力要与我们给他们的订单要求相匹配，这样才能保证不出或少出质量事故。

"水平高的供应商做加工难度大的订单，水平低的供应商做加工难度小的订单。像今天这家钣金件供应商，如果我们给他们提很多整改要求是不现实的。"

看着邓江在点头，唐风继续说："今天下午走访的两家塑胶套件厂，其实质量管理水平都不高，都没有目标，只能给1分，但是他们的质量相对来说容易控制。

"主要原因是，塑胶套件的加工过程相对来说比较简单，最主要的是注塑这个工序，只要他们能把这个过程管到位，就不会出现严重的质量事故。比如，原材料要控制好，尽量不加水口料。还有，模具和注塑条件要管控好。

“因此，在与他们的老板交流时，我只提了一个要求，就是基于塑胶套件的失效模式制定相对应的管理办法。然后我们的SQE工程师拿着这个办法，定期去稽查，看看他们是否严格落实。

“当然，最重要的，还是他们家的产品质量表现是否达到了我们公司的要求。结果最重要。

“我今天给你讲的这些审核供应商的做法，接下来你要在部门内部组织研讨，一定要让每个SQE都掌握这种工作思路和具体做法。

“还有，要基于供应商的质量管理能力来制订我们的采购策略。”

本章点评

● 如何快速、准确地选择合适的供应商?

从管理层入手，从现场的关键过程管理水平入手，快速识别潜在供应商的质量管理水平，结合其产品的加工复杂度，制订合适的采购策略。

第二十三章　供应商质量辅导研讨会

针对不同的供应商如何制订有针对性的辅导方案

2020 年 5 月，结合赛艺能的质量改进项目，唐风写了一个 PPT，给全体 SQE 和部门其他骨干人员培训。

“各位，今天我们培训的主题是‘如何辅导供应商快速提升质量’。

“赛艺能的质量改进项目去年 3 月份启动，年底结项，项目结果很完美，制造中心的余总说我们通过这个项目终于掌握了箱体供应商的质量管理奥秘。

“因为从 2019 年 4 月份起，我们车间里几乎就没有出现过批量的箱体不良返工事件，到现在已经持续了一年多的时间。

“今天在这里，我把这个项目进行了总结，我发现，辅导供应商做质量改善是有套路的。”

唐风说完这句话，打开了 PPT，开始了讲解。

“在我们部门，有 DQA\PQE\CQE\SQE 等各个岗位，在这些岗位中，SQE 主要对外开展工作，负责管理供应商的来料质量。

“我问过很多 SQE，大家都反馈这个岗位的工作相对来说比较难做。供应商质量管理的确是一个让人头痛的工作，这工作为什么会难做？”

说到这里，唐风停了下来，看了看大家，继续说：原因多种多样，有人说是公司采购以价格论，低价采购；有人说是双方互相博弈；也有人说是采购量太小，找不到优秀的供应商。

“我想这些理由都对，这些客观原因都存在。

“我以前在 M 公司担任质量总监时，发现公司有个惯例，一旦出现来料质量事故，公司的第一反应是冻结供应商货款，弄得供应商与我们质量部的关系极其紧张，双方针锋相对，争吵的焦点往往是责任区分，很少从解决问题的立场来看待问题。在这种情况下，对供应商的质量辅导几乎无从做起。

“但这些都是表象，我认为最关键的因素，还是我们 SQE 的能力不足，所以我们还是要向内看。

“每一个来料不良问题，在追查原因时，我们往往发现其背后的原因是多种多样的。有时是供应商的工人技能不足，有时是供应商对设备管理不到位，有时是供应商的操作员工和基层主管对质量不重视，或者是供应商对进料质量管控不到位，所有这些，看起来原因多种多样，但实际上只有一点。”

说到这里，唐风停顿了一下。

“就是供应商的过程管理体系未建立或者有漏洞。

“这是我的经验总结。

“下面我们以赛艺能质量改进项目为例，谈一谈供应商的质量辅导如何做？

“他们的老板彭坚强一直认为结构件产品是不可能做到没有问题的，差不多就行了，如果有问题大不了该修的修、该返的返，只要尺寸没有大的问题、不影响装配就可以了，如果确实不能用的就报废处理。在这种思想的指导下，其出货的产品质量波动非常大。

“以前在公司中只要说到赛艺能，大家几乎都咬牙切齿，他把我们爱毕生公司当成他们家的返工车间了。

“我是怎么搞定这家供应商的呢？

“我给大家看一样东西：质量管理成熟度模型。”唐风指着下图的 PPT 开始讲解。

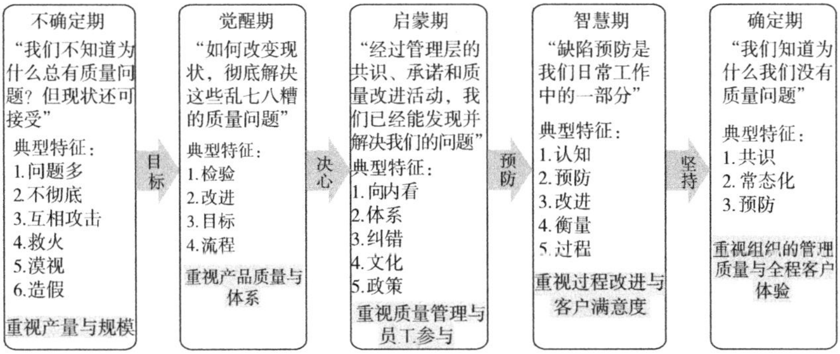

"这个质量管理成熟度模型是10年前我在做咨询时接触到的，这些年来一直不明白这个模型要怎么用。

"这是美国质量大师克劳士比开发出来的一个模型，在他的《质量免费》一书中有详细阐述。

"他按质量管理水平把企业分为五个等级：不确定期、觉醒期、启蒙期、智慧期和确定期。

"最近，我终于想明白了如何使用这个模型，在他这个模型的基础上，我做了一些修改。我认为，从不确定期到觉醒期一个显著的标志就是公司有没有真正意义上的质量目标。

"记住，只要通过了ISO9000认证，公司都会制订一个质量目标。

"但问题是，有些公司的质量目标就是个摆设，仅仅是应对客户审核而已，没有真正起到引导公司改进质量的作用。

"这种公司基本上都处在不确定期的阶段。没有目标，没有动力，老板关注的还是销售额和利润这些数量性的指标，什么时间出现质量问题是不确定的，公司的管理混乱。

"从不确定期转向觉醒期的关键是切切实实的质量目标和改进工作的落实。

"不仅要有公司级的质量目标，而且还要将质量目标进行分解，分解到下面的部门中去。每个部门围绕质量目标统计数据，分析达成情况，定期进行检讨，找出改善措施，认真落实执行。

“一家企业只要能做到这些，就进入了第二阶段：觉醒期。

“在这一阶段，公司认为质量管理是有价值的，也愿意去尝试着做一些工作，只是不明白如何才能突破现状。

“从觉醒期到启蒙期，关键是决心，公司管理层对质量现状是否已无法容忍。

“处在启蒙期的公司对质量有了正确的认识，明白如何突破现状，只是需要时间来实现。

“从觉醒期到启蒙期需要一位专业的质量总监或者顾问来帮助公司，纠正大家对质量的认识，让公司顺利跨过这一阶段。或者公司的高层管理者通过学习，掌握了这里面的奥妙，也是可以的。

“从启蒙期到智慧期，公司需要做的就是把预防的理念和方法灌输到每一个员工的头脑中，让所有人都行动起来，贯彻落实到每一项工作中，提升每一个业务过程的管理能力，最终到达终极目标：确定期。

“这五个阶段是环环相扣的，作为公司的质量总监，我需要引领公司在不同的阶段做不同的事情。

“我之前在别的公司一进去就想大干一场，一口气想把所有问题都解决。结果大家都说我做事太急躁、太理想化，当时我还不承认。现在回想起来，其实一个根本原因就是我当时并没有理解一家公司质量管理进化的规律，总想一口气实现零缺陷。

“这是不可能实现的。

“我发现所有的质量改进策略一定要结合公司的实际情况来做。

“2019 年 8 月，我作为演讲嘉宾参加了中国计量大学组织的中国质量总监大会。我的演讲结束后，上来一位女士，她很认可我的质量管理理念。

“她是珠海一家企业的质量经理，目前面临一个大问题，就是公司质量问题很多，每天都忙于救火。工作对于她来说，没有半点乐趣，找不到一丁点成就感。

“她去找老板，希望公司能彻底解决这些质量问题。但是他老板认为，公司目前的盈利状况还不错，公司的主要精力不在质量上。

“她很无奈，问我该怎么办。

“我说，你可以做两件事。

“第一，统计公司的质量损失，用钱来说话。

“第二，分析问题背后的原因，与管理层反复沟通，要有耐心去等待。

在学习政治和历史时，我们都知道，很难从原始社会一步迈进共产主义社会。

“做质量管理也一样，针对处在不确定期的公司，我们要做的就是帮助老板，让他们拿出彻底改变质量现状的决心，树立质量目标，并教他们一些简单的方法，帮助他们提升质量。

“在上一家公司赛德美时，我辅导过一家规模很小的公司，叫联众，它是赛德美的成套电缆供应商。

“联众当时是一个成立不久的公司，只有 30 多个员工，是个夫妻店，老板抓业务，老板娘管工厂。

“我一直认为，与大公司相比，要管好小公司的质量更有挑战性。像联众这种只有 30 多名员工的供应商，在我以前工作过的跨国企业 EE 公司是不存在的，因为根本通过不了供应商认证。

“这种小公司虽然质量管理能力弱，但也有优势，就是成本低、服务好、反应快。有时，为了客户的一套电缆，他的老板会亲自开车，一大早把货交过来。

“当时赛德美的规模也不大，它的供应商有很多是联众这种公司。

“联众交付的产品有很多质量问题，我当时的第一个想法是把它淘汰掉，但我的老板对我说，这种供应商也是有优势的，你作为公司的质量总监，把这样一家规模很小的供应商质量管好，成本又做到不上涨，正可以显示出你对我们公司的价值。

“于是我去了联众，发现这家公司的质量管理能力的确很弱，公司以前是做电缆零部件贸易的，质量部只有两个检验员，没有质量主管，体系专员肯定是没有的，是典型的不确定期阶段的企业。

“这样一家企业如何管好产品质量？我沉思了一下，有了主意。”

说到这里，唐风似乎又回到了四五年前他与联众的老板王文长坐在一起讨论问题时的场景。

在王文长的办公室里，两人一起画出成套电缆的产品实现过程图。

画完后，唐风说：“王总，你们公司以前是做电缆零部件贸易的，对不同厂家的原材料质量比较了解，知道应该与哪些供应商合作，这是你们的优势。

“因为你们公司的规模太小，员工不到 40 人，也没有专业的质量主管，实在没有办法套用大公司的质量管理模式，我认为问题的关键是要管好几个最容易出错的业务过程。

“那么，在现有条件下如何管理好产品质量呢？”唐风看着王文长，打开电脑继续说：“我把贵公司近期在我公司 IQC 和生产线出现的主要问题进行了汇总。根据我的数据，我发现，贵公司的产品在我公司生产线上的主要问题就是端子脱出，几乎占了电缆总不良数的 85% 以上，你知道是什么原因吗？”

说到这里，王文长眼睛亮了。

他说：“这是员工的作业习惯不好造成的，员工喜欢一只手拿一把电缆，另一只手一个个地安装端子。我本来是要求他们一根一根地安装，装好后用力拉一下，让电缆的倒钩卡住端子，这样就能避免脱出。”

唐风说：“也就是说，这个问题的根本原因还是在电缆装配这个过程中员工未按正确的操作流程办事。因此，要解决问题必须有明确的作业要求，要求员工在装配电缆时一根一根地装，装配完成后要回拉一把，一定要有这个运作，是吗？”

王文长说：“是的。”

唐风说：“那么，这个问题的背后就是电缆装配过程管理不到位，再说细点，就是作业程序不明确，员工不按作业要求去做。”

王文长说：“对。”

唐风说：“接下来，我们讨论第二个主要问题——用错端子。

“你们家用错电缆端子有一个典型特征，就是整批错误，抽两套错两套，抽三套错三套，你知道什么原因吗？”

王文长说：“我知道，是工程师在制作图纸的时候搞错了。”

唐风指着产品实现过程关系图，对王文长说：“从客户处接到订单和加工图纸，你有一个工程师会把图纸展开，输出一个加工BOM和加工图，然后你车间的员工会拿着这个BOM去找仓库发料。

“这个图纸展开的过程很重要，一方面，这个工程师要确认客户给的图纸有没有错误。

“我举个例子，以前我在康利得公司的时候遇到过一个电缆的质量纠纷，原因是我公司设计的图纸不合理，端子与线材不匹配，端子太小，包不住线材，造成端子无法压紧，最后在市场上出了批量性客诉。

“找供应商过来谈索赔的时候，双方开始扯皮，一度要打官司。

“如果图纸确认这个环节做到位，这种问题就不会发生。

“另一方面，做BOM这个活儿是有技术含量的，有一定的难度，水平高的工程师不仅能发现客户图纸上存在的隐患，设计出的BOM和加工图比较贴合实际，容易加工，容易控制加工质量。

“因此，我给你的建议是，评估你目前这个工程师的能力，如果能力足够，就想办法让他卖力干。

“当然，如果他的能力有问题，或者这个人做事不认真，你必须要换人来做。”

王文长连声说是，见此，唐风继续说：“第三个问题是电缆的标识，我公司要求用白色号码管，贵公司交货经常用消银龙标签。”

王文长说："这是因为你们公司的订单交期很急，我又没有白色号码管的打印设备，所以用消银龙标签代替。"

唐风说："如果这样，你的工程师在审查我公司电缆图纸时应该提出来，要么修改图纸，要么发个书面申请给我公司研发部和采购部，只要他们同意，我们 IQC 也会执行的。

"这个问题也是图纸确认这个过程没有做到位产生的。

"与这个过程有关的问题，还有端子的品牌与我公司要求的不符，你知道吗？"

王文长说："这个我知道，有时你们研发指定的端子品牌我们正好没有，所以就用别家的端子进行替代。"

唐风说："我建议你用一种明确的方式来要求你这位工程师，让他一定要按要求来做事，否则这类投诉无穷无尽。

"第四个问题是少线，成套电缆比较复杂，经常一套电缆中含有 100 多根单根电缆。

"产生这个问题的过程是成套，你一定要找一个细心的人干这个活儿，弄不好的话，会把电缆数量配错。

"这四大问题占了电缆总不良数的 95% 以上，你一定要想办法把产生问题的几个过程管到位。

"另外，还有几个很重要的过程，虽然目前没有出问题，但是风险比较大，你要想办法。

"第一个是裁线，这个过程如果管理不到位，很容易切得过深，把不该裁掉的铜丝裁掉，造成电缆承载电流的能力不足。也可能会损伤多芯线，造成耐压不过、电缆过大电流时发热等一系列问题。

"这个过程的管理重点是刀具和人员能力，一定要确保调机器的这个人有足够的能力，还要让他严格进行首件点检，做好记录。

"第二个重要的过程是压端子，这个过程管理不到位，会造成电缆在过大电流时出现发热，甚至出现烧毁产品的问题。同样，一定要识别出这个压端子岗位的能力要求，并确保其能力足够。还有，对首件拉拔力的测试一定要严格执行。

“最后，我要说一下你的出货检验过程。你一定要要求检验员用客户给的图纸去验货，不能用你们内部的图纸去验，避免由于内部图纸的错误导致在客户端出现批量性问题。

“只要把这几个过程管好，相信你们95%的产品质量问题都能解决。”

看王文长一直在点头，唐风继续说：“我建议从现在开始，统计客户端的投诉率，比如说，这个月，你给赛德美出了50个订单，有3单客诉，那么投诉率就是6%。你要找到是哪个过程没做好，导致这3单投诉，想办法把这个过程管到位。要制订目标，每月统计目标的达成情况，制订改进对策。”

二人谈完后，唐风还给联众公司的主要管理人员讲了一节课，主题是“如何做好过程管理”。

讲完联众的这个故事后，唐风对大家说：“在这个过程中，我没有要求他们制订流程文件什么的，因为对于这种小厂，流程文件就是个形式，比较靠谱的还是人员的能力和态度。还有，在这种小公司中，由于人员流动率高，流程文件中的要求如果不能细化，是很难落地的，所以，点检表比文件管用。

“回到赛艺能这个项目，我经过分析，他们当时的质量管理水平就处在不确定期，要实现质量突破，关键有三个要素：目标、决心、方法。

“这就是供应商辅导的第一步，判断他们目前处在质量管理的哪个阶段，这一点很重要。

“第一次会议，我给他们设置了目标，但是没有签承诺书，我估计他们不一定老老实实去做。

“果然，第一个月的成绩不达标，我和余总第二次又去他们公司。我们在去的路上就达成了共识，就是他们老板彭坚强必须签订目标和承诺书。

“我当时对余总说，如果不把彭坚强这个‘游击队长’收拾住，以后咱哥俩就没有好日子过了。今天咱俩要分好工，我来唱黑脸，你来唱白脸，一个‘打’，一个‘拉’。无论如何，一定要把这家伙拉进我们设置好的‘套子’中，乖乖地按我们的思路走。

“我当时提的方案是，如果达不到目标，就让彭坚强去我们总部楼下举一个牌子，上面的内容是：‘我赛艺能彭坚强是个不守诚信的人，说到做不到’。

“余总给我提的建议是，如果达不到目标，以后每遇批次性不良问题，让他老板自己到我们车间返工。

“这两个要求都很苛刻，目的是激发彭坚强的潜力，让他无路可走，必须拿出决心来。

“我做过分析，这种做法是可以的，因为我们爱毕生公司是他最大的客户，占了他一半的销售额，他不得不‘就范’。

“以上就是第二步，要求供应商的老板进行承诺，并拿出决心来。

“第三步，就是成立以老板本人为组长的质量改善小组，成员涉及公司各职能部门的主要负责人，以及一些关键岗位责任人，同时还发布了质量奖罚管理办法。

“我记得当时赛艺能发了一个质量改进方案。

“里面的内容有很多，它先讲述了改善背景，就是爱毕生的不良率太高，2018 年共投诉 48 批，在箱体供应商的质量考核中排名倒数第一。

“在此方案中，明确了二季度的改善目标，就是两个 99，即 IQC 检验合格率大于 99%，上线批合格率大于 99%。另外，还明确了 2019 年全年质量改善目标。方案中列出了详细、具体的改进行动计划，还有详细的奖罚方法。

“第四步，就是提升检验能力。

“当时，彭老板非常有决心，一次性增加了十多个检验员。不过我对他有承诺，只要过程能力得到了实质性的提升，产品质量上去了，可以减少检验员。

“这些临时增加的检验员以后可以回到原来的生产岗位，在质量部转一圈，对员工质量意识的提升也有好处。

“如果我们没有把彭老板逼到无路可走，一次性增加这么多检验员是不可想象的。

“单单增加检验员还不够，还要加大培训力度，针对每一个产品在客户端容易出现的问题，结合产品实物，对每个检验员进行培训和考核，确保他们有足够的检出能力。

“对于箱体这样一种结构件产品，围堵问题的能力也很重要。如果客户端的投诉每天像雪花一样飘来，对于他们的质量改进活动是严重的干扰。这也会严重影响整个质量改进团队的士气。

“第五步是过程定位，就是对过往的所有客诉进行分析并做过程定位，找出过程薄弱环节。当然，前提是他们公司对以前的客户投诉都有记录，否则，没法进行过程定位。在我们这个项目中，这个不是问题，因为我们的 SQE 李山对赛艺能的每一个来料不良问题都有记录。

“要做过程定位，首先要有真实的产品实现过程关系图，而且这个图要得到相应业务部门的认可。

“那天，在赛艺能的会议室，我给他们公司的所有主管培训了过程关系图的画法，要求他们基于此，对 2017 年、2018 年和 2019 年一季度的所有客诉问题进行分析和定位，一周后发给我。

“结果，一周后我收到的东西做得很烂，不能满足我的要求。于是，在那个周六，我与李山专程去赛艺能，帮助他们解决这个问题。在他们公司的会议室中，从产品实现的角度，我首先画出了压铸箱体生产的过程关系图。”

唐风打开 PPT，给大家展示了一张图，如下图。

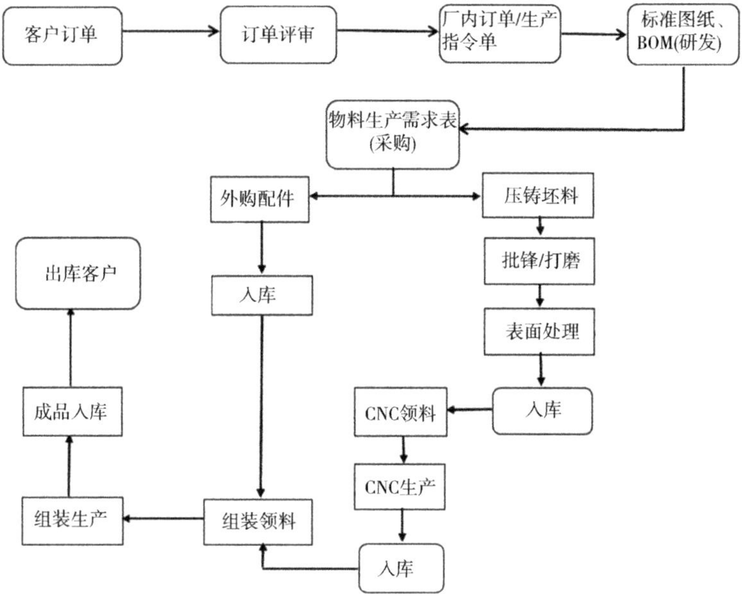

唐风指着上面的图说："压铸箱体的生产过程其实并不复杂，业务过程环节不多。

"接下来，我们对赛艺能发到爱毕生的批次性不良产品进行了原因分析和过程定位。我们把 2017 年、2018 年和 2019 年一季度的所有批次性问题一个个地拿出来分析。

"问题由我公司 SQE 李山讲解，由彭坚强和他的管理团队对问题产生的原因进行复盘，再由我基于过程关系图进行定位。

"比如，2018 年 11 月，DV3 产品箱体在爱毕生的来料检验过程中发现箱体组件上磁铁脱落，不良率达 15%。彭坚强分析原因为操作员工当时没有把电批扭力值调正确，造成螺丝没有打紧。

"当时我问了一句，电批扭力没调正确到底是员工的能力问题还是作业不认真？

"彭坚强说，不是能力问题，大家都知道如何调整扭力，是态度问题。

“于是，我把这个问题定义为组装过程的管理，更深一层的因素为工作标准。

“同样是这款产品，在 2018 年 10 月，在我公司来料检验过程中发现箱体存在吊销刮花、电源盒松动等问题，不良率约为 16%。经过赛艺能的管理团队分析，同样是组装过程的管理问题，是员工作业态度不当所致。

“就这样，我针对他们在我公司出现过的所有批次性问题，与赛艺能管理团队一个个地进行分析和定位。

“最后，把问题进行汇总，发现问题最多的有三个过程，第一个是组装，第二个是图纸转换和确认。这两个过程产生的不良数占到总不良数的六成以上。排名第三的是 CNC 加工过程。

“问题搞清楚了，改善措施也很简单。

“针对这三个过程的管理，我用过程模式作业表进行了分析，同样，从输出、输入、工作标准、知识和培训、设备设施、工作程序这六个要素出发。

“先定义好输出了什么，谁是客户，客户的要求是什么。再看输入，为了满足输出的要求，输入要满足哪些要求。接下来，看输入由谁提供的，在输入发生偏差时用什么方法进行控制，确保输入能够持续满足要求。毕竟，过程与项目不一样，过程强调的是持续性，而项目则是一次性工作。对于其他几个要素的管理，思路也是类似的。

“就这样，在会上，大家形成了下一步的改进思路。

“后来，彭坚强告诉我，针对组装这个过程，他们给这个岗位的员工增加了岗位奖金，只要当月不出现批次性问题，可以多拿 500 元。同时，车间管理人员每天都要到生产线对这几个组装人员进行强调，要求他们认真作业。后端的生产人员一旦发现组装的问题也会及时反馈出来。

“一句话，就是通过提升这个过程的管理能力来避免它产生客诉。

“所有这些就是我讲的第五步：过程定位。这一步很重要，它是质量改进的切入点。如果不能准确找到切入点，就很难快速找到问题的症结，拿出有针对性的解决方案，当然也不能快速取得效果。

“在质量改进项目中，取得效果的速度很重要，时间拖得越长，团队的士气越难凝聚。一定要通过快速取得效果来鼓舞大家的士气！

“第六步是过程风险识别及问题的预防。

“针对主力产品，结合其产品特点和产品实现过程的管理能力，识别其主要失效模式，进行 PFMEA（生产失效模式与故障分析）分析，识别出可能出现的主要问题点。

“许多制造型企业在某款新产品进行量产前，一般都会由质量部门牵头，组织生产部、工艺部等部门，输出该款产品的 QC 工程图，明确每个过程的输入 / 输出和管控点，这个可以结合上面的 PFMEA 输出结果，优化岗位作业指导书。

“当然，这不是我们的目的，我们的目的是让员工按岗位作业指导书做事，输出我们想要的结果。

“这就需要培训、宣导和考核，确保作业指导内容能正确落地。

“这就是我们这个项目第七步的工作：员工培训。

“赛艺能的管理团队当时决心很大。”

停顿了一下，唐风继续说：“他们组织了大规模的人员培训，要求人人参与，培训员工掌握本岗位的工作内容要求，并进行考核，规定每个部门每周至少培训两次，并且要通过考试。

“第八步是问题分析及纠正。

“实行严格的问题追责机制，对各类问题细化，每一个问题分析定位到具体的业务过程，并落实到责任人。

“彭坚强要求部门负责人每天到车间签到两次，亲自生产和检验产品，了解和掌握产品的问题点。避免管理者不接地气，不按要求推进质量改进。

“第九步是定期检讨。

“每周赛艺能都会组织专门的质量改进例会，由各小组来汇报改进进度，老板彭坚强一定会参加。每月与我们爱毕生 SQE 一起检讨出货质量问题点，采用过程定位分析原因并落实改善责任人。这个会我参加过两次，大部分是李山参加的。

“为了这个项目，我去了赛艺能五次。第一次是去启动项目，第二次是去逼彭坚强签订承诺书，第三次是帮助他们对过程问题进行分析和定位，找到过程薄弱环节。后面的两次是参加月度例会。在同一家供应商身上花这么多时间，对于我来说也是第一次，但效果还是不错的。

“最后一步，也就是第十步，是过程管理体系建设。

“大家都知道，赛艺能是一家小公司，员工人数不足 200，年销售额不到两亿元人民币。它的文件体系基本上是没有的。如果不把过程管理体系建立起来，前期许多成果是无法固化的，一旦质量改进小组停下来，其产品质量很可能又会出现反弹。因此，我专门给彭坚强讲解了文件体系的建设思路。

“通过这个项目，我有几点感触。

“第一，没有所谓的质量问题，每一个来料不良问题都是由供应商一个或者多个业务过程的管理漏洞所致。当然，更深层次的原因，是供应商管理层对质量管理的认识出现了问题。

“第二，高层管理者不但是解决问题的关键，而且常常是造成问题的主因，只有当高层管理者改变了观念并且拿出了决心和承诺，质量改进才可能取得成功。

“这个项目最核心，也是难度最大的一环，是我和余聪明逼着彭坚强签订目标和承诺。他当时认为我的要求太高，结构件产品不可能达到我所要求的合格率。如果不是我和余聪明的配合，很难把他拿下。

“因此，在辅导供应商的过程中，质量人员要与采购部、生产部等部门配合，这一点很重要。

“过程出质量，所有过程的零缺陷意味着最终结果的零缺陷。反之，结果出现缺陷意味着过程存在漏洞。

“要帮助供应商找到过程管理的薄弱环节，并快速提升其过程管理能力。严格的要求带来优秀的质量，用帮助而不是威逼的态度，供应商更容易接受你的辅导。其实，没有哪一家供应商不希望把质量做好，从这一点来说，大家的出发点是相同的。

“赛艺能质量改进这个案例，我把它定义为质量三级跳。

“从不确定期到觉醒期，再到启蒙期，目前已接近智慧期。

“因为自从开展了这个质量改进项目后，他们公司的产品在我公司的生产线上就很少出现批次性不良问题。

“我从事质量管理 20 年，在质量总监这个岗位上已有 11 年，与很多供应商有过接触，我觉得他们的质量管理水平大多停留在不确定期和觉醒期这两个阶段。

“所以，赛艺能这个项目中所用到的方法，我认为大家完全可以借鉴，用于指导同类型供应商的质量辅导项目。

“如果一家供应商已经处在第三阶段——启蒙期了，现在出了产品质量问题，作为 SQE(供应商质量管理工程师)，你该怎么办？

“大家休息十分钟，思考一下，我们再来讨论。”

十分钟后，唐风开始讲解：“2009 年，我当时在 EE 公司任供应链质量总监，一上任就遇到个大麻烦，我们最大的客户辉科在那一个季度给我们的质量考核打了个 D。辉科是我的老东家辉圣公司的母公司，对质量要求极为严格。

“当时我被叫到辉科，他们的物料质量部经理逼我拿出具体的方案来，在一个季度内把 D 的帽子摘掉。

“当时我被搞得很狼狈，在压力之下，我最后想出了一个方案。就是把所有给辉科供货的产品拿出来，组织研发部、采购部、质量部、外协部、生产部等部门，针对每个产品，做 DFMEA（设计故障模式与失效分析）和 PFMEA（制造故障模式与失效分析），找出产品在设计、来料和制造端的风险。

“然后针对每一种风险严格落实预防对策。

“结果一个季度以后，我们的绩效重新回到了 A。

“为什么当时我们要选择这种方式来全面提升客户端的产品质量？”唐风问大家。

过了一会儿，看大家沉默不语，唐风解释说。

“当时 EE 公司的质量管理水平已经处在启蒙期和智慧期的中间，管理层对质量有一定的认识，全面提升质量的核心在于推动预防工作的落实。

“因此，采用这个方式是合适的，后来的结果也证明了这一点。

“我给大家讲这个案例，目的是告诉大家，在面对不同的供应商时，要结合其实际情况来进行辅导。既不能用管理小学生的方法来管理大学生，也不能用管理大学生的方法来管理小学生。

“对供应商的质量辅导如同中医看病，号脉很重要。如果脉没有号对，就胡乱开药方，要么病人不肯吃药，要么吃了药不见效。

“各位 SQE，大家一定要对自己所管理的供应商进行评估，判断他们目前所处的阶段。

“然后，就可以因地制宜，采取正确的策略。”

本章点评

● 针对不同的供应商如何制订有针对性的辅导方案？

对供应商的质量辅导如同中医看病，要正确地诊断，判断供应商目前处在什么阶段，然后据此制订相对应的质量提升策略。

济世篇

质量播种师

第二十四章　第一个成功的咨询项目

如何在纷繁混乱的局面下建立质量改进试点

2019 年 3 月 4 日，开完最后一次项目总结会，唐风驱车离开了中山市中汉公司，他自言自语道：“十个月的项目，终于结束了，从今天汇报的结果来看，这还算是一个成功的项目吧。”

时间回到 2018 年 6 月，这天唐风接到了原 EE 公司老同事马如意的电话：“老唐，我从佛山中汉调到中山来了，负责中山中汉公司的管理。我发现这边的质量状况特别差，客诉太多，想请你过来指导大家做个质量改进项目，费用按咱们签订的上一份佛山公司的合同走。”

唐风给佛山中汉做过一个质量咨询项目，目标是降低客诉率 50%，项目还未做完，马如意就调走了。

佛山中汉的项目刚做完，成果还需要一段时间才能统计出来，但是马如意对唐风这个人的专业能力还是很认可的。

“好的，马总，我下周抽时间过来，了解你们的问题和需求。”

一周后，唐风到了中山中汉，见到了老同事马如意。

一阵寒暄后，马如意对唐风说：“我到这里当总经理，才短短几个月，现在弄得满头是包，公司客诉多如牛毛，质量成本很高。这个公司是前几年并入中汉集团的，当时收购过来时谈了很多条件，对现在的管理多有掣肘。还有，公司的文化很差，碰到问题时，扯皮、‘甩锅’是常有的事儿。

“请你过来，是借助你丰富的解决问题的实战经验，指导我们快速解决这些乱七八糟的问题。”

说完，他打电话叫来一个人，对唐风说：“这是我们质量部的经理柴逸风，中汉老员工，由他陪着你先参观下生产现场，再给你具体介绍下我们客诉的主要问题点。下午三点，我们一起召开质量改进项目的启动会议。我还有其他事，就不陪你了。”

参观完现场后，唐风与柴逸风找了一个会议室，开始聊了起来。

唐风说：“逸风，我看你们的现场搞得还是挺不错的，很干净，物品摆放也很整齐，怎么质量状况这么糟糕，麻烦你把详细情况给我说一下。”

于是，柴逸风开始介绍。

“马总过来好几个月了，他来到后，对现场进行了大力整顿，要求所有员工每天搞 5S，所以客户来参观，对我公司的印象还是不错的。

“但是质量方面，却没有什么明显的进展。虽然马总很重视质量，我们质量部也希望把质量尽快搞上去，但面对如此复杂的局面，实在是无从下手。

“我们公司几年前被中汉集团收购，从惠州搬迁到中山，公司的主业是设计、制造和销售车载中央空调，产品主要用于高铁和地铁上。单个订单量不大，一般是十几套到几十套不等，但客户对产品质量的要求很高。

“而且这个行业，需求量波动很大，往往上半年没什么事干，下半年又忙得不可开交。这就造成我们的工人流动率比较高，为此我们通过请临时工的方式解决这一问题，但临时工的作业质量又很难管。”

唐风说：“你们有质量成本报表吗？目前的质量成本大致在什么水平？”

柴逸风回答：“有的，每个月都有报表，从去年到今年，大概在4%左右。”

接下来，唐风又问了供应商来料、研发方面的质量状况，得到的反馈是到处都有问题。

下午三点的会议准时开始，会上，马如意将各部门主要负责人介绍给唐风，并说："唐总在质量管理领域，拥有丰富的实战经验，以后就是我们这个质量改进项目的顾问，请大家一定要配合他。"

接下来，由质量部的总监李华，来介绍质量改善提升专项工作计划，李华是马如意从佛山中汉带过来的人，与唐风合作了近一年的时间，对唐风极为认可。

他站起来说："我的报告主要包括四部分内容。

"2018 年质量情况、2018 年产品整改分析、2017 年产品整改分析、质量改善提升专项组。"

讲完前三个方面的数据和问题后，李华说："为改善提升产品质量，我建议设立如下攻关项目组。

"第一，成立空调机组壳体超高攻关组。这里包含两个小组，一是壳体结构改善，由技术中心负责；二是壳体加工工艺优化，由工艺技术部负责。

"第二，成立空调控制器硬件、软件问题改善组，由技术中心负责。

"第三，成立产品设计质量提升及有效验证改进小组，由技术中心负责。

"第四，成立电控柜质量改善攻关组，由制造部牵头，质量部、工艺部、技术中心、采购部参与。

"第五，成立空调机组系统管路铜绿攻关组，由工艺技术部负责。

"第六，成立装配质量改善项目组，要求按图施工作业，提升员工的质量意识，由制造部负责，同时成立供应商来料质量提升小组，由采购部、质量部负责。"

说完后，李华看着大家，他想听一听大家的意见。

下面的人一通讨论后，意见不一，马如意就问唐风：“唐老师，您的意见呢？”

唐风站起来说：“我刚才仔细听了李总的汇报，数据统计得比较详细，也做了汇总。看李总的意思，是希望通过质量改进项目组把这些问题一次性解决。我完全理解李总的心情，每一位质量人员，都希望尽快将所有的质量问题一把解决。

“但是，大家想过没有，我们的资源能不能支持这么多项目的实施？作为一个生产型企业，我们必须首先要满足订单的要求，在此前提下才能抽出时间来改善质量。”

“这是我的第一点意见。

“第二，我想说的是，李总提的这些项目，范围比较大。

“比如装配质量改善项目组，据我去现场了解，贵公司有空调机柜装配，有空调电柜装配，还有钣金箱体装配，是不是每个装配组都要成立一个项目组？

“至于供应商来料质量改进小组，涉及的范围就更广了，你们的供应商，少说也有上百家，这么多供应商，到底哪些是急需整改的，又要成立多少个项目组呢？

“还有，每个项目组又涉及采购、质量、研发、生产多个部门的人。

“这样下来，可能有很多人要同时参与多个项目组，同时还要完成本身的业务。最后，很可能出现的情况就是，贪多嚼不烂。”

说完后，唐风看着马如意。

马如意说：“我很认可唐老师的观点，质量问题它不是一天形成的，我们不要指望短期内一口气吃成胖子。

“唐老师，按您的意见，我们要如何开展这个质量改进项目呢？”

唐风说：“我认为，不管是客户投诉，还是产线异常，其背后的原因都是我们在某些过程管理上存在漏洞。

“因此，首先我们要把过去的问题进行过程定位，识别出那些最薄弱的过程和那些问题最多的供应商。基于分析结果，我们才能确定下一步的改进方向。”

“好的，那我们就按唐老师的意见，请柴逸风配合唐老师开展下一步的工作，今天的会议就开到这里。”马如意说。

会议室中只剩下唐风和柴逸风，唐风说：“你把今年前几个月的质量月报给我看一看。”

“好的。”柴逸风打开电脑，调出1—5月份的质量月报。

唐风看完后，开始发表自己的观点：“从这5个月的报表来看，你们的质量状况可总结为三多、两高，产线异常多、来料问题多、客诉问题多，产品入库前送检批次不良率高、质量成本高。

“不过你们也有亮点，就是数据统计比较完善，质量问题点统计很清楚，尤其是质量成本统计很细，每个产线异常的处理费用，每个订单的客诉处理费用都统计出来了。

“这一点其实并不容易做到，它很重要，因为数据统计是质量改进的基础。很多民企，质量改进为何困难，原因之一是没有相应的数据。”

说完后，唐风思考了一下，对柴逸风说：“资料我已经看得差不多了，接下来我们做一件事，就是过程梳理和问题定位。

“你们公司是做机车用中央空调系统的，你现在需要做的是，将产品实现的过程关系图画出来。

“据我的经验，像你们这样的企业，产品实现一般会有三条主线。

“一是标准产品开发过程，公司基于对市场和行业的理解，会开发出一些标准产品。

“二是定制产品的开发和送样流程。因为每个项目可能都有一些特殊要求，这就要给标准产品做一些修改，满足客户的定制要求，然后是给客户送样和确认。

“三是从订单到出货、运输、安装。

“这条流程一般比较长，从前端的商务报价、合同评审到物料采购、产品生产，再到出货安装。

“这三个主要流程中，任何一个环节出了问题，表现出来的要么是产线异常，要么是客户投诉。

“比如，刚才李总报告中的客诉中，有一个案例是耐压不良，也就是客户完成装配后打耐压，结果测试通不过，问题反复发生。

“最后查到原因是你们的产品电缆短路造成的。

“为什么会短路?

“原因是你们的工人在裁电缆时，将多芯线的绝缘层割伤。

“这个问题的过程定位就是电缆裁线，这个过程能力不足产生了多次客诉。

“明白吗?”唐风问。

见柴逸风点头，他接着说:“你现在要做的，是将这三个主要流程的过程关系图画出来。

“记住，产品实现的流程是有逻辑关系的，比如市场前端要输入需求，研发部才能启动开发，研发完成图纸设计后，才能进行评审。

“你把这些工作做完后，输出过程关系图，发给我看看，我认可后，才能启动下一步工作。我把 EE 公司的过程关系图发给你，你可以参考下。

“多长时间能完成?”唐风问。

“两周吧。”柴逸风回答。

一周后，唐风收到了柴逸风发来的过程关系图，看过后，他有些失望。

原来，柴逸风虽然组织相关的人员开会讨论了过程关系图，但最终是把他们现有的质量手册中的过程关系图截下来，直接发给唐风，也就是说，这一周，他等于什么也没干。

唐风给柴逸风回了邮件，并抄送给李华。他的邮件是这样写的:

内容太粗且不完整，而且没有明确过程之间的相互关系，很难起到指导作用。比如，钣金生产包含着许多小的业务过程，比如折弯、冲压、打磨、点焊等，空调柜生产又包括焊接、装配、包装、检验、测试等一系列过程，我让你画这个图是为了识别我们公司目前有哪些业务过程。

在此基础上，将目前已出现的问题，如市场整改、客诉、内部制造不良、返工等定位到相应的业务过程，找出这些业务过程管理上存在的漏洞，从而推动这些过程的责任人优化过程管理，从根本上解决所谓的“质量问题”。

上次会上，我提到了电缆加工，如果这个过程是长期存在的，我们必须将之识别出来，进行管理，因为一根电缆未压紧造成起火或者漏电伤人的事故，是常有的事。

又比如仓库管理，它又分为原材料进料、出库，半成品入库、出库，成品入货、理货，成品出货，不良物料处理，循环盘点等一系列过程。如果仓库管理出了问题，我们要定位到具体的业务过程，问题才能有效解决。

我再发两个业务过程图给你参考下，有问题可随时打我电话。

接到唐风的邮件，李华也做了回复：

逸风，我们这次质量专项是真刀真枪地干事情，不是做给别人看，首先我们全体人员要在思想上有正确的认识并落实到行动上。

如果没有好的方法，请务必按照唐老师在会上的要求执行，大家多交流、多沟通，每次会上安排的工作要不打折扣地完成，质量工作本身就是不妥协，我们自己要先做到严格要求自己，揭露伤疤总是要有疼痛的，发现问题，解决问题，提高质量，我们所有的工作不是为了处罚谁，而是为了今后更好地工作，给客户提供更好的产品。

请务必给项目组所有成员讲清这个道理，质量工作人人有责，不只是质量部有责，要靠所有人的参与。

于是唐风给柴逸风发了一个邮件：

请逸风抓紧点儿，希望在月底前将上次会议安排的几件事做完，输出结果来，这样我们可以在 8 月上旬完成所有的准备工作，在 8 月 15 日前正式启动改进项目，有疑问可随时问我。

在佛山中汉的咨询项目，唐风安排工作多以口头为主，但这次的情况有些不一样，考虑到李华刚到位，对部门人员的指挥还有些吃力，所以唐风安排工作，尽量以邮件为主，它可以检查和追溯，目的是避免扯皮。

一周之后，唐风收到柴逸风的过程关系图。

基于过程关系图，柴逸风将 2017 年和 2018 年上半年的所有质量问题点都列了出来，如制程不合格、产品一次开箱不良、客户质量考核、售后质量问题等，全部进行了过程定位。

看完这些资料，唐风打电话给柴逸风："逸风，我感觉你们还没有完全明白我的意思。比如，客诉中有一单，是深圳 3 号线反馈的系统泄漏，你们给出的过程定位是制程。

"试问，制程指的是哪个环节，是铜管焊接还是钣金加工，或者是铜管装配？

"这样吧，我本周过来，先教你们如何梳理产品实现的过程，基于此，再对过往的问题进行定位，你先把你们公司电柜和空调机组的设计过程图画出来，我们到时一起讨论。

"还有，叫上研发、工艺技术、质量等部门的代表，一起参与讨论，得出的结论要得到相关部门的共识。"

三天后，在中汉公司的会议室，唐风与柴逸风等人一起讨论过程关系图。

"我们先看产品设计流程，你们公司的主要产品是电柜和空调机组，这二者的设计流程有区别吗？"唐风问。

"有区别，二者产品特性不一样，需要经过的设计过程也不一样。"柴逸风回答。

"那好，你把空调机组的设计过程投出来。"唐风说。

柴逸风打开电脑，将之投到屏上，如下图。

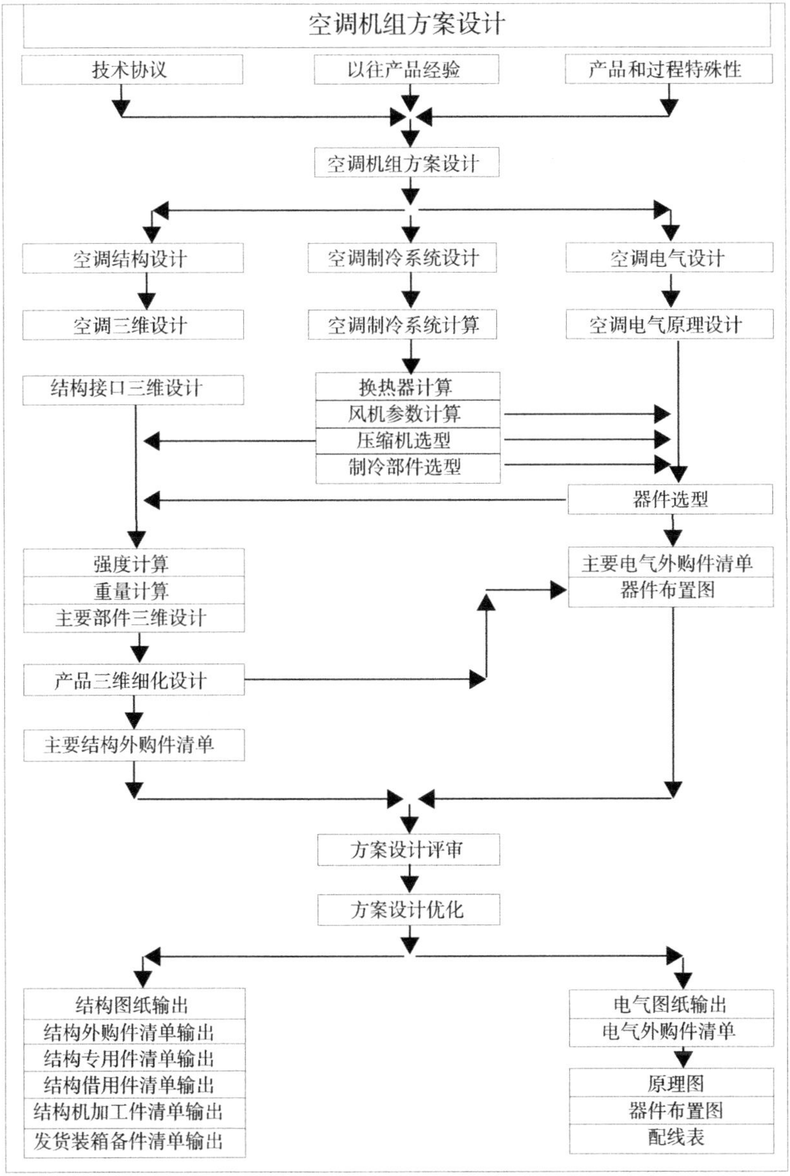

唐风看着图，对柴逸风说：“你们这次进步很大，这个图画得很详细，可以作为过程定位的基准。

“比如深圳3号线反馈的系统泄漏问题，如果根本原因是结构设计不当造成的，那就可以定位为结构设计。”

接着，唐风让柴逸风打开空调机组生产过程关系图，如下图。

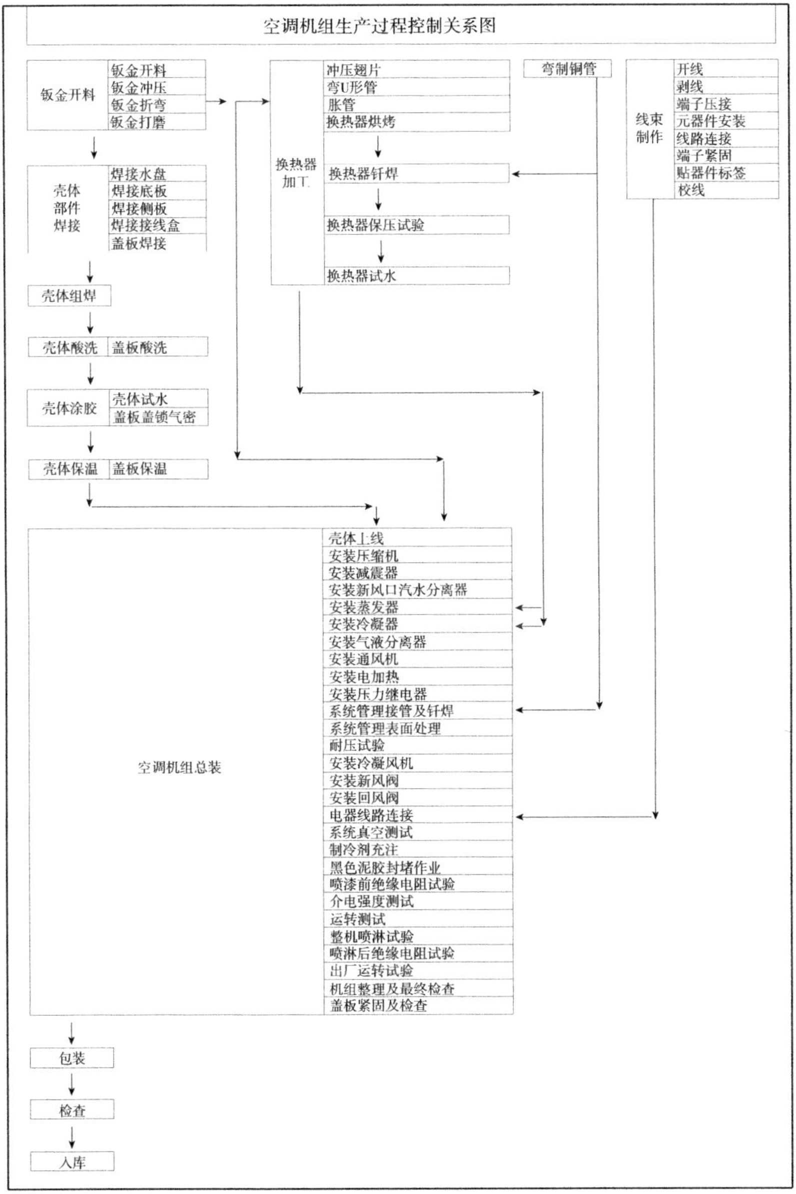
空调机组生产过程控制关系图
钣金开料
钣金开料
钣金冲压
钣金折弯
钣金打磨
壳体部件焊接
焊接水盘
焊接底板
焊接侧板
焊接接线盒
盖板焊接
壳体组焊
壳体酸洗
盖板酸洗
壳体涂胶
壳体试水
盖板盖锁气密
壳体保温
盖板保温
换热器加工
冲压翅片
弯U形管
胀管
换热器烘烤
换热器钎焊
换热器保压试验
换热器试水
弯制铜管
线束制作
开线
剥线
端子压接
元器件安装
线路连接
端子紧固
贴器件标签
校线
空调机组总装
壳体上线
安装压缩机
安装减震器
安装新风口汽水分离器
安装蒸发器
安装冷凝器
安装气液分离器
安装通风机
安装电加热
安装压力继电器
系统管理接管及钎焊
系统管理表面处理
耐压试验
安装冷凝风机
安装新风阀
安装回风阀
电器线路连接
系统真空测试
制冷剂充注
黑色泥胶封堵作业
喷漆前绝缘电阻试验
介电强度测试
运转测试
整机喷淋试验
喷淋后绝缘电阻试验
出厂运转试验
机组整理及最终检查
盖板紧固及检查
包装
检查
入库

唐风对着图说："逸风，你们的客诉中，系统泄漏的问题很多，一部分是结构设计问题，另一部分应该是换热器的钎焊问题吧。"

唐风的老东家EE公司有一条空调产品线，因此他对空调产品有一定的了解。

柴逸风点点头，回答："是的，钎焊这个岗位，对员工的技能要求比较高，我们的产能波动较大，钎焊工培养经常跟不上生产的需求。"

唐风说："再举个例子，你们有好几起客诉，都反馈同一个问题，就是铜管长绿锈。这个应该是焊接后未将焊渣刷干净造成的吧，这也是钎焊这个过程管理不到位产生的问题。"

接下来，针对2017、2018两年的客户投诉和生产线批次性不良问题，唐风组织大家一个一个地分析，进行过程定位。

对于来料质量问题，则定位到具体的供应商。

会议时间很长，足足开到晚上八点才结束，唐风对柴逸风说："逸风，请将今天的分析结果，用Excel呈现出来，每一个问题都列到Excel表中，汇总后发给我。结合我们对问题的分析，我再给出质量改进试点项目的实施方案。"

一周后，唐风给中汉公司的主要管理人员做报告，汇报质量改进项目的思路："各位领导，我们花了一个月的时间，首先对产品实现的过程进行了梳理，输出了过程关系图。

"基于过程关系图，我们对过往1年半的客诉和产线异常问题，进行了详细的分析、定位和汇总，下面我来汇报下我对这个项目的理解和思路。

"我认为，我们这个项目的关注焦点有三个。

"一是内外部质量异常太多，质量成本高。仅2018年的前5个月，开箱不良产生的客诉问题点有290个，产线的异常更多，质量部总共开单1283起。

"二是质量人员解决问题的能力弱，问题无法得到有效解决。

这么多问题，我们质量部拿不出有效的解决办法来，这就是证据。我们通过质量改进项目，培养质量人员解决问题的能力，也是一个重点。

“三是如何立足于现状，在公司层面系统地提升质量？目前尚未达成共识。通过前面这几次的会议，我对此深有感触。

“我讲的这三点，不知大家有无异议？”

说完后，唐风环顾四周，征求大家的意见，看见大多数人都在点头，他接着讲：“如果没有异议，我接着往下说。”

唐风打开下一页 PPT 继续讲解：“基于产品实现的过程关系图，我对 663 个客诉问题进行了定位。

	问题源头（过程）	问题数（异常数）	百分比
客诉问题定位后汇总	供应商来料	133	20%
	网卡	101	15%
	空调总装	89	13%
	结构设计	76	11%
	器件/部件选型	40	6%
	电柜装配	40	6%
	软件设计	32	5%
	焊接	18	3%
	仓储	14	2%
	电气设计	13	2%
	包装	11	2%
	保温	11	2%
	工艺设计	11	2%
	线束加工	6	1%
	其他（客户、待分析等）	68	10%
	总数	663	

“从 PPT 中可以看出，排名第一的是供应商来料，排名第二的是网卡，为什么要把它单独拿出来，因为这是我们公司与供应商联合设计的，有些特殊性。接下来是空调总装、结构设计等过程。

“为什么有这么多客诉？从数据来看，主要原因有二。

“一是内部过程管理没有做到位，漏洞很多。

“二是供应商质量管理能力弱。

“我认为，我们这个项目的关键点有三。

“第一，以当前问题为导向，驱动过程改善，建立过程管理体系。

“第二，通过实施质量改善项目，提升全员的问题解决能力。

“第三，公司上下形成系统化提升质量的共识。”

停了一下，唐风给大家解释：“什么是以问题为导向，来驱动过程改善？

“就是结合目前已经发生的客诉和产线异常问题，寻找目前漏洞多的业务过程，优先进行改善。

“刚刚在表中，已经给大家呈现过了。

“接下来，我们要确定试点项目。

“关于项目选择的原则，我的建议是先内后外，先易后难。

“就是先从内部改善做起，再推广到供应商，先找一些容易出成绩的项目开始推。

“基于这个原则，我的建议是，从空调总装和电柜装配这两个项目中二选一。另外，从网卡、软件设计和结构设计中三选一。

“成立两个试点项目，集中精力先把这两个项目做好，形成示范效应。”说完后，唐风看着大家。

柴逸风站起来说：“我有点不同的意见，根据我整理的质量数据，我认为应该开展四个项目。

“第一个，是结构设计，目的是降低质量成本。

“第二个，是供应商外购件的质量提升，如风机，盖锁等，目的也是降低质量成本。

“第三个，是空调机组总装，目的是降低一次开箱不良率和质量成本。

“第四个，是电柜总装，目的同上。”

柴逸风的意见得到了李华的支持。

大家都发表意见后，马如意开口了。“网卡的问题，我认为暂时不要费心了，我们正在引入另一家供应商。还有软件设计这个问题，也暂时不用立项。我们很清楚，我们目前软件设计团队的能力比较弱，人力资源部已在想办法招聘高手。

“我建议立三个试点项目：空调总装、电柜装配和结构设计，怎么样？”

“好的。”与会的人都同意了。

见此情况，马如意说：“那试点项目就这样定了，接下来请柴工拟定项目任命，包括项目的目标、计划、纪律和参与人员，全部在任命中明确下来，请唐老师指导，今天的会就开到这里。”

两天后，唐风收到了柴逸风发过来的项目任命初稿，看过后，他打电话表达自己的观点：“逸风，看了你的项目任命，我主要觉得你的目标定得有些问题。

“你定了两个目标，一个是质量成本率，从约 4% 降到 1.5% 以下。另一个目标是一次开箱不良率，从 23.4% 下降到 11.7%。

“我们这次的三个试点项目，其实只是起到示范性的作用，其覆盖的范围本来就比较小，很难支撑你这么大的目标。

“我建议，详细统计每个项目目前的质量状况，再给三个项目组单独定目标。”

“好的。”柴逸风回答。

6 天后，唐风收到了柴逸风的邮件，他的邮件主送了质量改进小组的所有主要成员，内容如下。

各位质量改善小组组长及成员：

目前先行实施质量改善专项项目有三个：结构设计、机组总装、电柜总装。

根据质量改善总目标：降低产品质量成本率 50%，降低产品一次开箱不良率 50%， 以上三个改善项目的各个改善目标需要根据质量改善总目标，进行分解确认。

根据对2018年1—6月的数据统计（根据已经统计的数据）：

2018年1—6月的总质量成本：150万元，涉及结构设计质量成本80万元，机组总装质量成本5.1万元，电柜总装质量成本2.2万元。

2018年1—6月一次开箱不良率：23.4%，空调机组发货台数1255台，电柜发货台数396台，空调机组一次开箱不良台数325台，电柜一次开箱不良台数30台。

结构设计涉及空调机组一次开箱不良台数有60台，结构设计涉及电柜一次开箱不良台数有13台。

机组总装涉及空调机组一次开箱不良台数有192台，电柜总装涉及电柜一次开箱不良台数有12台。

要求三个项目的质量成本率和一次开箱不良率改善目标为降低50%。

经过大家反复的讨论，最终输出了项目目标，如下表。

项目指标	项目	改善前占比	改善目标	改善目标降幅
质量成本率	结构设计	0.345%	0.173%	-50%
	机组总装	0.027%	0.0135%	-50%
	电柜总装	0.008%	0.004%	-50%
空调机组一次开箱不良率	结构设计	2.41%	1.21%	-50%
	机组总装	8.76%	4.38%	-50%
电柜一次开箱不良率	结构设计	0.66%	0.33%	-50%
	电柜总装	1.69%	0.84%	-50%

注：改善目标从2018年10月至2019年6月共9个月累计统计。

终于，在2018年10月8日，中山中汉公司质量改进项目的任命由马如意签发。

10月10日早上，唐风起床时突然感觉头昏目眩，妻子王玉赶紧把他送进医院。

正在打点滴时，唐风接到李华的电话："唐老师，我们准备明天下午三点，召集三个质量改进项目小组的所有成员，召开项目启动会议，你是指导老师，所以要到现场来开会。"

唐风苦笑着说："李总，真是不巧，我今天生病住院了，这个会如果已经定了，你们就先开吧，我下周过去。"

一周后，唐风去中山中汉公司，给所有项目组成员进行培训，培训内容是质量意识和过程方法。

讲完课后，唐风感觉很不踏实，他发现这家公司的员工很不守时，说好是下午两点的培训，结果无法准时开课，过了快10分钟了，很多员工才三三两两地进入培训教室。

尤其是空调机组总装项目的组长闫东，居然迟到了一个多小时。

课堂上气氛也不好，没有人主动回答老师提出的问题，课上得很沉闷。

两周后，唐风去中山中汉公司开项目例会，听完三个小组的汇报后，他心里很不痛快。

于是，他对三个项目小组的组长说："大家要明白，你们这三个项目的核心是要提高结构设计、机组总装和电柜总装的过程管理能力。

"那么，要实现这一点，你们应该收集每个过程以往的问题点，进行原因分析，找到过程的薄弱环节，拿出改进对策来。最关键的，是要组织基层操作员工和工程师参与，他们对这些问题也许更了解。

"我今天看到的结果就是大家都在拍脑袋做事，没有分析，没有策划，只是把上周做的几件工作拿出来呈现。这样做项目是不行的，工作太不系统了！

"你们三个小组长，这两周有没有召集相关员工，组织召开项目专题会议？"唐风问。

柴逸风回答说："没有。"

唐风有些恼火，立马打电话给中汉的质量总监李华："李总，刚才听了几个小组长的报告，报告是他们拍脑袋写出来的，内容非常简单，对数据没有分析和汇总，这两周也没有组织专题会议，这样做项目不可能达到目标！"

李华听完说："唐老师，你和他们三个小组长到我办公室来一下，咱们一起讨论后续该怎么做。"

在李华的办公室，唐风开始发表自己的意见："各位，我们这个项目已经开始两周了，刚才开了项目周会，听了大家的报告，我认为问题很大，主要有以下几个问题。

"第一，项目小组长未能发挥领导作用，未定期召集项目小组成员开项目例会，也没有对过程数据进行汇总，对问题进行分析，造成员工的参与度严重不足，仅仅是完成了几个报告，质量改进项目未真正落地。

"第二，数据收集严重不足，问题分析不全面，交出来的报告中的数据得不到大家的认可，刚才汇报时很多人对报告中的数据进行质疑，改进成果无法衡量。

"第三，项目改进工作的系统性存在严重不足，报告是拍脑袋做的。对于此项目，我的意见很明确，就是通过对过程的管理改进，达到优化结果的目标。因此，必须将大过程拆分为小过程，针对每个业务过程的六大要素进行分析，找出目前存在的短板，提出改进方案。为此，我已培训了两次，且多次进行了面对面的指导，但执行效果很差，大家还是习惯用以前的方式在做事。

"第四，过程数据的汇总和分析严重不足，不是以数据说话，以事实说话，而是'拍脑袋'。

"目前这种运作方式，过程极其不透明，我作为顾问老师，无法掌控项目的进展，也无法了解项目执行过程中存在的困难。

"两周过来开一次会，我倒是很轻松，但是贵公司付的咨询费可能要打水漂了。

“现在李总也在这里，大家对我的观点是否同意？”说完后，唐风问大家。

“唐老师说得对，我们的确做得不好。”柴逸风说。

唐风对着另外两位小组长说：“你们的意见呢？”

“同意柴工的看法。”两人回答。

唐风说：“既然共识达成，我说下后续的要求。

“第一， 重点要突出。项目以优化过程管理为主，同时监控过程数据。

“ 第二，参与人员要齐，过程的主责任人要牵头，相关的工程师、工段长、骨干员工要参与。

“第三，数据分析要到位，通过对问题和数据的分析，结合目前的过程管理现状，输出过程优化计划。

“第四， 会议纪律要严格执行，具体有以下几点。

“一是必须要有定期的项目例会，项目成员必须准时参加会议，无法参加会议时必须提前请假。

“二是会后一天内输出会议纪要。

“三是项目成员主动汇报工作进展，小组长必须在会前一天，提前跟进上周会议所安排工作的实际进展。

“四是以数据和事实说话，做事不能凭感觉、‘拍脑袋’。

“还有，把目前两周一次的汇报方式，改为每月汇报一次，将时间更多地应用到小组活动中，每周的小组会议可邀请我参加。

“我要求大家重新调整思路，重新进行选题，提交数据和报告，两天后再开会，我再次过来指导。”

同时会上还决定，由唐风负责跟进空调机组总装和电柜总装两个项目，李华跟进结构设计优化项目。

但工作仍然没有按唐风希望的那样去推进，两天后唐风仍然没有收到柴逸风的会议邀请，打电话催了几次，也没有结果。

他坐不住了，早上八点半，他就给柴逸风打电话："两天前我们不是达成共识了吗，今天重新开会，每个小组重新汇报思路，怎么又没有动静了？赶紧把会议材料发给我，我上高铁前要看到！"

"唐老师，你先过来吧，报告我们正在弄，你到中山之前我一定发给你。"

下午三点的会议让唐风非常恼火，三个项目组长中，只有柴逸风提交了一个报告，也只有简单的几页PPT，根本没有按唐风的要求去做。

闫东就更夸张了，他根本没有任何准备，轮到他汇报时，他从口袋中掏出一张纸，随便念了一下，就算汇报过了。

开完会，唐风抑制不住怒火，他去找李华和马如意，结果俩人都不在。

回到深圳后，他给李华发了个邮件：

周五我非常生气，周三开了会，大家表示要严格按我的要求去做，并请我周五再到贵公司指导，但周五我到场后，连会议材料都没有准备好，闫东还迟到了十几分钟，也不提前请假。

这态度哪里是做事，感觉我在玩猫捉老鼠的游戏，我进一步，他们退一步。

周一，他又给李华打电话，把会议的情况说了一遍，最后说："如果大家用这种态度做事，这个项目我建议不要继续做下去了。"

李华说："这样，我和马总都来这边不久，有些事情推动起来的确不顺畅，我建议你把今天的事情发个邮件出来，如实通报，不要给大家留面子，邮件发送给公司所有的管理层，包话马总和我，我让马总出面来推动。"

"好的。"唐风回答。

于是，他立即写了个邮件，先发给李华确认，他同意后，唐风发给了中山中汉公司的所有管理层。

唐风在邮件中写道：

各位，质量改进项目小组正式任命已超过一个月，从目前的运作情况来看问题很大，难以实现当初制定的目标。

主要存在的问题点如下。

一是项目小组长未能发挥领导作用，未定期召集项目小组成员通过项目例会的方式对过程数据进行汇总，对问题进行分析，造成员工的参与度严重不足，仅仅是完成了几个报告，质量改进项目未真正落地。目前这种运作方式，过程极其不透明，我作为顾问老师，无法掌控项目的进展，也无法了解项目执行过程中存在的困难。

二是数据收集严重不足，问题分析不全面，交出来的报告中的数据得不到大家的认可，改进成果也无法衡量。

三是项目改进工作的系统性存在严重不足，对于此项目，我的意见很明确，就是通过过程的管理改进，达到优化结果的目标。因此，必须将大过程拆分为小过程，针对每个业务过程的六大要素进行分析，找出目前存在的短板，提出改进方案。为此，我已培训了两次，且多次进行了面对面的指导，但执行效果很差，大家还是习惯用以前的方式在做事。

四是过程数据的汇总和分析严重不足，不是以数据说话，以事实说话。

我在上周三（11 月 21 日）在中山中汉公司找了李华李总和三位项目小组长（柴逸风、闫东、石破天）开了会，明确了上述问题点，大家表示认同，为了项目能继续推进，我提了五点要求。

第一，重点要突出：项目以优化过程管理为主，同时监控过程数据。

第二，参与人员要齐：过程的 Owner 要牵头，相关的工程师、工段长、骨干员工要参与。

第三，数据分析要到位，通过对问题和数据的分析，结合目前的过程管理现状，输出过程优化计划。

第四，会议纪律要严格执行。

（1） 必须要有定期的项目例会，项目成员必须准时参加会议，无法参加会议时必须提前请假。

（2） 会后一天内输出会议纪要。

（3） 项目成员主动汇报工作进展，小组长必须在会前一天，提前跟进上周会议所安排工作的实际进展。

（4） 以数据和事实说话，做事不能凭感觉、‘拍脑袋’。

第五，目前两周一次的汇报方式改为每月汇报一次，将时间更多地应用到小组活动中。

其中闫东、柴逸风在会上同意按我的意见重新调整思路，重新进行选题，提交数据和报告，在两天后开一次小组活动会议，同时邀请我再次来指导。

但最终结果让我极为失望，从周四开始，我一直在催柴逸风给我两个小组的数据分析报告，并要求其对问题要进行初步分析和定位，但直到周五中午十二点，我上高铁前，此报告仍未发出，下午四点半开会前，柴逸风提交了一个报告，上面也只有几页PPT，闫东没有提交报告，也没有做数据分析，他从口袋中掏出一张纸来，在会上说了几句。

综上所述，我认为各个小组长必须立即扭转观念，改变工作作风，严肃工作纪律，将项目认真细致地往下推，工作方法和思路上存在困难可找我和李华李总指导，协调配合上可找马总协助。

我重申：项目小组长对本小组的目标负责！主动、主动、再主动！

接到唐风的邮件，马如意做了回复，并抄送了全体管理层。

质量是我们目前的一个大问题，我们请了顾问老师来帮助我们，大家要配合好顾问老师，否则这个项目岂不是空谈？

请李华协调好资源，有问题可以找我。另外，下一次的质量项目组会议我会参加。

马如意的邮件起作用了！

第一个动起来的是结构设计小组，11 月 30 日，结构设计优化小组召开了第一次正式的项目例会。

会议由组长石破天主持，负责结构设计的绝大多数工程师参加了讨论。

会上，石破天首先通报了过往结构图纸的典型设计不良，基于数据分析结果，对《蒸发腔盖板设计规范》《减震器选型设计规范》《空调机组防止飞水、漏水设计规范》三个规范进行了全面修改。

在三个半小时的讨论和评审后，大家又提出了许多修改意见。

最后，石破天宣布："一个月后，针对修改完的版本，我们再评审一次，评审通过后在公司内发布和培训，指导研发人员进行设计。"

第二个动起来的是闫东的机组总装项目，他组织项目小组对过往问题进行分析和汇总后，找到了改进的突破口。

他对唐风说："通过数据分析，我们发现，在 2018 年 1—11 月份，焊接过程产生的质量异常达到 80 单，问题最多。

"因此，我决定先从焊接这个小过程入手，开始进行改善。"

在周例会上，闫东说："经过我们团队对数据的分析，发现焊接不良率从 2018 年 9 月份开始有明显上升，原因是 9 月份开始产量上升，新员工大幅增加，而目前缺乏新员工上岗的培训和考核制度。

"当然，更核心的问题在于产能管理的缺失，前期的产能规划不到位，造成焊工未及时储备，新进来的员工跑步上岗，技能不能满足要求。

"因此，要彻底解决问题，必须要做好产能管理，同时落实好焊接员工的上岗培训考核。"

这时，另外一位车间主管刘水强站起来说："还有另外一个原因，就是研发的图纸错误，标注不清楚，造成员工出错。"

闫东说："这些问题我都反馈给研发，让他们拿出对策。"

刘水强说："员工还反馈，目前一个班组只有一套图纸，查阅起来很不方便，这个问题也希望尽快得到解决。”

闫东说：“这个简单，我们在焊接车间现场设置电脑，这样操作员工就可以快速查找工艺、技术部门等的电子版图纸。”

焊接过程提升这个项目，大概花了近一个月的时间，接下来就是配线过程的优化。

项目组长闫东的表现也判若两人，每次开会前都认真准备好材料，会后一天内输出会议纪要。

电柜总装项目由柴逸风主持，在项目周会上，他说：“经过数据分析，我们发现问题相对集中，主要有布线及接线不良、耐压不良、端子压接不良、干涉及防护等几大类，涉及电缆加工、配线等过程。

“尤其是耐压问题，客户已连续投诉多次，属于致命性不良。

“经过分析，我们发现主要原因是裁线用的工具不能满足要求，无论是裁纸刀还是气动剥线工具，都无法满足工艺要求。

“问题为什么会流出呢？经过我们与客户沟通，发现客户耐压测试用 1500V，而我公司用 1000V，导致问题不能被有效发现。”

经过项目组全体人员的讨论，发现有一种专用的剥线工具能满足要求，另外通过修改耐压测试电压值，大大提升了耐压不良的问题检测能力。

看着项目一个个上了道，唐风松了一口气，他每周都来参加柴逸风和闫东的小组会议，检查工作推进情况，发现问题及时处理。

他告诉柴逸风：“每个月的汇报会议，你要邀请售后部门的代表来参加，核实三个小组的改进成果，我们这个项目做出的效果，一定要得到售后部门的认可才有意义。

“另外，请售后部门过来，他们也能反馈新出现的一些问题，给项目的下一期提供改善方向。

“从数据结果来看，问题越来越少，大家的工作积极性也越来越高，说明你的工作还是很有成效的。”

四个月后，由柴逸风组织，召开第一次项目阶段性成果发布会，中山中汉公司总经理马如意等一干领导参加评审。

会上，柴逸风汇报："感谢大家的努力，我们的三个项目成功结项，成果非常显著。

"其中，电柜总装的质量成本率降低 88%，一次开箱不良率降低 82%。

"空调机组总装的质量成本率降低 59%，一次开箱不良率降低 81.9%。

"三个项目中，结构设计改进成果最大，质量成本率降低 91.7%，节省 153 万元，一次开箱不良率降低 98%。"

马如意说："这说明了一个什么问题，源头改进效果最显著，大家一定要贯彻这种思想，把问题消灭在萌芽状态。"

本章点评

● 如何在纷繁混乱的局面下建立质量改进试点？

基于数据分析，找出问题背后的过程管理漏洞，确定改进试点，在遇到困难时多与领导沟通，争取领导的支持。

第二十五章　快“阵亡”的质量总监

如何帮助供应商的质量总监走出困境

2019 年 4 月底的这天，唐风与来自西安的供应商诺星公司的质量总监李东一起开会。

俩人针对诺星公司前期的产品质量问题检讨完后，李东说：“听我公司同事说，唐总是质量管理领域的专家，我想邀请您到我公司给我们讲讲课。”

唐风说：“过奖，不过我喜欢分享质量管理方面的经验。去讲课是没有问题的，但请你先汇总一下贵公司在质量管理上存在的主要问题，在我去贵公司前发给我，让我在讲课时能有的放矢。”

一个月后，诺星公司给唐风发来正式的邀请函，请他过去讲课。

唐风说：“李总，这次培训请与贵公司老板提前确认，他本人必须参加，否则培训取消。”

李东回答：“我已经跟总经办确认好了，老板及高管全部参加，欢迎你来指导。”

唐风说：“请你将需要重点解决的问题，尤其是对质量的理解方面的问题发给我，我好结合贵公司的具体问题进行讲解。”

几天后，李东发微信说：“我们老板目前对质量状况非常不满意，主要问题有以下几点。

“问题分析不到根本原因，质量工程师对问题分析的方法不对，对质量工具的应用比较弱。

“另外，质量工程师对问题分析后提出的解决对策，缺乏系统性的预防与横向展开，导致问题无法彻底解决。

“SQE 对零部件前期承认过程的介入不足，新产品评审缺乏系统性的标准与规范。”

“汇总来说，就是一句话，产品质量问题总是无法做到彻底解决，新产品和新供应商的质量管控能力弱。

“这些都是表面上的问题，更深层次的问题我认为主要有以下几点。

“质量问题是质量部的事。出了问题，由质量部牵头处理，但是缺乏业务部门的配合，推诿扯皮现象严重。

“因为研发不配合，所以出现产品质量问题后，问题分析的原因与对策做得一塌糊涂，但老板只是责骂质量部，业务部门袖手旁观。

“问题界定责任时扯皮严重，老板只责骂质量部执法不严，给你立法权、给你执法权，做不好就是你质量部的事。

“质量部人员走到哪里都是骂声，被排挤甚至经常被投诉。

“还有，公司没有质量文化，老板很不满意，他让我去建立质量文化，可是谁听我的啊？

“这种建立文化的虚的事情我实在做不了。”

唐风说：“老板对质量是否有明确的认识？比如如何得到质量，谁对质量负责等问题。”

李东说：“老板对此没有认识，他认为质量部就应该做好，质量部必须对产品质量及公司的质量文化建设负责。”

唐风说：“你来诺星公司有多久了，见过你的前任吗？”

李东说：“一年零四个月，前任在我面试的时候见过，我入职时他离职了。

“现在公司又在招质量总监，期望有个能力强的人来改变公司的质量文化。”

唐风问：“你的前任在公司做了多久，他为什么离职？”

李东说："他做了半年，压力太大，因为改变不了公司的质量状况。"

"最近五年你们公司换了多少个质量总监？"唐风问。

"应该是四任了，本来前些天招了一个，后来不知什么原因没有来报到，看样子，我肯定要'阵亡'了。"

"你坚持到6月20日，可能等我讲完课后会有转机。"唐风说。

开课前一周，诺星公司的老板袁春来主动与唐风视频。

"唐总，这次请您到西安来给我公司讲课，主要是希望您帮我解决以下的困惑和难点。

"质量的道理我们都懂，像'一次做对'、质量失效成本曲线、过程管控等，但是如何将这个意识用于实践指导工作？"

唐风说："首先，管理层要树立正确的质量意识，并采用正确的办法推行下去。至于执行，有成熟的方法。我研究零缺陷管理多年，可以采用质量改进过程管理的十四步方法在公司内推行，把过程管理和预防工作做到位。"

袁春来说："好的，下一个问题。质量的风险是不确定的， 但是进度、成本这些都是实际的， 在产品出货做决策的时候，如何显化质量风险， 而不是基于眼前的进度或者出货压力， 避免质量妥协？"

唐风说："这个问题的方法可采用FMEA进行评估，具体问题具体分析，但是满足客户要求的原则不能丢。"

"质量工作是比较耗时和耗人力的，比如风险管理、评审、问题的跟催，如何让业务部门积极开展质量工作？"袁春来问。

"有两点，第一，公司内部的追责、考核机制。第二，正确的质量文化。"

"好的，下一个问题"，袁春来接着问："流程和制度制定了很多，但是实际又不能解决问题，针对流程和制度的落地和优化整合，按照什么形式开展较好？"

“根本原因是过程方法没有与问题解决相结合，解决问题缺乏过程管理的思维，解决问题不彻底”，唐风说：“我看过贵公司发给我的质量问题处理案例，现状就是这样的。”

袁春来接着说：“目前质量部每天大部分的工作就是收集问题，发现风险，拉对应的人一起处理。大家认为质量部没做啥实质性的工作，如何提高质量部的权威？”

唐风回答：“根本原因就是质量部没有找准自己的定位，尤其是没有把过程方法与问题解决相结合，解决问题缺乏过程管理的思维，解决问题不彻底，久而久之，大家对质量部失去了信心。”

袁春来继续说：“谢谢唐总，我还有下一个问题。质量部如何与业务部门，以及管理层做好关系维护，文化上、思想上做到上下一个目标，拧成一股绳？”

唐风说：“有以下几点。

“第一，公司管理层树立并统一对质量的认识。管理层的质量意识不统一，质量工作无法有效开展。

“第二，正确的考核机制。没有机制做保障，质量意识无法树立，人性都是趋利避害的。

“第三，文化建设活动，包括仪式、改进项目等，都可以有效提高员工的质量意识。”

“所有人处理问题的积极性、主动性不高，都在躲避问题，不能直视问题、怕担责，现在基本是被动处理。如何扭转这种局面？”袁春来问。

“这个问题上面我已经解答了。”唐风说。

“出现问题定责时，容易被诱导，导致定不出主责来。在界定责任这块有没有什么好的建议和方法？”袁春来问。

“事实上，责任界定是质量部比较棘手的工作。建议按输入—输出的过程来处理。

“首先定义到产生问题的过程，再查明是过程中哪个要素没做到位，导致问题的出现。

“如果这个过程的输入没有问题，输出有问题，那责任就定位于这个过程。”

与袁春来做完这次沟通后，唐风对诺星公司的了解更深了。

6 月 20 日他到西安给诺星公司讲课：“感谢袁总的热情相邀，让我有机会分享我对质量管理的理解。

“今天，我们的主题是诺星公司管理层质量意识研讨会，既然是研讨，就不是我说大家听，而是要求大家把心中的疑问说出来，积极参与讨论。

“今天我们课程的目的只有一个，就是统一公司管理层对于质量的认识，为质量文化的树立提供落地方法。

“我问大家一个问题，您对公司的质量现状满意吗？

“请生产、研发、质量各部门出一名代表来回答我的问题。”

“不满意。”各部门的代表答案基本一致。

唐风说：“为什么会不满意？基于我对中国民企的了解，原因只有一个，就是采用了‘救火式’的管理方式。

“它必然面临这样一些问题。

“第一，产品或服务经常与自己所承诺的（或客户要求的）不一致。其表现就是有很多的客诉，质量和售后部门会很忙。

“第二，许多修修补补的工作和‘救火’的行为。因为工作没有一次做到位，必定产生各种各样的返工和投诉。

“第三，由于政策不清楚而实际上允许大家犯错误。‘人非圣贤，孰能无过？’这句话让我们每个人犯了错误后心安理得。公司的政策也是允许大家犯错的，从来没有要求大家把工作一次做对。

“第四，不知道不符合要求所产生的真正的代价。据我所知，贵公司的售后部门人数不少。

“第五，管理者往往找各类借口而不肯正视问题的根源，从来不会承认质量问题多的根源是管理问题多。这一条最要命。”

接着唐风问李东：“在你们公司，质量工作难做吗？”

“比较难做。”李东回答。

唐风说：“我从事质量工作快20年了，接触了不少民营企业，我发现它们在质量管理方面都有一些特性，请大家看看在我们诺星公司是否也具备。

“首先，质量总监扮演的主要角色就是‘救火队长’，‘阵亡率’很高。很多公司在面对质量状况下滑时，要找人来承担责任，第一个想到的是换质量总监。这是最显著的特点。

“原因很简单，最高管理者对于质量管理一知半解。

“比如说，公司为什么总会有质量问题？质量做不好，谁最需要改变？如何改变？如何才能做好质量？对于这些问题，他们不明白，只是凭直觉做事。

“其次，质量文化落后或者根本没有质量文化。

“出了客诉，管理者总是说，你们质量部是干什么吃的！我们公司为什么有这么多质量问题？他们很少找自己的原因，认为质量问题多就是质量部门工作不力。

“比如说我以前公司的老板经常对我说，不要跟我谈什么管理，我们不需要复杂的理论，你质量部要做的只有两个字：盯住！

“我们总经理经常对我说，质量很重要，但是成本更重要！赚钱最重要！

“对于很多老板来说，他们的心态就是，质量做不好会亏钱，质量做得太好也会亏钱。

“这都是最高管理者对于质量的认识错误，这才是公司质量管理上的根本问题。

“许多民企还有一个特点，就是证书挂在墙上，风吹过落在地上。

“管理靠嘴、质量靠盯！

“这是质量管理的大敌。

“一句话，大多数民企在质量管理上存在的最大问题就是基础差，文化转变困难。”

接下来，唐风又讲了零缺陷管理的五项原则和过程管理方法。

他特地引用了诺星公司的案例。

唐风说：“我们一起来讨论下，在这个案例中，我们在分析问题时问了五个 Why，似乎找到原因了，同时也有临时和长期对策，看起来似乎不错。但是，用处不大。

“我认为，我们质量部在分析此案例的时候，有个明显的问题。就是没有做过程定位。不做这一步，我们在寻找原因时，就会越找越没有方向。

“从问题产生的原因来看，是我们诺星公司研发部输出的 PCB 图纸错误，才导致最终问题的产生。哪个过程导致 PCB 图纸错误？”

这时，一位研发人员立即站起来回答：“是 PCB 设计和投板流程，我们是有这个流程的。”

“为什么会出现错误？是人员不知道要求，还是做事马虎，能告诉我吗？”唐风追问。

“这个问题是几个月前发生的，当时没有调查，所以现在不清楚原因了。”这位研发人员说。

唐风说：“这就是我们质量部门工作思路上的问题，因为没有过程思维，所以问题难以准确分析到位。

“我再次强调，分析和处理产品质量问题，要从三个层面来做工作。

“第一个层面是物理，产品出现了问题，该返工的就要返工，该报废的就要报废，该隔离的就要隔离。

“第二个层面是事理，产品出现质量问题，是哪一些业务过程造成的？一定要准确定位。

“还有，产品出现质量问题，漏到客户端了，我们的检验过程是不是没有发挥应有的作用，这个检验或者确认的过程是不是需要优化？

“这样做，就可以找到我们管理上的薄弱点，从而制定相应的过程管理规范。

“第三个层面明确过程管理职责，把过程中‘人’这个要素管好，这是解决问题的核心要素，所有的工作都是由人来完成的。

“一句话，就是从物理，到事理，再到人理。”

一上午的研讨结束了，唐风总结说：“我从事质量管理近 20 年，研究零缺陷 11 年，我对零缺陷的理解是这样一个逻辑。

“零缺陷意味着所有的工作能‘一次做对’，无论是制造业还是服务业，而不是产品无缺陷。

“在这个世界上没有无缺陷的东西。

“如何实现‘一次做对’？很简单，每位员工将自己的工作一次性做对。

“如何让每位员工将工作一次性做对？

“将工作当成过程来管理，确保过程实现‘一次做对’。

“如何让过程实现‘一次做对’？

“识别出产品实现所必需的每个业务过程，确保其输出满足要求。

“如何确保过程的输出满足要求？

“将零缺陷管理的五项基本原则融入过程模式作业表中，将每一个业务过程管理到位，要求每位员工必须掌握这种工作方法。

“如何将零缺陷的五项基本原则贯彻到每位员工的工作中？

“领导层率先垂范，带头改变对质量的认识并身体力行，从而改变公司的质量文化，将预防问题发生的思维植入每位员工的头脑中。

“这是我这十年来，对于零缺陷管理研究成果的总结。

“我的培训到这里就结束了，下面请袁总来讲几句。”

袁春来接过唐风递过来的话筒，开始发表感想：“非常感谢唐总这次过来，给我们免费培训，今天我有非常多的收获。

“通过这次培训，我终于发现，造成公司质量问题多的根本原因，主要还是我们公司战略不清晰，造成产品管理比较混乱，我要对公司的质量状况负责。

“下午，我们各部门的负责人一起开会，讨论如何把唐总今天培训的内容落实。

“我建议以产品线为质量管理的责任主体，研究下一步质量改善的推进工作。”

晚上诺星公司还找唐风，把他当天培训的 PPT 要了去，说要再组织研讨。

一个月后，唐风给李东发了个微信：“李总，最近怎么样，工作好做些了吗？”

李东回复：“谢谢，现在看来老板的观念转变很多了。

“你讲完课后，老板说不招质量总监了，让我留下来。这一切都得感谢你的帮忙。”

唐风说：“过段时间请你总结下，我们这次培训前后的改变，我要和你交流下。”

2020 年年初，李东给唐风发来总结，谈到了自从培训后，公司在质量管理上的改变。

作为一家以研发为主的新兴科技企业，诺星公司充满传统私企的特色，重技术、重市场，但轻管理。当公司高速发展到一定规模时，逐渐暴露出质量管理上的短板。

公司从上到下都貌似意识到质量的重要性，公司大小会议上，质量口号都很响亮，但仅仅是一个口号而已，在各种行为上还是暴露出质量认知的差异和薄弱。

高层层面上，高管认为公司质量管理部的职责就是保证产品质量，质量部对质量问题负首要责任。当产品质量出现问题时，首先批评的是质量部，最常听到的一句话就是，质量部在其中起到什么作用？

中基层层面上，上行下效，业务部门潜意识里普遍认为质量问题就得质量部组织解决；但当质量问题出现后，质量部在组织会议或者找资源解决问题的时候，反而被业务部门认为是没事找事，他们经常故意推脱。

在这个过程中，质量部深受其扰。我们认为，质量问题的第一责任是业务部门，质量部负管理责任，是第二责任部门。在推动质量问题解决时，需要业务部门主动配合，而现实情况却是在推动过程中“求爷爷告奶奶”，在问题组织和推动上，存在巨大困难，问题解决的有效性较差。

唐总，你在培训过程中，一针见血地指出，公司高管对质量的认知有偏差，明确提出我们公司目前“救火式”管理的现状，和民企质量管理的典型问题一致，质量部门负责“救火”永远解决不了根本问题，业务部门才是质量保证的关键，并深入浅出地讲了质量管理的内涵和落地方法。

经过您的培训，大家备受启发，老板当即召开会议，以产品线为责任主体，部署下一步的质量改进工作。

质量问题不再优先归责质量部，各业务部门承担起质量责任。对此，以各个业务部门为主导的质量改进小组接连成立，定目标、重执行，落实 PDCA，公司领导层给予了大力支持，各部门也在主动探索一些质量改善的方法，质量部统筹整个质量改进活动，大家的主动性和配合度纷纷提高，效果也有了明显进步。

当然，质量部也要做出相应的改变，质量管理要适应公司现状，不能拿成熟的质量管理体系硬套在中小型企业上。质量部重点在管理，但首先要深入业务，和业务部门一起探讨质量改善的方式方法。

有个效果显著的例子，产品线成立了 D&F3000 攻坚项目，目标是两个月内解决现有缺陷，达到成功上市的目的。

按照传统的质量管理，质量部会定期索要项目的进度、完成情况、后续计划等，在一定程度上监控项目的进行。但在这个项目上，质量部改变以前的做法，质量人员加入项目组内，每日参加项目早例会，并和项目成员一起探讨该项目的管理方式，在这个过程中质量人员设定奖惩措施，带动了项目成员的积极性。

结果这个项目超高质量完成目标，质量部不仅得到了公司高层的认可，而且得到了业务部门的认可。业务部门的质量意识，在一次又一次的质量活动中不断提升。

本章点评

● 如何帮助供应商的质量总监走出困境?

通过分析他们的产品质量问题，找出供应商过程管理上的缺失，进而帮助他们公司的最高管理者，让他们正确认识质量，认识到自己的职责。

第二十六章　快速突破质量瓶颈

中小民企如何快速提升质量

2020 年 12 月 1 日，星期二，应物料质量部邓江的要求，唐风参加一家供应商的年度质量总结会议。

汇报的供应商永成是一家电线电缆供应商，工厂位于广东东莞大朗，供应商方来了两个人，分别是质量部的经理和副经理。

汇报由其质量部经理开始，他打开 PPT，说："各位爱毕生公司的领导，大家上午好，我是永成的质量部经理刘其升，现在给大家汇报永成公司 2020 年的质量表现。

"在 2020 年，爱毕生给我公司发了 8 个批次的投诉单，比 2019 年的 9 批略有减少。"

接下来，他针对每批不良产品，讲解了原因分析和改善对策。

听完对方的汇报后，唐风说："刘经理，今年我公司对贵公司的采购量相对去年有所减少，问题数量也略有下降。从总体上我认为，贵公司的产品质量在过去的一年中，没有什么改善，维持在原地踏步的状态。"

刘其升回答："是的，我们明年需要更加努力。"

唐风说："从你刚才的汇报中所体现出来的工作思路，我认为你们没有找到解决问题的办法。

"请你把 PPT 往回翻，我找一个问题点与你探讨下。"

唐风从他的报告中抽了一个问题点，指着屏幕开始提出自己的观点："刘经理，我们一起讨论下这个问题。

"这个问题我记得是一个批次性不良，整批网线全部用错了端子，幸亏在我公司产线上发现了，如果在市场上被客户发现，造成的损失应该是很大的。

"这个问题的核心是用错了端子，那么，为什么会用错端子呢？"

刘其升回答："是我公司的制图人员没有落实一物一码的要求，把不同厚度的端子用了同一个物料编码，导致产线在压端子时用错了物料。"

唐风说："邓江，这个问题发生后，我们也做过调查，刘经理所说的是事实吗？"

邓江说："是的。"

唐风说："按我的理解，这个问题产生的直接原因，是端子压接这个过程管理得不到位所致，是吗？"

刘其升说："是的。"

于是，唐风走到白板前，在上面画了一个零缺陷过程模式作业表，如下图。

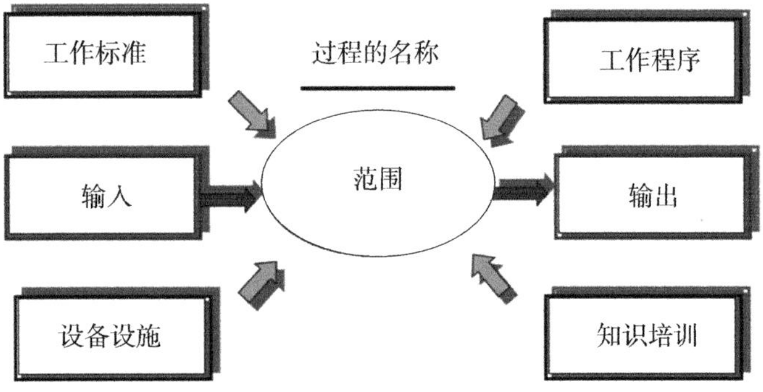

对着这个图，唐风开始讲解："我们现在从过程管理的角度，

来分析一下问题是如何产生的。

“在端子压接这个过程，输出物是什么？”

刘其升回答：“是一根成品网线。”

“对于这根成品网线，我们对它的要求是什么？”唐风问。

看刘其升有些困惑，唐风说：“换句话说，就是这根网线，我们判断它合格的标准是什么？”

刘其升回答：“首先是电气性能合格，然后是长度、用料、外观等特性要符合要求。”

“如何才能保证它合格呢？”唐风开始发表自己的观点：“这个表是我以前做咨询时学到的东西，它的名字叫作过程模式作业表，是美国质量大师克劳士比开发出来的，指导我们如何把过程管理做到位。

“这个表的原理就是，在识别输出要求的基础上，管理好输入要素，确保输入是满足输出要求的。

“当然，也要管理好知识培训、工作标准、设备设施、工作程序这几个要素，它们是四大过程支持系统。

“所谓知识培训这个要素，指的是，在这个过程中所涉及的人的能力。

“在我们这个端子压接过程中，主要指压端子的工人、调校端子机的技术员、做首件检验的检验员。这几个岗位的员工，所掌握的知识、技能和经验，必须满足过程输出物的要求。

“所谓工作标准，指的是这些人的工作态度是否认真，是否具备‘一次做对’的决心。

“设备设施是什么意思呢，它指的是过程中需要用到的工具和环境，包括硬件和软件。在我们提到的这个过程中，主要指压端子的机器，它必须满足过程的要求。

“工作程序指的是这个过程的作业流程和岗位指导书，它是指导员工作业的。

“如何才能把过程管到位？一句话，就是在明确输出要求的基础上，识别输入、工作能力、工作态度、设备设施、工作程序这五大要素的要求，并制定相应的管理办法，确保能达到这些要求。

“今天，我用这个表来分析这个端子压接过程中存在的问题。

“刘经理，这个过程中的输入物有哪些？”唐风问。

“剥好皮的电线、端子。”刘其升回答。

“缺了一个要素，就是加工图纸，这是做首件时必须要用到的信息。”唐风说。

“对的。”刘其升回答。

唐风继续问：“我们对于电线、端子和加工图纸这三个输入要素有什么要求？”

刘其升回答：“首先，加工图纸必须要正确，也就是要满足客户原始图纸的要求，包括用料、加工工艺参数等。

“电线和端子必须要满足加工图纸的要求，这样才能确保加工出来的成品合格。

“我们这个批次性不良的问题产生的原因，就是端子用错了物料，再往上追溯，就是我们做 BOM 和图纸的工程师，未能执行一物一码的要求，属于人员管理问题。”

唐风说：“这就是我接下来要讲的内容。

“如何保证这三件输入物是正确的？

“我们要有相应的管理手段，比如，这个加工图纸是展图这个过程的输出物。我们要把展图这个过程的每个要素管控住，才能保证这个加工图纸是正确的。

“具体来说，就是针对这个工程师的能力、工作态度、岗位指导书等要素，要识别清楚要求，并想办法达到这些要求。

“对于另外两个输入要素——电线和端子，也是一样的，要确保它们满足要求。

“根据我对电缆压接这个过程的理解，这个过程中的夹具也容易出问题，比如说上面的螺丝用久了可能会松，导致压不紧，有这种情况吗？

“从你的报告中，我发现了一个规律，在爱毕生公司中的 8 起质量不良中，有 3 起是端子压接不良造成的。

“这说明了一个什么问题？”唐风反问刘其升。

看刘其升有些困惑，唐风继续说：“说明贵公司针对端子压接这个过程的管理存在许多漏洞，也就是说过程管理能力太弱。

“我有理由相信，在你其他的客户中，一定也有端子压接不良的问题。还有，在你的生产线上，类似问题一定也不少。”

“是的，您说的很对，事实的确是这样。”刘其升回答。

唐风指着 PPT，对刘其升说：“但是，在你的报告中，压根就没有提到对端子压接这个过程明年有什么系统性的改进计划。

“如果按你报告中的这种思路，我估计明年贵公司的质量状况很难有根本性的改进，因为你们没有在思路上取得突破。”

看着刘其升不断点头，唐风继续说：“你这个报告要重新写，要把贵公司所有客诉中反馈的问题进行汇总，并且分析定位，找到问题最多的几个过程，制订改进计划。

“记住，是所有客户反馈的问题，不仅仅是爱毕生一家公司的问题点。

“当然，为了帮助你把这一点做到位，下周我会抽时间去一趟贵公司，与你的领导做个质量方面的交流。

“没有领导的支持，你的质量改进工作肯定难以推进。”

“谢谢唐总，非常欢迎您来我公司指导。”刘其平说。

散会后，唐风对邓江说：“我们总共只有两家主力线材供应商，它们明年的批次性不良一定要杜绝，永成这一家，我要多花点心思辅导下。

“你与他们公司的领导约一下，下周我们找个时间过去一趟，与他们做个质量交流。我强调一点，一定要约到他们的老板，否则我不会去，因为去了也解决不了问题。”

一周后，唐风与邓江一大早就从惠州工厂出发，去东莞永成做年度质量交流，唐风还专门准备了一个培训材料。

上午十点，唐风一行人到达永成公司。

参观完后，双方一起开会，永成公司的老板马强带领公司主要的管理人员参加。

唐风说：“今天我来贵公司的目的是进行年度质量交流，检讨今年的质量结果，并制订明年的质量目标和改进计划。

“首先，让刘经理代表贵公司，把贵公司在爱毕生的质量表现通报给各位领导。”

唐风这样安排的目的是热场，让永成的管理层对于他们的质量现状有个清楚的认识。

刘其升讲完2020年的质量总结报告后，接着说：“我代表永成公司对爱毕生客户提交2021年质量目标。

“第一，批次性不良为零，这个包括在贵公司的生产线和贵公司的客户使用端的数据。

“第二，我公司产品在贵公司IQC处的批合格率达到99%，相对今年改善50%。

“第三，在贵公司上线的不良DPPM下降50%。

“以上三点，是上次在贵公司开会回来后，我公司经过集体研究给出的承诺。”

唐风等他讲完后，开始发问：“刘经理、马总，我认可贵公司提出的2021年质量目标，我想知道，贵公司如何才能达成这个目标？”

马强说：“坦率地讲，我们并没有清晰的思路，还请唐总指点。”

唐风说：“我准备了一个简短的PPT，与大家交流一下。”

唐风打开PPT，问刘其升：“刘经理，在你们公司，质量改进的工作难不难做？”

见刘其升有些不解，他又说：“我的意思是，你在推动质量改进时，大家是不是非常配合你？”

刘其升回答：“我们公司的整体文化氛围还是不错的，大家对我的工作还算比较配合。”

“那我要恭喜你，这个问题我在许多场合都问过，得到的答案基本上都是一个字：难！”唐风笑着说。

“十年前，我离开跨国企业EE公司，加入深圳一家民企康利得，任质量总监，这家公司的主力产品是电源板。

“刚进去时，我想，以我跨国企业质量总监的经验，再加上一年多兼职咨询顾问的经历，把这样一家小公司的质量做上去，应该不在话下。

“然而，我错了。”唐风缓缓地说。

“我记得入职时，老板孙总把我叫到他的办公室，对我说了一番话。

“他说，在我们康利得做质量，其实很容易，我送你一个四字箴言，你只要做到，质量就不会有问题。

“前面两个字叫‘盯住’，你要组织质量部的这几十号人，把所有问题找出来，不要让它流到客户端去。

“我当年亲自管质量，就是这么干的。

“后面两个字叫‘勤快’，你每天要抽时间去现场，到流水线上去看板子，在那里，你就能发现所有的问题。

“刚开始我不明白老板这段话的意思，但很快就明白了。

“因为一旦有客户投诉，老板就会指责我，你没有盯住！你不够勤快！

“我非常痛苦和不解，一个近2000名员工的企业，居然要用这种方法来管质量！

“我反复找董事长和总经理，告诉他们，我们要把过程管理做起来，把工作要求识别清楚，要求每位员工把事情一次性做对。

“两位老板根本不理我，他们说，我们的客户给我们的交期只有 3 周，在这么短的时间内生产出货，成本又要做到这么低，研发怎么可能不出问题，供应商怎么可能不犯错误，生产线的员工怎么可能不出错？

“一句话，所有人都允许犯错误，唯独我们质量部不可以犯错，因为客诉是不可以出现的，我们质量部得把所有问题盯住。

“研发、采购、供应商、生产线，所有人都在制造问题，而质量部必须依赖这几十个检验员，把上游几千人犯下的错误全部堵在工厂中，不要让它流出。

“你们说，结果怎么样，能堵住吗？”唐风问大家。

“堵不住。”大家纷纷回答。

唐风继续说：“我也堵不住，因此每天的工作都是煎熬，一边要去‘救火’，一边还要挨骂。

“在 2012 年 5 月的一天，这个问题爆发了，因为四川一家客户的投诉，老板把我痛骂一顿，让我组织工厂的所有经理，召开质量检讨会。

“在会上，我豁出去了，我指着老板和总经理问：‘什么是质量问题？为什么公司质量问题多，我这个质量总监就要挨骂？’

“结果没有一个人能回答我的话，最后我告诉老板，我们公司没有质量问题，我们只有管理问题，我们的问题就是四个字：管、理、混、乱！

“董事长和总经理最后接受了我的观点，从此以后，康利得公司的质量状况开始真正地改善。

“我说这个故事的目的，就是告诉大家，要突破公司的质量瓶颈，首先要改变公司管理层的质量意识，这也是我今天来贵公司的主要目的。

“我的报告主题是如何突破质量瓶颈，快速提升产品质量。”说完后，唐风翻到下一页 PPT，如下图。

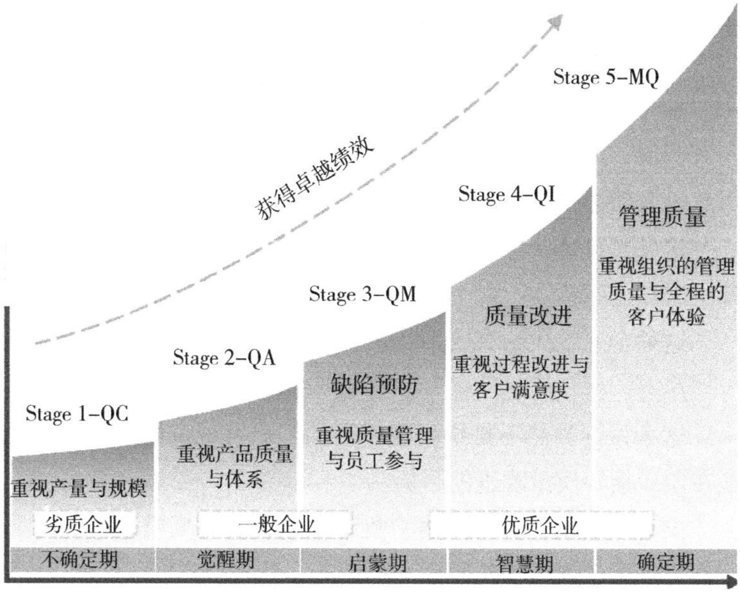

"这是美国质量大师克劳士比开发出来的零缺陷行动模型，十二年前，我第一次听零缺陷管理课程时，老师给我看了这张图片。刚开始，我未能真正理解这张图，不知道如何使用它来解决我们企业的问题。经过这么多年的实践，在接触了大量管理水平参差不齐的企业后，我才真正理解了这张图的精髓。

"克劳士比按企业的质量管理水平，将企业分为五个档次，不确定期、觉醒期、启蒙期、智慧期和确定期。

"水平最高的是确定期，其特点可以用一句话来形容，就是'一次做对''次次做对'。

"公司每位员工都可以向客户申明：我们知道为什么我们没有质量问题。

"水平最低的是不确定期，其特点也可以用一句话来形容，就是，我们不知道为什么总有质量问题，但现状还可以接受。

"去年我在中国质量总监大会上做了一个分享，分享完后下面的一位女士找我咨询。她说，'我是珠海一家企业的质量负责人，我认为我们公司的质量状况不好，客诉很多，但是很难推动改善。’”

“我说，为什么难以推动？”

“她告诉我说，她的总经理认为公司的质量状况还行。”

“我说，这就难怪了，你们公司的总经理对质量状况还算满意，他当然没有动力去改变这个状况。

“这就是许多中小型民企的典型案例，公司质量问题多，但是管理层感觉还不错。

“这种企业，大约有四个特点。

“第一，将“质量问题”归咎于质量部门，混乱且没有目标。

“这个目标当然不是指挂在墙上供客户参观审核的目标，是实实在在用于指导质量改进的目标。

“没有质量目标，出了客户投诉，老板第一反应是想骂质量总监，认为是质量部门不称职。

“第二，头痛医头，脚痛医脚，好了伤疤忘了痛。

“2012 年年底，我还在康利得公司任质量总监，那天我们接到一个客诉，老板把我们每个一级部门的主管都叫到了公司总部的会议室。

“进会议室时，老板孙常青脸色铁青。原来，当天市场反馈出来一个重大客诉，数千台机站电源一夜之间全部停机了。

“原因很简单，这个产品设计时就有问题，没有通过测试，但是这样一个研发测试都不通过的产品，最后居然大批量出货了。

“会上，老板痛骂总经理姜固，说他没有把研发盯住。

“最后，老板要求，下周召开公司级的质量反思会，每个部门都要写汇报材料，进行反思。

“一周后，我看总裁办没有发会议通知，我问总裁秘书，她说这周老板没时间，要下周再开。

“又过了一周，我又打电话问总裁秘书，她说这周老板仍然没时间，要以后选时间开。

“这样一来二去，这个质量反思会就再也没有下文了，对这个客诉问题的分析和回顾，也就不了了之了。

“质量事故造成的痛苦随着时间的推移，是会慢慢减轻的。

“第三，出了问题，各部门之间互相攻击。

“往往第一个发出投诉的是销售部门，质量部调查后发现是生产部门有问题，生产部门又会推给工艺部，工艺部又会推给研发部。

“反正没有一个部门主动承认自己有问题，都是别人的错。

“第四，质量部门的主要工作是‘救火’，他们的价值就是保障生产顺利、应付客诉。

“第五，不出大问题，管理层不会关心质量。平时，没有出大的质量问题时，质量总监让老板去参加质量例会，老板往往会借故推脱。

“第六，公司不重视流程，员工能力不足是常态，客户审核造假应对。

“管理靠嘴，质量靠盯！

“一句话，公司重视的是产量和规模，如果一家企业具备以上这些特点，那它就是典型的处于不确定期的企业。”唐风说。

“对于觉醒期的企业，也可以用一句话来形容：如何改变现状，彻底解决这些乱七八糟的质量问题？这类企业，在面对客户的投诉时，管理层经常想的就是这个问题。

“这类企业，也有几个特点。

“第一，公司认识到质量管理有价值，但没有系统解决问题的思路，主要还是依赖检验来保证质量。

“关于这一点，可以从它的质量部门的人员结构来识别。

“它的质量部门中，绝大多数是检验员，有的公司，甚至是一个质量主管带一群检验员。

“检验员能干什么？”唐风问。

“把不良品挑选出来。”刘其升回答。

“检验员能从根本上解决问题吗？”唐风继续问。

“不能。”刘其升回答。

“第二，偶尔会成立项目组来解决一些重大问题，尝试一些质量改进活动。在很多公司中，通常会搞一些质量月等活动，推进质量改善。

“第三，公司开始进行质量成本统计，设置明确的质量目标。

“第四，公司开始重视流程管理，管理层开始思考如何全面提高质量。

“这一类企业，重视产品质量和体系建设。

“我刚来爱毕生公司的时候，它应该就处在这个阶段。

“与公司领导层钟总等人交流时，我感觉到他们都有这样一种心态。

“他们重视质量，为公司设置了质量目标，但是如何达成这个目标，他们没有共识，不知道应该如何做。

“从不确定期到觉醒期，最主要的差距大概就是这些，最核心的是质量目标的设置和跟进改善。

“企业经过觉醒期后，下一阶段是启蒙期，这个阶段也有几个特点。

“第一，管理层参加质量改进计划，对质量管理有较多认识。公司出现重大客诉时，他们会将问题归咎于己。

“第二，建立质量数据和信息收集系统，流程体系和过程能力持续提升。

“企业在这个阶段，会加强 IT 建设，经常投资建设各种各样的信息管理系统。

“第三，建立纠正错误的系统，敢于公开面对问题，并有计划地解决。

“第四，大力开展质量文化建设活动。

“第五，建立了公开的质量政策。

“比如，我的老东家辉科，他的轮值 CEO 设定目标的原则是：如果质量没有做到业界最好，那么就把目标设为业界最高，尽快改进。如果质量已经达到业界最好，那每年还要以不低于 20% 的速度去改进。

“另外，从管理层来讲，在不同的产品线体系里每年都会对管理者做质量排名，排名靠后的主管要问责。

“对于每一位基层员工，公司对他们的要求是‘一次做对’，出现问题后要认真分析，从流程上进行规范，做到不贰过。”

停了一下，唐风继续说：“对于启蒙期的企业，也可以用一句话来形容。

“经过管理层的共识、承诺和质量改进活动，我们已经能发现并解决我们的问题。

“公司重视质量管理和全员参与。

“第四个阶段是智慧期，这个阶段的特点也可以用一句话来概括：缺陷预防是我们日常工作中的一部分。

“具体来说，有以下几点。

“第一，管理层参加质量改进活动，了解质量管理基本原则和自身角色。

“第二，持续进行质量文化建设活动，预防问题产生这个概念得到全员共识并落实到工作中。

“第三，问题在初期就能发现，各部门都能接受改进建议并实施。

“比如，产品设计失误，往往在研发评审环节就能发现，不会进入量产阶段。

“第四，质量数据和信息收集系统完整，质量成本比较准确且用于质量改善和绩效衡量。

“质量成本衡量系统需要不断地优化，刚开始推行时，往往统计到的东西比较粗，数据比较好看。随着核算不断细致，发现的问题也会越来越多，质量损失的成本数据也会越来越准确。

“第五，流程制度完善，过程管理能力强。

“公司往往有专门的流程管理部门，持续对流程进行优化，并运用 IT 手段统计各个业务过程的绩效数据，推动相关环节进行改善。

“在这一阶段，公司重视过程改进和客户满意度。

“最高的境界是第五阶段——确定期，这一阶段公司重视管理质量和全程的客户体验，真正做到了次次做对、事事做对。

“这个阶段的特点有以下几点。

“第一，质量作为一种竞争优势得到了全员共识。如同我的老东家辉科，老板经常说质量就是我们的尊严。没有质量，公司在客户面前就直不起腰。

“从竞争战略的角度来看，客户选择我们，只有两种原因。一是差异化，二是成本优势。

“质量与对手不一致，是差异化的主要因素，所以公司上下决心在质量这个维度压过竞争对手。

“第二，质量管理是公司管理系统中的一部分，公司上下关注质量如同关注财务。

“美国质量大师克劳士比的著作《完整性》一书中有一句话：质量是组织的骨架，资金是组织的血液，而关系则是组织的灵魂。

“这句话放到今天，仍然很有意义，没有质量，组织无法直立，没有资金，组织分分钟死亡。而如果不能正确处理好组织、客户和员工的关系，这个组织则没有灵魂。这就要求组织一定要建立自己的质量文化和价值观。

“第三，除了一些极少的例外，绝大多数问题已得到预防，每位员工都掌握了预防问题产生的方法，他们的工作能力完全满足要求。

“第四，质量改进是日常的持续的活动，如同吃饭睡觉一样，质量改进是我们工作的一部分。

“在确定期这个阶段，公司重视组织的管理质量与全程客户体验。”

讲完这些后，唐风扫视全场，说：“以上这些，是我基于克劳士比先生的质量管理成熟度模型，加上我这么多年来，与数十家企业的深入交流，总结出来的一套诊断方法。

“我想问一下，按这个标准，贵公司目前的质量管理水平处在哪个阶段？”

看见大家在思考，他直接问刘其升：“刘经理，你作为质量经理，应该比较有发言权，说说你的看法。”

刘其升站起来回答：“我觉得我们应该处在第三阶段：启蒙期。

“在我们公司，大家对于质量有一定的理解，认为质量是设计、制造出来的，不是检验出来的。

“对于质量改进也很配合，公司建立了质量数据收集系统，每周检讨目标达成情况。

“公司领导重视员工培训，要求全员持续改进。”

唐风转过头问马强：“马总，你是公司老板，说说你的看法。”

马强说：“我同意刘经理的观点，我公司目前的确处在启蒙期这个阶段。”

唐风说：“在质量改进的过程中，自我定位为什么非常重要，原因很简单。

“在不同的阶段，就要做不同的事情。

“刚刚我讲了我在康利得公司的故事，大家想过没有，作为空降的质量总监，在进入公司后的一年时间里，我的工作为什么做得如此艰难，几乎毫无成绩？

“原因只有一个，康利得是一个处于不确定期的公司，而我采取的对策是推行预防、提升过程能力，这是进入启蒙期、智慧期应该干的事。

“我外出讲课时，经常讲，质量改进如同中医治病，前期的望、闻、问、切很重要。

“因为诊断不当，开出的药方必然不正确。这会造成两个结果，要么是病人不肯吃药，要么是病人吃了后无法消化，肠胃不适。

“10年前，我从跨国企业的质量总监，转行做咨询顾问，总是一门心思地想把大公司中行之有效的方法推荐给我的客户。

“结果是失败的多，成功的少，现在我终于明白原因了。”

看见全场人员都在点头，唐风继续说：“以上是我重点介绍的第一项内容：质量管理成熟度，大家对永成公司目前的成熟度水平做了定位，也达成了共识。

“接下来，我要问马总一个问题，贵公司今年在我们爱毕生公司，出了8单质量异常，被投诉8次。

“作为公司的董事长，您难道不希望把这8单投诉变成零投诉吗？”

马强说：“我当然愿意做到零缺陷。”

“好，这就是我要讲的第二个观点：质量水平是一家公司组织能力的体现。”唐风说完后，打开下一张PPT如下图。

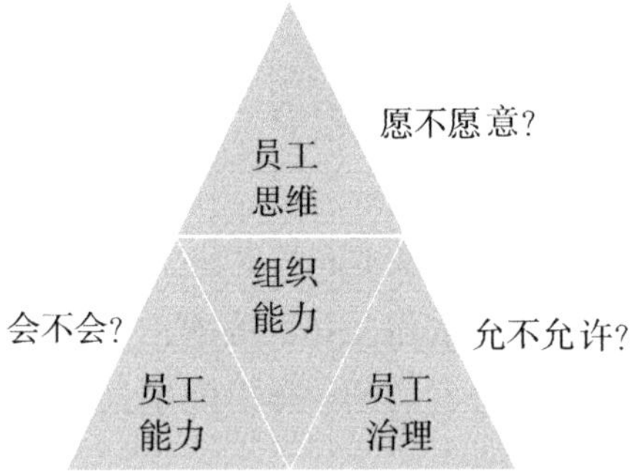

“大家见过这张图吗？”唐风扫视一圈，目光停留在马强身上。

马强说：“我见过。”

唐风说：“有一本书，叫《组织能力的杨三角：企业持续成功的秘诀》，书中讲述了一个重要的观点。

“公司组织能力的建设，可以从以下三个方面展开：员工能力、员工思维、员工治理。

“这就是质量管理能力建设的框架，公司重视质量，要提升质量管理水平，不仅要有政策，更要有推进方案。

“质量管理作为一种组织能力，其提升也离不开这三点。

“永成公司有近三百名员工，每一名员工做错事，最终都可能导致质量问题的产生，是吗？

“打个比方，财务人员如果不及时给某家供应商付款，该供应商可能心生抱怨，对于质量改善可能就不那么配合，甚至不会再与公司合作。

“如果它不与公司合作，我们势必要引入新供应商，这样质量风险也就产生了。

“再打个比方，公司的清洁工，今天没有把厕所地上的水擦干，导致员工摔伤。

“这个员工的岗位可能需要另外找一个人来顶替，这样一来，很可能又要产生质量风险了。

“更不用说生产线上的员工，他们的能力如果不足以达到工作要求，分分钟都会产生质量问题。

“几年前，我加入深圳一家企业，任质量总监，前面几年的工作推进得不错，还颇有成绩。

“后来一件事情，改变了这个趋势。

“在 2014 年，国家大力推广电动汽车，充电桩需求急剧上升，公司刚好有一条充电桩产品线。赶上了好政策，这条产品线在 2014—2015 这两年取得了良好的销售业绩。

“但这成了我的滑铁卢，为什么呢？

“原因很简单，技术能力不足，造成大批产品在出厂半年左右就出现了各种各样的质量问题，产生大批量的退货和市场整改。

“问题大都出在充电桩里面的充电模块上，当时公司只有两种规格的充电模块。但是这两种模块都存在多方面的设计不良，我记得，当时研发部在半年内发下来的工程变更单达到 14 份。14 个设计不良，造成好几次大面积的市场整改。公司因此损失惨重，以前赚的钱全部赔出去了。

“公司的大老板以此为由，认为公司的质量管理做得不好，对我意见很大。从此以后，我在公司中就不受待见了。

“其实，这就是公司技术能力不足造成的，与我这个质量总监有多大关系呢？

“因此我说，技术能力是质量管理的基础之一。

“除了能力，员工思维方式对于质量至关重要。

“如果一名员工，心中对公司不满意，打算下周要辞职了，他还会认真用心地去做工作吗？”

讲这句话时，唐风扫视全场，说：“相信很多员工不会，如果员工的心思不在工作上，那他做出来的产品，出质量问题就不奇怪了。

“我记得我们在真爱行开创班上，教练三令五申，不允许带手机入场，否则把手机砸掉。

“结果，有一名销售同事，因为在课间休息时用手机打了电话，顺手把手机放入口袋，带入教室。

“教练正在讲课时，他的电话响起，最后教练让他自己当着所有人的面把手机砸烂了。

“大家想一想，这么一个简单的要求，如果不够专注，同样做不到。

“我们在企业中推进质量文化建设，目的就是让员工的思维方式满足工作的要求。

“员工能力足够，也有充分的意愿把工作做对，这就够了吗？”唐风自问自答：“当然不够！

“因为还有一个因素：员工治理。

“这里面的内容就更多了，我举几个例子来说明。

“组织架构是员工治理的一项内容，组织架构对质量有没有影响？”

说到这里，唐风问刘其升：“贵公司的SQE(供应商质量管理工程师)是放在采购部，还是放在质量部？”

刘其升回答：“放在质量部下面的。”

唐风说：“我见过一些大的企业，包括我以前的老东家辉科，SQE这个岗位，是放在采购部下面的。

“当然，他们把这个岗位叫TQC（技术和认证中心），负责供应商的技术对接和质量管理。

“为什么要放在采购部下面，大家明白这其中的奥妙吗？”见大家有些不解，唐风再次提问：“对于供应商来说，是怕采购部还是怕质量部？”

刘其升回答：“当然是怕采购部，供应商来料质量出了问题，我们质量部能对他们做的，无非是开个罚单，罚点钱。”

唐风说：“这就对了，如果采购部不给这家供应商下单，他们的麻烦就大了。没有订单，公司就倒闭了，他们怎么会不害怕？

“把SQE放在采购部下面，从职能定位上就很清楚，买来的物料，不仅要满足价格、交期要求，而且必须质量合格，三者缺一不可。

“为什么很多公司的SQE都反馈工作不好做，原因就是他们从属于质量部。公司把供应商来料质量和价格、交期分开来管，造成人为分割，来料质量就不好管理了。采购部在选择供应商时，往往是价格和交期优先，质量压后，出了问题由质量部担着。于是，从组织分工这个层面，就让质量部与采购部产生了对立。

“这就是员工治理带来的质量问题，它指的是公司是否允许、是否支持员工把工作一次性做对。

“再说一个案例，这个案例我印象很深。

“这是一个朋友给我讲的故事，讲的是他在上一家公司的事情，他是这家公司的质量总监。

“这家公司在他进入时规模很小，年销售额不到1亿元，处在盈亏平衡的边缘。

“公司是由三个主要股东联合成立的，当时大股东占股36%，掌管销售、人资和财务等部门；二股东占股20%，负责研发；三股东占股18%，主管供应链。

“三个人组成了一致行动人，其他的股份由一些风投控制。

“公司规模小的时候，为了让公司生存下来，三个人还能同心协力。等到了一定规模后，矛盾开始爆发了。

“因为没有一个绝对的控股人，公司所有事都是三个人协商着办的，尤其是用人和发钱这两件大事情，都是三个人互相博弈和妥协的结果。

“这样一来，公司中很自然就形成了三个山头，每个人都发展了一伙人来支持自己。在这样一家公司中担任质量总监，难度可想而知。

“他说，公司中有一名研发经理，技术能力不错，但个性极为倔强，出了名的难打交道。

“所有人遇到这位经理，几乎都是绕着走的。他设计的产品，哪怕再不合理，他说不改就不改，没有人敢说他。这种人的存在，对我朋友这个质量总监来说，几乎就是个灾难。

“有一次，这位研发经理设计的一款新产品，转量产后的第二次生产时，老化过程中经常炸机，应该是控制板上某个器件存在隐患，他自己分析了好几天，就是找不到原因。

“结果，他抛出一个非常奇葩的结论。

“他说，第一批生产了20多台，没有出现炸机，因此设计上是没有问题的，这段时间我又没有做过设计变更，也没有换过原材料，因此，物料也没有问题。

“所以，他对我的朋友说，你们质量部必须找外协厂赔偿损失，因为这个控制板是外协生产的。

“一个问题没有找到原因，仅仅是凭研发人员的一句话，质量部就要找外协 PCBA 加工厂索赔，这怎么可能呢？

“我朋友当然决不接受，结果这位研发经理指着我朋友的鼻子骂，说他收了供应商的好处，才帮着供应商说话。

“为什么这位研发经理这么牛？因为大股东不懂技术，就拉着这位研发经理来制衡二股东，对他的话言听计从。

“这位研发经理在公司中说一不二，比总经理还牛，甚至他说要开除谁，总经理就把谁开掉。

“我朋友把这位研发经理给得罪了，当然也得罪了大老板，从此以后他这个质量总监就难做了。

“更搞笑的是，那一年，他的顶头上司，公司的三股东，不知道从哪里得来一个消息，说拿了质量奖，会得到政府 100 万元的奖金。这可是名利双收的好事啊！

“于是，他要求我朋友在公司内组织申报质量奖，当时公司的年销售额也就在 3 亿元人民币左右，规模很小。公司刚刚摆脱生存危机，管理架构完全没有建立起来，各方面的资源也极为匮乏。公司是三个老板三伙人三条心，没有建立统一的文化。

“我朋友了解公司的现状，认为不适合在这个时候申报质量奖，于是极力向三股东建议，让他打消这个念头。

“结果，这个三股东非常坚持，一定要做成这件事。

“没有办法，我朋友只得出面找另外两个老板来协商，得到他们的口头认可后，找到咨询公司，开始启动质量奖项目。

“这下好了，所有问题全部暴露出来了。

“要做好这个事情，需要优化公司的管理，还要提供相应的证据和报告。

“在创奖推行过程中，我朋友发现，除了三股东所管的供应链，有部分人员响应外，其他的研发、销售、人资等部门，全部都在应付。

“刚开始，所有人都是口头答应配合，但是迟迟不见有动作，也没有结果输出。到最后，干脆连口头的配合也不干了，开会直接不来，约谈总是以工作忙为借口推脱。

“我朋友请来的咨询顾问是质量界的名人，见此情况，也是束手无策。

“这个顾问对我朋友说，你们到底是一家公司还是三家公司？除了总经理这个大股东外，另外两个股东也都可以单独发号施令，不用走审批程序。

“我朋友苦笑着说，这就是公司的现状，我们是多个合伙人共同管公司。

“这个项目最后以失败告终。

“在这样一家公司里，要想把质量做好，难度的确非常大，这就是公司治理结构对质量管理的影响。”

停了一下，唐风继续说：“刚刚我讲这么多案例，目的是告诉大家，质量管理水平是组织能力的集中体现。

“员工能力、员工思维和员工治理任何一个因素，都对质量管理有相当大的影响。

“相对于产品研发、市场营销、财务管理这样一些其他的组织能力，质量管理这种能力有以下几个特点。

“第一，整体性。比如说，一个技术‘大牛’加入公司，只要带出来几个徒弟，解决少数人的技术问题，就可以提高整个组织的产品研发能力。但质量管理不同，它需要全员都参与，因为每个人的工作质量最后都影响产品质量。

“第二，团队性。这种能力的建设，需要全体管理层都要有正确的认识，而不仅仅是解决几个高管的思想意识问题。

“第三，以人为本。质量是由人产生的，也为人服务，质量管理能力的建设始终围绕人这个要素来展开。

“第四，自上而下。就像扫楼梯一样，质量管理能力的建设从管理层开始，然后由他们带领全员实现改变。

“第五，建设周期比较长。一般需要三到五年的时间，组织的质量管理能力才能有显著的提高。

“第六，不同的企业要求不一样。对于初创型企业来说，领导者的个人能力比组织能力重要，但发展到一定阶段后，组织能力就会变得越来越重要。

“另外，质量管理这种能力，相对于劳动密集型企业，对知识型企业来说更重要。这就可以解释，有些企业，即使质量管理能力一般，也能发展得不错。

“因此，像我们永成这样一家公司，想提升质量管理能力，可以分为以下三步来做。

“第一，确认质量管理能力是不是我们所需要的核心能力。”

说到这里，唐风问马强：“马总，质量管理能力是你们公司所需要的核心能力吗？”

马强回答：“当然是，作为制造业，质量是我们赢得客户的一大优势。”

“第二，从员工能力、员工思维、员工治理三个方面打造。

“员工能力，重点是员工掌握的知识技能和经验。

“员工思维，重点是文化和价值观的培养。

“员工治理，涉及政策、权责、流程、薪酬绩效、信息沟通等方面。

“第三，根据现状，找到差距，进行诊断和开药。

“以上这些，是我关于质量管理与组织能力的一些看法，大家有意见吗？”唐风问大家。

“没有。”大家纷纷回应。

“下面我们从员工思维这个方面来看看我们存在什么差距，我认为，首先要明白关于质量意识的五个关键问题。

“第一个问题是，什么是质量？”

唐风现场抽了几个人来回答这个问题，接着开始点评：“从刚才大家的回答结果来看，针对这个问题，每个人的看法都不一样。

“这种不一样会给我们公司带来什么后果，大家清楚吗？”唐风问。

“在企业规模扩张后，随之而来的就是部门墙，为什么会产生部门墙呢？

“除了涉及利益分配外，另外一个原因，就是大家对一些基本的问题没有共识。

“对于什么是质量这个问题，很多研发人员的答案是满足标准，而销售人员往往则认为是满足客户的要求。这样一来，大家就不在同一个频道上讨论问题了。

“对于质量的定义这个问题，我的答案是四个字：符合要求。

“不仅仅要符合客户的要求，还要满足其他方方面面的要求，比如政府和行业的要求。

“比如，我们的产品出口欧盟，要满足有害物质的管控要求，否则寸步难行，这是政府的要求，我们必须得执行。

“大家认可吗？”唐风问大家。

见人人都点头，唐风说：“事实上，质量就是符合要求，这就是零缺陷管理的第一项原则。

“这个定义让我们明白了做质量管理的意义，也让质量管理变得简单。我们把客户和相关方的要求识别出来，让员工和供应商去承诺，去达到这些要求就行。

“把客户的真实需求识别清楚，这很重要，许多产品的质量问题，就来源于要求不清楚。

“这里我说说我的老东家H公司的故事，在十几年前，日本办事处销售代表去拜访客户，讨论一个电信设备的订单。客户提出，这批设备要满足零下60摄氏度的工作要求，问H公司能不能做。

“H公司的销售代表第一反应是：Yes，we can.

“就在这时，他身边同行的销售工程师说，等一下，明天我们研究后再给您答复。

“回去后，他们调取了日本北海道近 50 年的气象水文资料，发现从来没有低于过零下 30 摄氏度。

“于是，他们对客户说，基于我们对北海道 50 年的气象数据的搜集，从来没有哪一年的气温低于零下 30 摄氏度，因此我们建议此批设备按零下 40 摄氏度的标准来做，当然，由此产生的风险，我公司会出质量保证函来承担。结果这个项目就按零下 40 摄氏度的标准拿下来了。

“大家要知道，零下 40 摄氏度是比较容易做到的，如果提高到零下 60 摄氏度的标准，整个产品的设计和元器件选型要重新做，还要重新进行验证。这样一来，耗时费力不说，还会带来很大的质量风险。

见大家都若有所思，唐风说：“下面我讲第二个问题，用什么方法才能得到质量？

“我给很多小公司的老板提要求，让他们提升质量，他们的第一句话往往是：‘好，我立即增加几个检验员。’

“加强检验，的确有一定效果，能把不良品挑出来。

“但是大家想过没有，如果没有不良品产生，还需要加强检验吗？”

“不需要！”与会人员异口同声。

唐风说：“这就是我要讲的第二种方法——预防。

“预防的思路就是管住产品形成的全过程，确保每个过程的输出物都满足后续过程的要求，做到过程无缺陷。”

接下来，唐风讲解了零缺陷过程模式作业表的应用案例，告诉大家如何把过程做到没有缺陷。

“一个产生质量的系统是一个预防问题发生的系统，这就是我的解答，也是零缺陷管理的第二项原则。”

接下来，唐风又讲解了其他三项原则：“工作的标准是‘一次做对’，而不是差不多就行，高标准才能带来高质量。

“质量要用不符合要求的代价即金钱来衡量，而不是指数。

“从来没有所谓的‘质量问题’，我们要按问题的源头和出处来定义问题，而不是把它们打包成‘质量问题’，然后归咎于质量部门。”

PPT 上的内容讲完后，唐风问刘其升：“刘经理，明年永成的质量改进要如何做，你清楚了吗？”

刘其升站起来说：“清楚了。

“首先，我们每个管理层，要结合我们公司每周一的晨会，把这五项质量管理原则做成专题分享，向下传达到每个人。

“接下来，针对我们在各个客户处发生的客诉，进行过程定位。

“再针对重点过程，比如端子压接，用零缺陷过程方法，明确要求，识别差距，找到过程中每个要素的控制方法，管理好过程的绩效。”

唐风说：“那好，就请你按这种思路，识别出明年要重点改进的业务过程，制订过程优化计划，发给我公司审核。”

午饭后，唐风一行前往另一家供应商中拓，进行年度质量交流，该供应商工厂位于惠州，给爱毕生公司供 PCB 板。

从东莞到惠州，开车需要一个多小时，唐风闭目养神，脑海中不由得想起了年初与中拓开会的情景。

2020 年 4 月初，唐风带领邓江等人，一起去中拓与其高层开会，目的是制订年度质量改进计划。

听完中拓质量部的 2019 年质量总结和 2020 年质量改进计划后，唐风开始发表自己的看法。

“刚刚听了贵公司的报告，我有一些不同的看法，需要与贵公司的领导一起沟通和共识。

“贵公司的总结报告中只统计了两个数据。

“一个是爱毕生的 IQC 检验不良率，这个数据是 0.41%，也就是说贵公司送了 1000 批货到我们公司，我的 IQC 通过检验发现有 4.1 批不符合要求。

“另一个是爱毕生的产线异常反馈次数，去年在我公司的生产线上，发现贵公司共有 6 批产品存在批次性不良。”

中拓的质量副总吴中波回答说：“是的。”

唐风说：“我认为还要统计另外一个数据，就是贵公司的 PCB 在我公司产线上的报废率，根据我公司的统计，这个数值在 2019 年大约是 700PPM。

“根据贵公司与我公司的采购协议，由于贵公司的 PCB 不良，造成我公司产品报废。每一块报废的板子，贵公司除了赔偿物料加工费等直接成本外，还要赔 1000 元的管理费用。

“对于PCB不良造成我公司的客诉损失，贵公司也要进行全额赔偿。

“贵公司抱怨我公司索赔的金额太高，找我公司谈判。我却认为，最核心的问题是降低报废率。

“因此，为了降低报废率，我们要设置改善目标并且每周统计，每月检讨。

“今年的质量目标包含三个指标：来料检验不良率、上线批次性不良次数和报废 DPPM。

“我对贵公司的要求是：上线批次性不良为 0 批，来料检验不良率和报废 DPPM 相对于 2019 年下降 50% 以下。”

面对唐风的要求，对方质量工程师说：“唐总你这个要求太高了，我担心我们做不到。”

唐风对吴中波说：“吴总，去年你们的产品在我们爱毕生公司中出现了 6 批不良，贵公司因此赔偿了 50 万元，难道贵公司的领导允许你们今年再赔 50 万元？”

吴中波回答：“当然不允许。”

唐风说：“那不就得了吗？”

吴中波回答：“好的，今年的质量目标就遵循唐总的要求，批次性不良为0，检验不良率和报废率下降50%。”

唐风说：“请将此目标打印后盖质量部章，并由吴总签字后交给我公司。”

接着，唐风又说：“目标已经达成共识，现在我有一个问题要与贵公司讨论。

“刚听了贵公司的年度质量报告，坦率地讲，按这个报告的思路，我认为很难达成2020年的这个质量目标。”

唐风示意对方把PPT从头翻过去，然后手指着一页图片开始发表自己的看法，如下图。

过程	过程定位比列	过程定位次数
FQA	17.65%	3
FQC	17.65%	3
FQC\包装	11.76%	2
钻孔	11.76%	2
电测	11.76%	2
包装	11.76%	2
CNC	5.88%	1
压合	5.88%	1
化金	5.88%	1

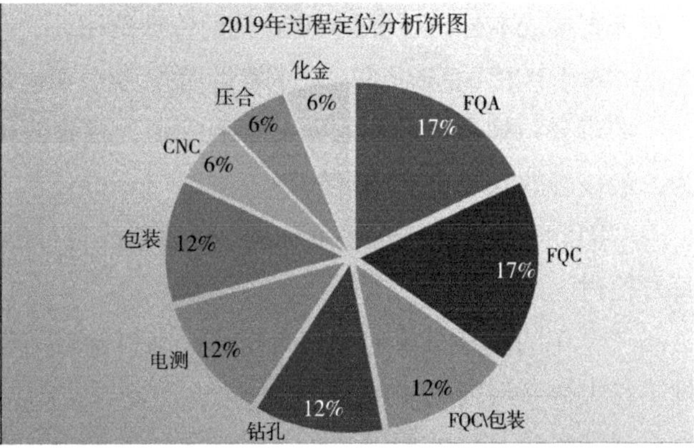

“我要求供应商对每个问题进行过程定位，贵公司确实做了这个工作，你们把2019年爱毕生公司所有的投诉进行了过程定位，输出了这个图。

“然后在这个分析结果的基础上，给出了2020年的质量改进计划。”唐风打开下一页PPT，如下表。

对关键失效过程，将2020年度改善方向和改善目标设定如下：				
序号	项目	损失贡献	改善方向	目标制订
1	FQA出货报告错误	1%	对人员的培训，培训出货报告格式的填写流程及方式。选取旧模板更新内容时使用颜色标示，更新后的内容使用蓝色标示，最终更新完毕后再统一换回黑色字体	0%
2	FQC板面粘白油	1%	从2019年2月26日开始所有爱毕生小间距分色差PCB画线位置将按照PCB箭头方向朝上位置的左上角进行画线（黑线代表深色，蓝线代表浅色）	0%
3	包装混版本	1%	包装前点数时增加每片板机种号检查，确认内部是否混有其他版本	0%
4	漏定位孔	1%	针对盲钻系列产品钻孔安排专人生产（入职半年以上有操作员资质员工）。 开机确认铝片翘起情况，确保铝片的平整性方可开机	0.1%
5	焊盘污染	1%	已更换油墨蔓延较小的油性笔画电测线，画好后要自检是否有油性笔墨污染板面焊盘。 FQC外观检查时需确认板边画线是否有污染板面焊盘，避免不良漏失到客户端	0.1%
6	焊盘缺损	1%	在生产调试首件过程中，使用报废板或者在生产前锣与产品相仿的垫板进行堵孔，杜绝因摆放不正出现的锣偏伤焊盘情况。 FQC增加锣偏检查项目	0%
7	起泡	47%	烤板参数设定双人机制，一人操作，一人确认并记录料号及对应参数。 增加出货性能抽检项目，在热冲击1pcs抽检基础上增加3pcs过回流焊。 化金大板100%过回流焊项目，跟进贵公司胀缩项目待定评估100%全部回流一次	0%
8	掉件	47%	化金后裸板必须在24H内转出当站进入下个工序，避免当站停留过久导致氧化。 风险品实验取样必须≥5%，避免数量太少结果不精确误判。 后续的风险品评估时将进行走内部特采单流程确认	0%

“针对你们的这种思路，我有一点意见。

“你们 PCB 这个行业，客户数量一般较多，有数十家甚至上百家之多，爱毕生给你反馈的问题，其实仅仅是众多客诉问题中的冰山一角。你拿这一小部分的数据分析出来的结论，作为明年的质量改进方向，本身就有问题。

“因此，我给你提个要求。

“你把所有客户的投诉问题点汇总起来，形成一张 Excel 表，然后对着你的产品实现过程关系图，一个一个地定位。

“针对每个问题，找出产生问题的过程和漏出问题的过程。

“再把贵公司去年制造过程中，出现过的重大质量问题，也像这样放进表中，一起进行定位。

“最后找到那些问题最多的前三大或者前五大过程，制订过程改进计划，最好是成立一些专项的过程质量改进小组，来推动和落实。

“这叫作从整体上分析问题，找到瓶颈过程。”

吴中波说：“好的，明白了，没有问题，我们按唐总您的要求做。”

唐风说：“你们的报告完成后发给我，我下一次还会过来与你们讨论，一定要制订出一个切实可行的质量改进计划。”

在回公司的途中，唐风问邓江：“针对中拓的质量改进方向，我为什么要给它提这些建议？”

邓江说：“我明白你的意思，中拓是一家上市公司，管理水平还算是不错的，领导层重视质量，有明确的目标设置和绩效考核，它目前的水平，应该对应于质量管理成熟度模型中的启蒙期阶段。”

唐风说：“对的，在这个阶段，应该重点提升其过程能力，降低过程风险。

“我让他们对过去的问题进行分析，找出过程薄弱点，成立过程质量改进小组，就是从这个层面来考虑的。”

两周后，唐风又来到中拓，与吴中波一起开会讨论报告中的内容，双方达成一致意见，成立了开短路、喷锡、可焊性三个专题改进小组。会上，唐风安排自己的SQE工程师每周统计数据，每月与中拓开总结会，跟进项目进展。

“唐总，中拓到了，下车吧。”邓江一句话，让唐风从往事中惊醒。

一行人走进中拓，与中拓的工厂管理层开始开会，对方负责汇报的是客服经理胡磊。

“各位领导，我代表中拓公司汇报2020年质量总结和2021年质量改进规划”，他对着PPT开始讲解：“2020年我们在爱毕生公司的三个质量指标均达成目标。

“在爱毕生生产线及最终市场端的批次性不良为0次，报废率从2019年的699PPM下降到2020年的133PPM，下降幅度81%。

“在此，要特别感谢唐总，年初专程来我公司，指导我们成立了三个质量改进专项。通过这些质量改进专项，以及这些项目输出的方法和经验，我公司的过程管理能力在 2020 年有了显著提升。

“下面，我介绍一下过去一年其他主要客户反馈的质量问题点，以及我公司内部制程上出现的主要问题。

“通过对这些问题和数据的分析，我公司形成了 2021 年质量改进计划。”

讲完整体质量改进计划后，他打开最后一页 PPT，如下表。

配合项	配合内容	配合时间
墨色问题	采用了黑色 PP 与黑色芯板进行打样	2020.10.20
	普通黑油变更为专用黑油 MK50	2020.10.25
	增加油墨自动添加仪器	2020.11.15
	批次管控按照 1200pnl 进行印刷，避免批次过多颜色越杂	2020.10.08
	SOP集中生产，提升金属铜面颜色一致性	2020.10.13
尺寸缩水	开料芯板增加烘烤	2020.08.06
	板材胀缩预补偿	2020.10.13
	出货前每款料号抽取进行 IR 再测量尺寸确认胀缩	2020.10.11
焊接问题	喷锡表面处理更改为 OSP 表面处理	2020.10.13
	化金微蚀时间从70s延长至110s，增加化金表面处理粗糙度	2020.08.07
开短路问题	内部已开展内短改善专案	2020.09.22
	内部已开展压合异物改善专案	2020.10.18
	ET侦测条件变更，绝缘电阻从30MΩ改为40MΩ，导通电阻从25Ω改为20Ω	2020.11.30

胡磊继续说：“针对爱毕生客户的产品特点，我们 2021 年将执行这四个改进专题。”

介绍完这些项目后，胡磊对唐风说：“唐总，下面我给您汇报下，2021 年我公司对爱毕生公司承诺的质量目标。

“第一，市场批次性不良客诉为 0 批。

“第二，上线批次性不良目标不超过 1 次。

“第三，报废 DPPM 低于 100PPM。”

唐风说：“第一条我接受，第二条不接受，上线批次性不良目标必须为 0 次。第三条，报废 DPPM 目标为 75PPM。

“批次性不良为 0 这是个原则，0 批和 1 批代表的是完全不同的态度。前者是不接受批次性不良，后者是允许出现批次性不良。这两种心态带来的结果是大相径庭的。”

这时，中拓的质量副总吴中波发话了：“同意唐总的意见，通过对今年质量数据的分析，我认为，只要我们足够努力，达到这三个目标完全是有可能的。

“今年，唐总已经给我公司提供了一种解决问题的方法，只要按这种思路继续去做，是可以达到目标的，今年的质量数据已证明了这一点。”

本章点评

● 中小民企如何快速提升质量？

基于内外部的质量数据和客户反馈的问题，参照质量管理成熟度模型，管理层对公司的现状进行准确定位。

以此为基础，设置改进目标，采取相应的行动，对重点过程进行优化，并着手进行质量文化建设。

第二十七章　上士求真

质量人如何突破成长瓶颈

“老头，海上起风了，我们回家吧。”

妻子王玉的话，把唐风从回忆中唤醒，他对王玉说：“这两年的经历真如一场电影，过得好快啊！”

第二天下午，开过工厂的管理周会后，唐风把下面几个经理找到办公室。

唐风说：“上周，我去给公司领导汇报质量部 2020 年工作总结和 2021 年工作计划时，他们给我提了一个要求。

“他们要求我加大质量部人才梯队的培养，目标是青出于蓝，把你们培训得比我更厉害。

“刚才在管理周会上，工厂管理层确定 12 月 30 日、31 日这两天做年终盘点，届时车间会停工。

“我想借这个空闲时间，开一个团队学习分享会，组织我们质量部全体职员互相学习，由经理及以上人员进行心得分享。

“大家觉得怎么样？”唐风问。

“没问题，这个活动很有意义。”下属们都赞成。

2020 年 12 月 31 日上午九点半，质量部学习分享会正式开始。

唐风第一个上场，说：“今天是我们本年度的最后一个工作日，我想利用车间盘点这个机会，组织大家做一个学习分享，由我先开始，我讲完后，有愿意分享的请自愿上台，我不做强求。

“我 1993 年大学毕业，因不堪贫穷的折磨，于是在 1996 年放弃内地的公职，来到深圳‘下海’。

“在两家台资企业中，做了四年多的制造工程师后，2000 年我在民企辉圣电气中转行做了质量，从此一发不可收拾，一直做到现在，到今天为止，刚刚经历了二十个年头。

“因此，我今天的分享主题是‘质量二十年’。”

说完后，唐风打开 PPT，开始演讲。

“今天我们在爱毕生聚在一起开这个分享会，应该说是一种缘分。

“两年前，公司通过猎头找到我，想挖我过来，一开始我还不太相信，像我这样一个年近五十岁的职场老鸟，一般公司是敬而远之的。

“我自己的计划也是打算再磨两年，等手中的一点股票兑现后，就再入咨询行业，做个质量顾问。

“但我心中一直有一个遗憾，就是没有把自己所掌握的零缺陷理念和方法，在一家企业中全面落地，以此来提升自我，让自己的水平更上一层楼。

“这两年，通过在爱毕生全面推进‘一次做对’项目，终于让我把之前所学融会贯通，并因此开发出一套公开课，主题就叫‘快速突破质量瓶颈’，给多个企业进行了分享，反响还不错。

“而且按这套理论，给多家供应商进行了辅导，效果显著，我指导的质量改进项目几乎都取得了成功。

“我对质量的理解，终于达到了一个前所未及的新高度。

“综观二十年的职场生涯，我把我的个人成长经历分为四个阶段。

“第一个阶段是 2000 年到 2003 年。

“2000 年年底，我在辉圣电气中担任质量工程师，一年后因为业绩显著，被提拔为检验部经理。

“在这个岗位上干了两年后，再次被提拔为 UPS 工厂厂长，相当于今天的总监职位。

这三年，是我职场生涯中的第一个成长阶段，我重点学习质量工具和方法。

“从质量工程师到检验部经理，我认为最重要的是 PDCA 和二八原则的运用，我先介绍第一个工具 PDCA。

“在进入辉圣之前，我在一家大型的台企富士健面试过质量工程师。

“面试我的是一位中国台湾人，姓李，是位课长。

“这位李课长当时问我，作为一个质量工程师，你认为最重要的技能是什么？

“我做了那么多年的工艺工程师，一直认为，了解产品才能当好一个质量工程师，于是我回答：‘对产品工艺技术的理解。’

“这位李课长连连摇头，‘你错了！我告诉你答案，答案就是四个字母：P、D、C、A。’

“他讲得非常对，我刚转为质量工程师时，根本不知道怎么做质量管理，很快就遇到了困难。

“后来想起了这位李课长说的话，我专门跑到书店，买了一本中国台湾人写的书，书名叫《品质管理》。

“在书中，我找到了 PDCA 的解释。

“P 就是 Plan，表示计划；D 就是 Do，表示行动；C 就是 Check，表示检查和评估结果；A 就是 Action，表示处置，或者叫处理。

“也就是说，如果目标达成了，就得对成果进行标准化，确保‘长治久安’。

“如果没有成功，就要进行分析，找到失败的原因，进行下一个 PDCA 循环。

“这个方法对于一个质量工程师来说，非常重要。

“我当时负责工业电源、电力电源、集中监控、大功率通信电源四条产品线的质量管理。

“问题最多的是工业电源，这个产品线是给母公司辉科技术供货的。

“公司当时有一个部门，叫待处理品中心，负责收集从市场上退回的产品，组织维修后再发给客户。

“我只要有空，就会跑到待处理品中心，去翻那些从市场上退回来的不良品，把它们分类清点，找出不良率位居前三或前五的问题点。

“当然，这些问题基本上都是设计不良。

“这就是我要给大家介绍的第二个工具——二八原则，也就是我们俗称的抓重点。

“就是 20% 的不良原因导致 80% 的故障现象，要快速解决问题，就要先解决这 20% 的原因。

“作为一个质量工程师，要快速取得成绩，面面俱到肯定不行，一定要抓主要矛盾。

“我当时把问题搞清楚后，就会找这个产品的研发工程师，与他们一起讨论问题，提出优化计划，要求他们给出解决问题的时限。

“这就是 PDCA 中的 P。

“接下来，他们会按要求去做设计优化，这是 PDCA 中的 D。

“而我会把他们的承诺时限记录下来，到了那个约定的时间点，我会找他们去确认。

“一是确认工作是否按承诺的时限完成，二是确认完成的效果怎么样。

“这就是 PDCA 中的 C。

“如果效果不错，能达成目标，我就会跟进他们的 ECN（工程变更通知单），确保设计完成，问题彻底解决。

“如果效果不行，我会与这些研发人员再次分析，找到原因，形成下一个改进计划，进入下一个 PDCA 循环。

“作为质量工程师，我有一个特质，就是敢说别人，敢于要求别人。

“我记得，工业电源产品线有一款产品，叫 H1511Z，是给辉科技术的接入网系统供货的，一次开箱不良率很高，达到 2%。

“不良原因主要是设计隐患多，我反复找这个项目的研发工程师，但他一直无法解决问题，我火气上来了。

“在一次工业电源产品线质量例会上，我当着产品线总监严工的面，把 H1511Z 这个产量最大的产品拿出来说事，我把它半年来的所有炸机数据通报出来，直言不讳地说：‘H1511Z 这个产品必须重新设计，否则不可能真正解决问题，我们这样零零碎碎的修补已折腾了好几个月，但是毫无效果！’

“严工顿时脸上挂不住，立即指着这个产品的两名开发工程师说：‘赖大平、章从风，这个产品以前是你俩开发的，真应该打你们板子，你们立即将手中别的研发项目停掉，重新开发此项目！’

“这两人真的花时间重新设计了这个产品，半年后新版本量产，所有的问题全部解决。

“通过这种方式，工业电源这个产品线的一次开箱不良率，从 10000 多 PPM 下降到 1000 多 PPM。

“对于其他的产品线，我也用了同样的改进思路。

“在 2001 年年底时，产品检验部经理这个岗位出现了空缺，部门领导毫不犹豫地提拔了我。

“作为一个质量人，我认为我有一个特质，就是不达目标决不罢休。

“第三个我要介绍的工具是 QC 八大手法，2000 年左右，很多公司都开展 QCC 活动，主要就用这些工具来解决问题。这个工具在很多资料中都有阐述，大家可以自己去看，我在这里不多说。

“第四个工具是 SPC（统计过程控制），这个要给大家重点讲解一下。

“我记得 2001 年 5 月份，公司派我去深圳福永的一家培训机构，去参加SPC的培训，这是我生平第一次参加外训。

“培训回来后，我在许多产品上推行SPC过程控制。

“结果，我发现对于个别批量大的产品，SPC应用的效果显著，当P图（不良率控制图）上的点落到控制线界外时，我去调查，基本上都能发现存在异常原因，要么是来料存在批次性不良，要么是测试系统有异常，或者是加工制造存在异常。

“而对于部分批量少的产品，哪怕有一个不良品，当天的P图上可能就会出现落到控制线外的点，我去调查原因，发现大都是偶然失效，没有什么特别异常的原因，这个SPC反而给我带来了困惑。

“大家想过为什么吗？”唐风问。

“其实原因也简单，SPC控制图是基于正态分布理论创立的，当某种产品的生产批量小到一定程度，这个不良品的出现就不再满足正态分布理论了，自然P图也不适用了，而当时我公司大多数的产品的批量都不大，所以SPC控制图只能在小部分产品上使用。

“我为什么能搞明白这个，因为我在大学里学的专业是物理，物理这个专业对数学的要求很高，我的数学功底不错。

“无论是SPC（统计过程控制）、MSA（测量系统分析）还是DOE（正交试验设计），其基础都是数理统计。

“这就是质量工程与其他专业的差异所在。”

接下来，唐风又介绍了其他质量工具。讲完后，他说：“在检验部经理这个岗位上，我重点学习的是ISO9000体系。

“大家要记住，不管是ISO9000还是TS16949等其他体系，他们都有一个共同特点，就是基于过程制定要求。

“在质量工程师和检验部经理这两个岗位上，我努力钻研的就是这些质量工具、方法和体系，这是我个人成长的第一阶段。

“我成长的第二阶段是2003年到2009年。

“2003年，我被公司提拔为UPS工厂厂长，后来又去广东中山盖工业园。

“这一阶段我的进步可以用以下几个关键词来形容。

“第一个关键词叫作目标。

“我当时立志成为一个优秀的职业经理，因此几乎每天都在看书、听讲座、与人交流、反思。

“我有一个习惯，只要发现了自己的弱点，就会写下来，然后定期回顾，看看是否在行动中改变过来。

“比如，大学毕业后我在学校任教，每次开大会我都喜欢坐在最后一排。

“这样做的好处是可以随时溜走，而且可以避免被校长叫到，带来其他麻烦。”

下面的人大笑起来，唐风等大家笑完，继续说：“如果你总不愿意抛头露面，领导怎么可能给你发展的机会？

“我发现自己有这个弱点以后，于是写了下来，要求自己每次开会都主动坐到领导身边去。

“这就是我要讲的第二个关键词：精进。通过照镜子发现自己的不足，然后有针对性地克服。

“第三个关键词叫人性。

“要当好一个领导，必须要了解人性，大家认可吗？”唐风问。

“认可。”下面的人纷纷给予回应。

唐风说：“我刚进辉圣公司时，在公司网站上看到过一篇文章，主题大概是‘胡萝卜加大棒的管理方式行得通吗？’。

“大家说，作为一个管理者，靠胡萝卜加大棒这种手段能管理好部门吗？”

“当然不行！”下面人员回应。

“根据马斯洛需求层次理论，人的需求是多方面的，除了吃、穿、住等物质需求外，还有安全、尊重和自我实现等各方面的需求。”唐风解释道。

“这就要求管理者去学习心理学、伦理学、管理学，去了解人的需求，理解人性，才能做好本职工作。

“第四个关键词叫关系。

“作为一个质量人员，你所有的目标，都要依赖其他业务部门去完成，因此处理好与业务部门的关系很重要，以前这一点我做得并不好。

“近年来我自觉颇有进步，两年来，在公司中我只和两个人吵过架，相比以前好多了。

“第五个关键词叫学以致用，学到的新东西，我都尽可能把它用起来，根据结果再反思。

“如同《实践论》所阐述的一样，通过实践获得感性认识，再把感性认识能动地发展到理性认识，又从理性认识能动地指导实践，改造主观世界和客观世界。

“实践、认识、再实践、再认识，这种形式，循环往复以至无穷。

“我成长的第三阶段是 2009 年到 2018 年。

“2009 年我正式接触零缺陷管理，立志要彻底弄懂它，为此加入了零缺陷管理中国学院，成为一名兼职的咨询顾问。

“离开 EE 公司后，我还去学院，给它当了几个月的全职咨询顾问。

“后来，因为家庭原因，我回到了深圳，加入一家生产电源的企业，任质量总监。

“前后经过近三年的探索，我才初步掌握了零缺陷管理的基本原理和落地方法。

“尤其是零缺陷过程模式作业表，我足足思考了一年多，才终于明白了它的用法。

“当我想通那一瞬间，如同物理学家阿基米德想通浮力定律那样，心中唯一的念头就是：‘我想到了！’

“在明白它的用法之前，我一直认为，零缺陷管理是‘洗脑’的工具。

“这个表把零缺陷管理的原则与企业中的实际问题结合起来，通过提升过程能力的方法，来彻底解决所谓的‘质量问题’，今年我们51个质量改进项目，基本上都是按这种原理来实施的。

“这十年我的成长主基调可以用一个词来形容。”说完唐风打开下一页PPT，上面只有三个字：零缺陷。

“我的第四个成长阶段是2019年进入爱毕生公司后，直到现在。

“在这个阶段，我的成长关键词有七个。”

唐风打开下一页PPT，上面只有三个字：真爱行。

“这是第一个关键词。

“通过真爱行开创班和100天实战训练营，我终于找到了我性格中的薄弱点，这对于我突破自己的成长瓶颈至关重要。

“在这段训练的过程中，我发现我这个人，有太多的毛病，我太好面子，喜欢做老好人，受到挫折总是把原因归咎于外部环境。

“身上背了太多包袱，以至于自己经常失眠，弄得自己痛苦不堪。

“我相信许多质量人，都存在与我类似的问题。在工作中，明明知道应该如何做才能解决问题，但是因为自身感召能力弱，别人不配合自己，每天被问题包围，一筹莫展。

“于是心中郁闷，自怨自艾。

“真爱行的训练，让我终于明白，所有的一切都是我的主动选择，没有人强迫我。

“我的快乐与否，完全取决于我自己的选择，我可以快乐地做一件事，也可以痛苦地做一件事。

“明白了这个道理，我这两年来过得很平和，很幸福，也变得很勇敢，敢于严格要求别人，包括严格要求老板，我从来没有因为工作而苦恼。

“还有，真爱行教会我，我才是一切问题的根源。

“作为公司的质量总监，只要客户还有投诉，只要产线上还有异常，说明我的工作还存在待改善的地方。

“第二个关键词是什么呢？”唐风打开下一页PPT，上面是七个字：质量管理成熟度。

“2008年12月，我第一次参加零缺陷管理中国学院杨老师的培训，他给我讲解了这个模型。

“在《质量免费》一书中，美国质量大师克劳士比第一次正式提出了这个模型。

“但是如何应用这个模型来解决问题，之前我一直没有想明白，直到进入爱毕生公司后，我才彻底搞懂。

“在这个模型中，按企业不同的质量管理水平，克劳士比把它们分为五个等级。

“第一个阶段叫不确定期。

“它的特点可以用一句话来形容：我们不知道为什么总有质量问题？但现状还可接受。”

下面的人笑了起来，唐风说：“大家别觉得好笑，我们有部分供应商就是这种水平。”他指着邓江说：“上次我们一起去考察钣金和塑胶套件厂家，有几家公司就是这种状态。

“他们公司内部没有质量数据的统计，对于客户的投诉也没有统计和分析，总感觉自己质量做得还行。

“第二个阶段叫觉醒期。

“这个阶段也可用一句话来形容公司的质量管理水平：如何改变现状，彻底解决这些乱七八糟的质量问题？

“我进爱毕生公司时，我感觉公司大约在这个阶段。

“公司重视质量，但是不明白如何才能把质量做好，公司上下对于质量管理没有共识。

“我第一天在总部入职，Rose领着我拜访各个部门领导，大家都说：‘终于把你盼来了。’大家似乎在盼望一个救星的到来。

“通过与董事长和其他领导的交流，更加深了我的这个看法，他们的确在思考这个问题，想彻底解决公司的产品质量问题，要不然也不会找猎头公司来挖我。

“第三个阶段叫启蒙期。

“也可以用一句话来形容：经过管理层的共识、承诺和质量改进活动，我们已经能发现并解决我们的问题。”

唐风指着墙上的签名板，说：“这是我们惠州工厂管理层的承诺，总部那边也有一块相同内容的签名板，由董事长带领所有公司高管在上面签名。

“去年我们推动成立了 9 个质量改进小组，今年完成了 51 个质量改进项目。

“我们终于明白了困扰我们的主要问题是什么，并正面面对它、解决它。

“第四个阶段叫智慧期。

“这个阶段公司重视过程管理和客户满意度，用一句话来形容就是，缺陷预防是我们日常工作中的一部分。

“在做事情之前，先想明白如何预防缺陷产生。

“我们爱毕生公司目前的水平，应该是接近智慧期。

“第五个阶段叫确定期，公司每位员工都可以向客户申明：我们知道为什么我们没有质量问题。

“因为所有的工作都能一次做对，不管是战略规划，还是业务运作，都能事事做对、人人做对。

“这个模型的意义在于，在不同的阶段就要做不同的工作。

“去年，针对赛艺能箱体来料不良率高的问题，我们决定立项解决。

“去年 3 月 5 日在赛艺能召开了启动会议，但是第一个月效果不佳。

“3 月 25 日我和制造中心余总，去赛艺能开会。在路上，我对余总说，今天去赛艺能，一定要他老板把目标书面签下来，并给出决心。

“在会上，我逼着彭坚强，他要是下个月达不到目标，要么到我公司总部楼下去举牌子，承认自己是个不诚信的人。要么以后他的产品在爱毕生公司返工，他亲自来干。

“后来，这个项目果然成功了。

“事实上，在此之前，彭坚强已请了咨询公司，帮他做质量改善，但一直没有成功。

“为什么我去指导后，他们成功了？

“原因很简单，赛艺能当时的质量水平处在不确定期这个阶段。

“这个阶段的企业，要快速提升质量，最需要的是：目标、决心、共识和方法。

“辅导供应商改善质量，如同中医看病，号脉很重要，这个质量管理成熟度模型就是用来号脉和开药的。

“大家明白了吗？”唐风问。

“明白！”下面的人纷纷回应。

“第三个关键词是什么呢？

唐风打开下一页 PPT，如下图，开始讲解：“有一本书，叫《组织能力的杨三角：企业持续成功的秘诀》，上面讲了一个观点。

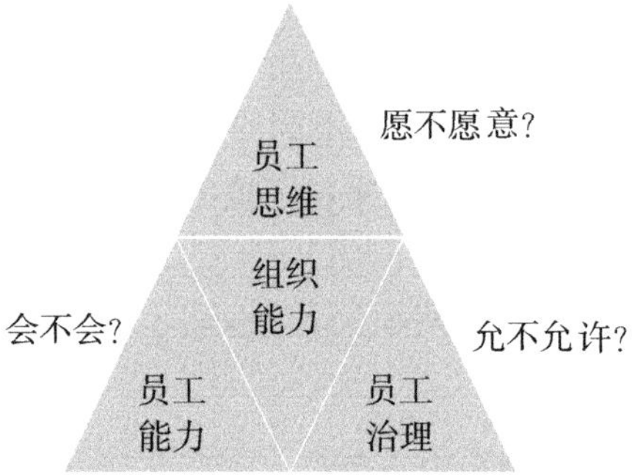

“组织能力由三部分组成：员工能力、员工思维、员工治理。

“我认为，一家企业的质量表现就是组织能力的体现。

“换句话说，质量管理是一种组织能力。

“这就是我在爱毕生公司成长的第三个关键词：组织能力模型。

“把这张图与质量管理成熟度模型结合起来，我们就找到了系统提升企业质量管理水平的方法。

“质量管理水平要从三个方面来提升，缺一不可，大家明白了吗？”唐风问。

看大家都在点头，唐风问：“员工能力对质量有影响吗？”

“当然。”王浪回答。

唐风说：“这个是显而易见的。

“如果一个研发人员能力不足，他开发出来的产品性能一定会有问题。

“如果一个工人没有经过上岗培训，他在生产过程中可能会犯错，表现出来就是产品质量问题。”

“对的。”徐铮大声回应。

唐风说：“下面我说说员工治理这个要素。

“这个要素包含的内容很广，包含公司的流程设计、薪酬设计，以及选人、用人、管人的各个环节。

“2009 年，我作为咨询顾问，给一家企业做一个质量改进项目。

“这家企业生产高压电网的设备。经过走访，我发现，它最大的问题来源于工程设计。大部分客户投诉的问题点都来源于这个过程。

“我去找这个部门的主管访谈，他向我吐苦水。

“他说，我这里的工程师待遇太差了，甚至比产线上的工人都不如。到我这里来的大学生，最大的愿望就是调离。很多时候，我审完他们的图纸后，在图纸上已标出了错误点，让他们去修改。但他们下一次送过来的图纸，这些错误仍然没有更正。一个个上班无精打采，哪里有心思做事？

“听了他的话，我说，你为什么不向上面的领导反映，把这个岗位的薪酬做些调整?

“他告诉我，在他们公司，一个部门的薪酬调整往往会带来大面积的影响，因为别的部门可能也会要求这样做。”

说到这里，唐风说：“我接触过许多企业，这种情况在以前是比较普遍的，现在不知道是否有了改变。

“导致企业质量改进困难的一个重要因素，我认为就是用人和薪酬的制约。

“组织能力的第三个要素是员工思维，从质量这个角度来看，也就是员工愿不愿意把工作‘一次做对’。

“意愿对于质量来说至关重要，只要有足够的意愿，其他问题都可以解决，员工能力不足可以自学，资源不足可以找领导帮忙协调。

“那么，如何提升员工‘一次做对’的意愿呢？”

唐风说到这里，打开下一张 PPT，如下图。

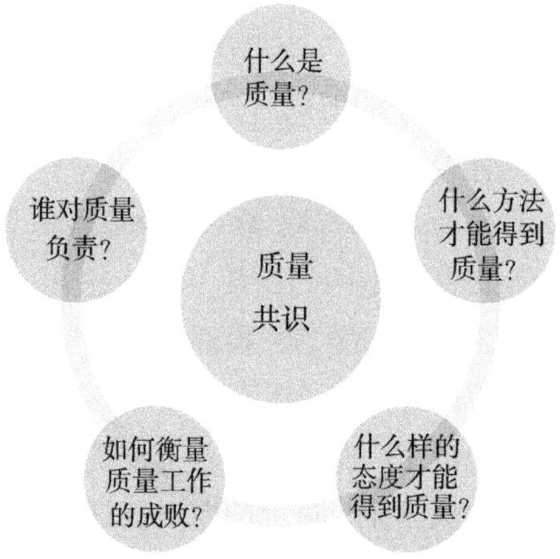

唐风指着图说：“这就是我的第四个关键词：零缺陷管理五项原则。

“对于这五个问题的解答，就是零缺陷管理的五项原则。

“要解决员工思维的问题，首先要解决领导层的质量思维，也就是要把这五项原则让最高管理者理解并认可。

“质量就是满足要求，一个产生质量的系统是一个预防问题产生的系统，工作的标准是一次做对，用钱而不是指数来衡量质量的成败，管理者对质量负责。

“一句话，质量的本质是管理，质量问题就是管理问题。

“在这里，我要提醒大家，这五项原则对绝大多数公司来说都适用。

“当然，对一些行业，也许是部分适用。

“比如，对于高铁行业，其产品质量对人性命攸关。而人的性命是不能以成本来衡量的。所以这类企业，它们的质量改进状况用安全事故发生次数来衡量，也是合理的。

“如何把这五条原则与每个人的工作结合起来，让每位员工去做到？

“这就是我的第五个关键词：过程模式作业表。

说到这里，唐风打开下一张 PPT，如下图。

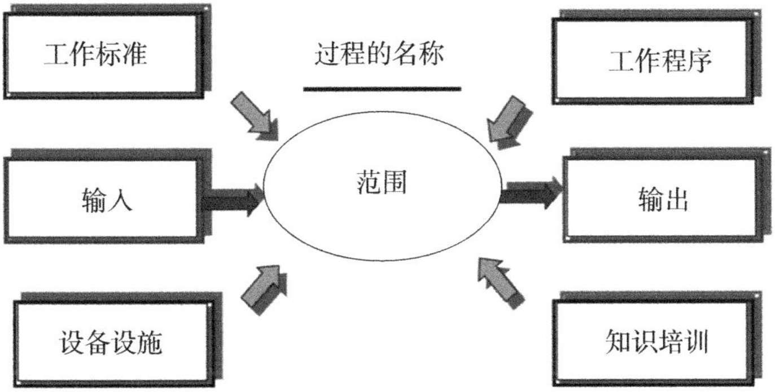

“今年，基于这个模型，我们组织完成了 51 个质量改进项目，大部分项目的目标是提升过程的能力。

“为什么要这样做？

“原因很简单，只有过程能力足够，才能彻底解决所谓的‘质量问题’。”

说到这里，唐风停了一下，继续说：“如何把这些质量共识植入每一位员工的脑海中，形成公司的质量文化？

“这就是我的第六个关键词：质量文化建设十四个步骤。

“这十四个步骤可分为决心、制度和团队三大块。

“第一波是从上到下的试点推进，第二波是从下到上的全面推广，用零缺陷的理念和方法来解决企业的实际问题。再通过反复的宣传，把‘一次做对’的理念传播给每位员工，形成公司的质量文化。

“从 2009 年以来，我先后在多家民企中担任质量总监，来爱毕生公司这段时间，是我最轻松和最有成就的两年。

“我对质量和零缺陷的理解，终于上升到系统的层面。

“大家知道其中的原因是什么吗？”唐风问大家。

看大家在思考，唐风打开下一张 PPT，如下图。

在沙漠里种庄稼，

第一步要做的不是播种，而是改良土壤。

唐风说："这张图可以真实地表达我的想法。

"为什么在以前的几家公司中，我用'一次做对'的理念推动质量变革时，困难重重，而在爱毕生公司，却是一呼百应？

"原因很简单，那就是土壤不同。

"质量文化犹如图中这棵树，它不能在文化沙漠中生长。

"这就是我的第七个关键词：土壤。

"在 LED 显示屏行业，我们爱毕生公司最出名的是企业文化的建设。

"在 2001 年，公司约法三章，强调原则和底线，形成公司文化的雏形。

"在 2001 年到 2007 年这段时间，公司提炼文化核心，梳理形成价值观，形成价值金三角。

"在 2007 年到 2019 年，公司对品牌文化进行升级，通过文化理念梳理，形成至真文化。

“在 2019 年到今天，公司进行文化再调整，发布全新的文化体系，形成新的价值金三角。

“资源是会枯竭的，唯有文化才能生生不息，这是华为任总的名言，也是爱毕生公司所推崇的。

“公司的愿景是成为守诚信、重质量、敢担当、谋共赢的商业文明标杆。

“公司不仅要成为 LED 显示屏行业的标杆，而且要立志研究商业的规律，要把这种独特的商业文化，传播给广大的中国企业，为中国企业的强大做出贡献。

“公司的价值观是诚信、感恩、负责任，从上到下，严格要求每个员工去做到。

“老板要求每位员工讲真话，做实事，他自己也身体力行。我认为，这就是让‘一次做对’项目能成功推进的文化土壤。

“记得第一次参加公司的年会，我们老板在上面说过一段话，让我印象深刻。

“他说：‘如果你问我，我的账号密码是什么？我会对你说，我不告诉你。但如果我告诉了你，那就一定是真的。’

“公司对每位员工都明确要求，一定要说到做到，对结果负责，‘唯有结果让人喜悦’这是很多公司高管的口头禅，这为项目的目标达成提供了良好的基础。

“另外，公司明确要求，开会提前五分钟到场，会后输出会议纪要，这让项目会议变得高效。

“我指导过很多公司开展质量改进项目，最让我困惑的就是这些公司的不良文化土壤。

“几年前我给一家企业做质量咨询项目，项目开始后，我给一些主管安排任务，他们当面答应我，说要努力完成任务，但会后总是不去行动，交不出结果时又将责任推给别人。

“在这样的公司中做质量改进项目，我的确经历过失败，这让我深刻认识到，我的能力是有限的，这种文化土壤的建设必须由他们公司的最高管理者来做。

“以上，就是我这二十年的感悟，我的分享到此为止，谢谢大家的聆听！”

这时，会议室中掌声响了起来，等到大家鼓掌结束后，唐风说：“下士求利，中士求权，上士求真，你追求什么，你就得到什么。

“如果你只想拿一份工资和奖金，最后的结果一定是原地踏步。

“如果你要有更高的成就，就必须有更高的目标。

“今天所有分享的内容，源于我对质量的持续追求，是我二十年来持续学习的结果。

“熙熙过往，皆为序章，一分耕耘，一分收获。希望大家通过学习，不断突破自己的成长瓶颈！”

本章点评

● 质量人如何突破成长瓶颈?

打破自我设限，不断设置新的目标，孜孜以求，学以致用，知行合一，你走的每一步都不会浪费。

附　录

附录 A　专业术语解释

1. 纠正措施：为消除已发现的不合格或其他不期望情况的原因所采取的措施。

2. 预防措施：为消除潜在不合格或其他潜在不期望情况的原因所采取的措施。

3. 回流焊：一种焊接工艺，将空气或氮气加热到足够高的温度后吹向已经贴好元件的线路板，让元件两侧的焊料融化后与主板黏结。

4. 波峰焊：一种焊接工艺，让插件板的焊接面直接与高温液态锡接触达到焊接目的，高温液态锡需保持在一个斜面上，并由特殊装置使液态锡形成一道道类似波浪的纹路。

附录 B　英文缩写解释

1. LED: 发光二极管

2. UPS: 不间断电源系统

3. QC: 质量控制

4. QA: 质量保证

5. QM: 质量管理

6. PCBA：英文 Printed Circuit Board Assembly 的简称，印刷电路板组件

7. IQC：进料质量控制

8. OQC：出货质量控制

9. FQC：最终质量控制

10. SQE: 供应商质量管理工程师

11. PCB: 印制线路板

12. KPI: 关键绩效指标

13. ECN: 工程变更通知

14. BOM: 物料清单

15. DQA：研发质量保证

16. FMEA: 失效模式与故障分析

17. DFMEA: 设计失效模式与故障分析

18. PFMEA: 生产失效模式与故障分析

19. IPD: 集成产品开发

20. CNC: 数控铣床

21. Owner: 责任人

22．LTC: 从线索到现金
23．SAP: SAP 公司开发的一个企业资源管理软件系统
24．OSP: 有机可焊性保护剂
25．DPPM: 每百万缺陷机会中的不良缺陷点数
26．IPQC: 制程质量控制
27．PQE: 制程质量工程师
28．TQC: 技术和认证中心

参考文献

[1] 陈扬菊 . 一次做对 [M]. 北京 : 中国青年出版社，2006.

[2] 克劳士比 . 质量免费 [M]. 杨钢，林海，译 . 太原：山西教育出版社，2011：30–39，123–130.

[3] 克劳士比 . 质量无泪 [M]. 北京克劳士比管理顾问中心，译 . 2 版 . 北京：中国财政经济出版社，2005：135–161.

[4] 秦邦福 . 一位品质总监的发飙 [J]. 企业管理，2013（11）：16–20.

[5] 秦邦福 . 质量总监成长记 [M]. 北京：机械工业出版社，2016.

[6] 秦邦福 . 如何从过程管理的角度实施纠正和预防 [J]. 企业管理，2017（11）： 88–89.

[7] 杨钢 . 零缺陷大道 [M]. 北京：北京大学出版社，2006：88–89.

[8] 杨钢 . 第一次把事情做对——一个改变所有组织和个人的有效工作哲学和方法 [M]. 北京：新华出版社，2006：25–136.

[9] 杨国安 . 组织能力的杨三角：企业持续成功的秘诀 [M]. 北京 . 机械工业出版社，2010.